ポリティカル・サイエンス・クラシックス＊5
河野勝・真渕勝［監修］

ポリティクス・イン・タイム
歴史・制度・社会分析

POLITICS IN TIME:
History, Institutions, and Social Analysis
Paul Pierson

ポール・ピアソン
［監訳］
粕谷祐子

keiso shobo

POLITICS IN TIME:
History, Institutions, and Social Analysis
by Paul Pierson
Copyright©2004 by Princeton University Press
Japanese translation published by arrangement with Princeton University Press
through The English Agency (Japan) Ltd.
All rights reserved.

No part of this book may be reproduced or transmitted in any form or by any means, electronic or mechanical, including photocopying, recording or by any information storage and retrieval system, without permission in writing from the Publisher.

ポリティカル・サイエンス・クラシックス　刊行にあたって

河野勝・真渕勝

　クラシックスとは，時代が移り変わってもその価値を失うことのない一握りの作品に付与されるべき称号である．しかし，だからといって，クラシックスは古い時代につくられたものだけを意味するのではない．それまでの常識を打ち破ったり，まったく新しい手法や考え方を取り入れたりして，後世に名を残すことが運命付けられた作品は，どの分野においても，才能のある人々により不断に創造されている．それらは，人間の知識や感性に大きな変革をもたらし，われわれの活動のフロンティアを開拓し進歩させている．

　本シリーズは，現代政治学に大きく貢献し，また将来にわたってもその発展に寄与し続けるであろうと思われる代表的な研究業績を，日本の読者に邦語で紹介することを目的として編纂された．ここで邦訳として刊行する書物は，それぞれ高く評価され，欧米の政治学徒が必須文献として読むものばかりである．日本では，政治学の「古典」というと，プラトンやアリストテレスらのギリシャ時代，あるいはルソーやマキャヴェリといった，せいぜい18から19世紀ぐらいまでの人々の著作を思い浮かべることが多く，その意味では，ここに集められたいくつかの業績は，「新古典」と呼ぶべきであるかもしれない．しかし，今日の政治学は，こうしたより新しい研究業績から得られる知見を正しく理解することなしには，学ぶことができない．

　われわれ監修者二人は，日本の政治学において，海外で広く受け入れられている基礎的業績の紹介が遅れてきたことにずっと危機感をもってきた．本シリーズの出版社である勁草書房は，かつて1960-70年代の政治学における主要な外国文献を紹介する任を担ったが，それ以来，学術書の体系的な邦訳が待ち望まれていたところであった．そこで，われわれはおもに若手の政治学者を対象にしたアンケートを行い，英語で書かれた文献で，研究および教育の両方の観点から，翻訳があったらよいと思われる本を数冊ずつリストアップしてもらっ

た。その中には，前々から望まれていたにもかかわらずなぜか翻訳されていなかった本や，すでに出ている邦訳が絶版だったりして手に入りにくい書物が含まれていた。それらを，日本政治，比較政治，国際政治，そして政治理論の四分野に分け，それぞれの分野で一冊ずつ，数期にわたって刊行することとして，本シリーズが実現したのである。

　日本における政治学は，研究者の数や研究の層の厚さからいって，欧米の政治学にはるかに及ばない。このシリーズがきっかけとなり，初学者や一般の読者の中から，政治学へさらなる興味をもってくれる方々がひとりでも多くでてくれることをのぞんでいる。

＊

　ポール・ピアソンの *Politics in Time* は，1990年代以降政治学がミクロ経済学に根ざした合理的選択論によって圧巻されるなか，そうした潮流に立ち向かい，政治学分析において歴史の重要性を再認識させるきっかけとなった研究である。歴史を大切にせよという主張は，往々にして理論なき主張に終止することが多い。しかし，本書は，なぜ歴史を大切にする必要があるのかという問いを自明視して通り過ぎるのではなく，それに対して一般的かつ論理的に組み立てた回答を用意しようとしたところに，その画期性がある。ピアソンの問題提起は，法律や規範など，経路依存性が高いとされる，社会に存するさまざまな制度を分析するうえでは，とりわけ重要な意味をもっている。

日本語版への序文

　本を書くうえで苦労するのは，アイディアを生んで練り上げるだけでなく，それを読者にわかりやすく伝えることです。ですから，本書が日本語に翻訳されて新しい読者層の手に届きやすくなったことを大変光栄に思います。抽象的な言い回しと話し言葉の混在する私の英語を日本語に翻訳するという難題を引き受けてくれた粕谷祐子准教授に，深く感謝します。

　本書が想定している読者は，社会科学のすべての分野の研究者・学生です。ほとんどの社会科学者は歴史を無視しているか，あるいは，どのようにすれば歴史を効果的に研究に組み込めるかということに明確で説得力のある考えをもっていない，という問題状況を強く認識するようになったことが本書執筆の動機です。とはいえ，原題を *Politics in History* ではなく *Politics in Time* とした点に，この重要な論点に対する私の考え方の進展が反映されています。つまり，本書の執筆過程で，興味深い理論的論点の多くは，「歴史」ではなく「時間 (temporality)」の問題としてとらえたほうがよいと考えるようになったのです。これは，ある社会事象を単に過去のものとして扱うのではなく，時間の経過とともに展開していく過程の一部としてとらえることを意味します。本書で示した考え方が，歴史家だけでなく，歴史に興味のある社会科学者にとっても有益であることを願っています。また，本書を時間の問題を扱った研究と位置づけることで，私自身を含めた，過去ではなく現在の理解に主に関心を抱いている社会科学者に対しても，本書の重要性をアピールできたと思います。原著の刊行から5年がたち，本書で示した考え方を応用した独創的な研究がいろいろな分野で見受けられるようになっていることは，喜ばしい限りです。

　本書がなんらかの貢献をしようとした論争のその後の展開を語る紙幅はここにはありませんが，私は，本書のテーマは現時点において色あせるどころかいっそう重要性を増しており，本書以上の分析が必要になっていると確信してい

ます。そのテーマとは，構造に関するもの，つまり，社会現象の時間的展開に着目することで，アクターの行動がより正確に，かつニュアンスをもって理解できるようになる，という点です。

　本書の議論の大部分は，合理的選択論（自らの利益を最大化しようとするアクターの行動に着目して理論を構築するアプローチ）との対話として読むことができます。私は多くの点でこのアプローチは説得力のあるものだと考えていますし，実際，私自身のこれまでの実証研究の大部分は，ダグラス・ノースからテリー・モーにいたるまでの，この学派の泰斗たちの研究にもとづいています。ですが，合理的選択論は，「アクター」の「手番」を凝視するばかりで，そのアクターが行動する文脈に着目しないことがあまりにも多いことも事実です。着目したとしても，「文脈」は「制度」の同義語として用いられ，ここでの「制度」は，公式な，狭い意味での制度しか分析の対象となっていません。このような，社会空間を非常に狭くとらえる見方は，アクターの行動にのみ着目するアプローチと相まって，社会現象のよりよい理解を妨げているといえます。少なくともアメリカ合衆国においては，この傾向は，計量分析の重視や，実験手法を精緻な研究の真骨頂とみなす最近の流行によって，ますます強くなっています。

　時間という側面に着目することは，アクターが決定を下す文脈（ないしは環境）をより良く理解するのに役立つ，というのが本書のメッセージです。時間的過程は，アクターの行動を制約する構造の重要な要素であり，この過程に着目することで構造をより明確に把握することが可能になります。振り返ってみると，この論点を本書でもっと系統的に検討すべきだったのかもしれませんが，それは今後の研究課題としたいと思います。

　　　2009年7月

カリフォルニア州バークレーにて

ポール・ピアソン

初出一覧

※ 本書の一部は下記の論文を加筆・修正したものである。

第1章 "Path Dependence, Increasing Returns, and Political Science," *American Political Science Review,* Vol. 94, No. 2, June 2000, pp. 251-67.

第2章 "Not Just What, but When: Timing and Sequence in Political Processes," *Studies in American Political Development,* Vol. 14, No. 1, 2000, pp. 73-93.

第3章 "Big, Slow-Moving, and … Invisible: Macrosocial Processes in the Study of Comparative Politics," in James Mahoney and Dietrich Reuschemeyer, eds., *Comparative Historical Analysis in the Social Science* (Cambridge: Cambridge University Press, 2003), pp. 177-207.

第4章 "The Limits of Design: Explaining Institutional Origins and Change," *Governance,* Vol. 13, No. 4, 2000, pp. 475-99.

第5章 書き下ろし

終 章 "From Area Studies to Contextualized Comparisons," in Grzegorz Ekiert and Stehpen Hanson, eds., *Capitalism and Democracy in Central and Eastern Europe: Assessing the Legacy of Communist Rule* (Cambridge: Cambridge University Press, 2003), pp. 353-66.

ポリティカル・サイエンス・クラシックス 5
ポリティクス・イン・タイム
歴史・制度・社会分析

目　次

ポリティカル・サイエンス・クラシックス　刊行にあたって　i

日本語版への序文　iii

初出一覧　v

序　章　政治を時間のなかにおく ─────────────── 1

　1．2つの研究例　3
　2．社会科学の「歴史への転回」？　5
　3．分析の基盤　13

第1章　正のフィードバックと経路依存 ────────── 21

　1．経路依存と正のフィードバック　25
　2．「収穫逓増」と経済学における経路依存論　27
　3．経済から政治へ　38
　4．経路依存と政治学　56

第2章　タイミングと配列 ──────────────── 69

　1．タイミングと結合　70
　2．合理的選択分析における歴史的配列　75
　3．経路依存論における配列　81
　4．配列論の固有の特徴　91
　5．結論：社会過程の時間的配列を考察するということ　99

第3章　長期的過程 ───────────────── 103

　1．緩慢に推移する因果的過程　106
　2．緩慢に推移する結果　117
　3．時間的射程を超えて　121
　4．政治を第Ⅰ象限に押し込めるということ　126

第4章　制度設計の限界 ──────────────── 135

1．政治制度の合理的設計　138
  2．アクター中心機能主義の射程と限界　142
  3．機能主義の救済？：制度改良メカニズムを評価する　161
  4．制度設計の限界　170

第5章　制度発展 ——————————————————— 175

  1．制度変化のさまざまなアプローチ　176
  2．制度弾性と制度発展　187
  3．制度発展への理解　201
  4．制度発展研究の課題　206

終　章　社会科学研究における時間的文脈 ——————————— 221

監訳者あとがき　237

参考文献　241

事項索引／人名索引　261

※　本文中の〔　〕は，カッコ内カッコの場合を除いて，訳者による補足である。

序　章　政治を時間のなかにおく

> 時間はいつも経済史家の心を根本から悩ませてきた。新古典派の理論には時間は存在しないからである。新古典派のモデルはある瞬間のモデルであり，それゆえに時間が何たるかを考慮に入れていない。……単刀直入にいえば，時間を深く理解しない政治学者は杜撰な仕事しかできない。時間という次元があるからこそ，理念や制度・信念が進化するのである。
>
> 　　　　　　　　　　　　　　　ダグラス・ノース（North 1999: 316）

　まずは類推から始めよう。友人がその街でいちばん流行っているレストランにあなたを誘ってくれたと想像してほしい。そのレストランには「現代社会科学者」という店名が書かれた瀟洒な看板が掲げられている。おまけに，友人はシェフと顔なじみで，あなたを厨房に案内してくれるというのだ。店に着くと，シェフは厨房が2つに分かれていると説明してくれた。左側にはあらゆる食材が並んでいる（あなたはとまどうであろう。シェフは食材を「変数」と呼んでいたのだから）。シェフはもっとも新鮮で選りすぐりの食材をそろえていると誇らしげに語った。右側には見たこともないほど豊富な調理器具が並んでいる。あなたは調理器具の複雑さと装飾の細かさにあっけにとられるだろう。それぞれの器具を使いこなすには何年もかかるとシェフは説明してくれた。

　さらにシェフは具体的な調理法へと話を移した。いわく，すぐれた調理とは正確に計測された完璧な食材を手に入れるのに等しいという。昔ながらの調理法は，調理の流れや速さ，食材の独特な組み合わせ方など，調理工程そのものを大事にしてきた。このレストランではそんなことはしない。「現代社会科学者」のオーナー・シェフは話を続ける。適切な食材を手に入れて，その食材を

適切に計測している限りは，食材の組み合わせ方，組み合わせの順序，組み合わせておく期間が料理に違いを生むことはない。シェフはこのように言い張った。

こんな料理哲学をもったレストランの常連になりたいと思う者は少ないだろうが，社会科学者のほとんどはこの種の厨房で調理している。理論をめぐる論争の中心にあるのは，現在の環境においてどの「変数」が重要な政治的帰結を生じさせるのかという問いである。たとえば，世論の分布はどのように政策の帰結に作用するのか，諸個人の社会的特徴はどのように投票傾向に影響を与えるのか，選挙ルールはどのように政党システムの構造に作用するのか，といった問いである。しかし，そこで時間的文脈が考慮されなければ，これらの「変数」の意義は往々にして歪められてしまう。概して今日の社会科学者は政治現象を「静止画」の視点でとらえている。しかし，その視点を静止画から動画へと移すべきであるという強い主張もある。これは，特定の瞬間（現時点も含む）を事象の時間的推移や長期的過程の一部として系統的に位置づけることを意味する。政治を時間のなかにおけば，複雑な社会的力学に関する理解力は大いに高められる。

本書では，政治で広く知られているさまざまな時間的過程を探る。長期的に展開する多種多様な時間的過程を区別し，異なる過程を生じやすい状況を特定し，重要な政治的帰結を理解するのに時間的次元がどれほど重要な意味をもっているのかを浮き彫りにするのが目的である。ここから，現実の社会過程における時間的次元を無視してしまうと，社会科学は大変な損害をこうむることになりかねないことを明らかにしたい。要するに本書は，歴史は重要である（history matters）という，しばしば引き合いに出されるがほとんど考察されたためしがない文句を吟味しようとするものである。

カール・マルクスから，アレクシス・ド・トクヴィル，マックス・ウェーバー，そして，カール・ポランニー，ヨーゼフ・シュンペーターにいたるまで，社会科学草創期の多くの碩学(せきがく)が社会を説明するために歴史に深く根ざしたアプローチを用いたのは偶然ではない。この立場は現代社会分析への過渡期における単なる古風な特徴ではなく，むしろ社会の本質に迫って深く洞察する際のよりどころだった。時間性に着目することで，非歴史的観点からはとらえること

のできない社会的な営みの本質的な側面を浮き彫りにできる。政治を時間のなかにおくことで，あらかじめ分析対象とした社会的帰結をよりよく説明できるだけでなく，説明に値するその他の帰結にも目が向くようになるだろう。このように，時間の経過とともに展開する過程を系統的に説明することを，社会科学における課題の中心に位置づけるべきなのである。

1．2つの研究例

　社会科学の幅広い研究に役立つよう，本書で述べる多くの論点について，かなり抽象度の高い議論から始めたい。まず，重要な社会過程を分析する視座を「静止画」から「動画」へと転換することで，魅力的な洞察に成功している近年の2つの研究例を紹介しよう。第1は，ダニエル・カーペンターの *The Forging of Bureaucratic Autonomy* である（Carpenter 2001）。同書は，要因の長期にわたる一連の配列（本書第3章ではこれを「因果連鎖（causal chain）」と呼んでいる）に着目することで，社会現象に対する私たちの認識を大きく変えた。そこで批判している対象は，プリンシパル・エージェント理論に根ざした議会・官僚関係の膨大かつ有力な研究（McCubbins, Noll, and Weingast 1987; McCubbins and Schwartz 1984）である。この研究分野では，議会という「プリンシパル（本人）」は，官僚という「エージェント（代理人）」を自分たちの選好におおよそ従わせることができるほどの政治的資源をもつと主張される。これに対してカーペンターは，従来の分析がこのように官僚の自律性を著しく過小評価してしまった理由として，本来は長期の因果連鎖として理解されるべき事象を，ある時点の断面図としてしか分析していないことをあげている。しかるべき状況のもとでは，野心的で起業家精神に満ちた官僚は，革新的かつ有能であるとの評判を高めて，幅広い社会的アクターの確固たる支持を引き寄せることは長期的には可能だった。このことによって，有権者の圧力に直面した議会がむしろ有能な官僚に頼り，彼らの求めに従うような状況が生まれたのである。ある瞬間のみを切りとって観察すれば，議会が優位に立っているようにみえるが，その同じ断面を時間の経過とともに展開する過程に位置づけてみれば，官僚がかなりの自律性を有していたことがわかるのである。

第2の研究例はトマス・アートマンの *The Birth of Leviathan* である（Ertman 1997）。同書は近代初期ヨーロッパにおける国家建設のパターンの違いに関して説得力のある説明を提示したもので，国家建設における重大局面（critical junctures）の帰結と，国家建設にとって鍵となった歴史的過程の国ごとの違いとが，国民国家構造に永続的な違いをもたらしたことを浮き彫りにした。アートマンは，近代官僚制が出現する以前に軍事競争にさらされたヨーロッパ諸国の財政運営のあり方が，その後に大きな影響を与えたことを重視し，オットー・ヒンツェやチャールズ・ティリーなどの先行研究を踏まえて，軍事競争の始まりがヨーロッパの国家発展パターンに重要な影響をもたらしたと論じている。しかし，重要なのは，各国が異なる時期に激しい軍事的衝突を経験したことを彼が強調していることである。いわく，「絶えざる地政学的競争の始まりのタイミングの違いは，18世紀末のヨーロッパ大陸全土に見出される国家基盤の特徴を説明するのに大いに役立つのである」（Ertman 1997: 26）。

軍事衝突に見舞われた国家は，長期戦を遂行するための十分な財源を調達できるか否かという死活的な課題に取り組まなければならなかった。しかし，行政措置として講じることができる選択肢は，歴史的展開のなかのいつの時点でその課題が生じたのかに左右された。アートマンによれば，「タイミングが重要になるのは，国家建設をめざす為政者が用いることのできた『技術的資源』の幅が，時代とともに変化していたからである」。12世紀には識字能力は非常に希少な資源であり，高度に発達した官僚機構などは未知のものだった。こうした状況では，荘園制のもと，個人に徴税を請け負わせるシステムに頼らざるをえず，「君主の官吏よりも徴税請負人がかなりの恩恵を受けた」。これに対して，もっと後の時代に激しい軍事競争にさらされた国々の「状況はかなり違っていた」（Ertman 1997: 28）。識字能力はさらに一般的なものとなり，近代的官僚機構の組織形態に関する知識（および徴税制度の欠陥に関する情報）も幅広く手に入った。その結果，これらの国々の為政者は「官職そのものとその地位にある人物の分離にもとづいた近代官僚機構の原型」を構築することができたのである。

それでは，なぜ，すべての国家がこのすぐれた官僚機構を採用するということにならなかったのだろうか。アートマンによれば，初期の設定が自己強化的

な影響を与えたからである。とりわけ，君主が緊急に財源を必要とすることの多い状況で，徴税についての特定の制度と利害の稠密(ちょうみつ)なネットワークがひとたびできあがってしまうと，近代的な徴税形態への転換は事実上不可能になった。このすぐ後で紹介する用語を使えば，各国の経験はきわめて経路依存的だったといえる。アートマンによれば，この経路の違いは非常に重要だった。というのも，近代的官僚機構という採用されなかった選択肢のほうが，戦争を効率的に遂行できるとともに議会制度の発展にもつながったからである。

　このアートマンの明晰な分析は，カーペンターの分析と同様に，国家建設や官僚の自律性の構築などの社会過程が時間の経過とともに展開するという見解にもとづいている。カーペンターが長期にわたる重要な因果連鎖に光を当てたのと同じように，アートマンは本書の各章で系統的に考察する時間性の要素を応用している。つまり，経路依存（path dependence）（第1章），配列（sequencing）（第2章），緩慢に推移する過程（slow-moving processes）（第3章）の3つの要素である。どちらの研究においても，歴史への転回がなされており，これは単なる叙述や歴史的証拠をかき集めることではなく，社会のなかで事象がどのように生じるのかに関する理論構築の作業なのである。

2．社会科学の「歴史への転回」？

　このような研究例は，社会科学における歴史的研究の豊かな伝統を示している。この伝統の拡大に心血を注ぐ学術的共同体が社会科学の一部で栄えており，そのなかには人文・社会科学全般が「歴史への転回」に立ち会っていると主張する者もいる（McDonald 1996; Bates et al. 1998）。しかし，こうした試みはあるものの，社会過程の時間的次元に対する具体的な注目は驚くほど限られている。これまでの社会科学において，過去は，ある現象が時間の経過とともにどのように生じるのかを深く考察するための足掛かりというよりも，主に実証的史料の情報源として用いられてきた。

　少なくとも政治学では，社会過程の系統的な理解に貢献しうる歴史的研究の手法が採用されても，その潜在的な利点は十分に活用されてこなかった。しかし，社会科学ではこれまで3つの有力な「歴史への転回」があったのも事実で

序　章　政治を時間のなかにおく

ある。いずれも知の蓄積に大いに役立ってきたが，どれも深刻な限界に突き当たっている。第1の転回は「過去に関する研究としての歴史」と名付けることができる。これはアメリカ政治発展論でとくに顕著である。研究者は特定の歴史的事象・過程を分析し，特定の帰結に関して説得力のある因果的説明を提示しようとする。このような研究は特定の国々の政治史における特定の断面についての知識を大いに増加させる。

　しかし，個々の研究がそれよりも幅広いリサーチ・プログラムのなかでどのように位置づけられるのかは，あまり明らかではない。ある研究から別の研究へと，「つながる」ものを提示しようとする試みは少ないのである。多くの歴史志向の研究者はこの問いには無関心で，個々の事象や過程を詳述することはそれ自体意味のあることだという歴史家に頻繁に見受けられる立場を決めこんでいる。また別の場合には，歴史志向の研究者は，たとえば1920年代の社会運動が現代の社会運動を理解するのに大きな意味をもつと暗黙のうちに想定しているようだが，このような想定はきわめて問題である。この第1の歴史への転回は評価されることも多いが，実際には大多数の社会科学者は現代社会の理解に主な関心を寄せており，「過去に関する研究としての歴史」は自分の研究とはおよそ無関係だと思っている。

　第2の転回は「実例の素材探しとしての歴史」と名付けることができる。意地悪くいえば，この観点はつぎのように要約できる。「政治のある一面についてのモデルをもっているんだけど，そのモデルに当てはまる実例があることを示すために過去を調べてみよう」というものである。この種の行為は，政治についてかなり一般的な命題を生み出そうとする研究者によく見られる。たとえば，合理的選択論者（今日の社会科学のなかでもっとも野心的に一般命題を追い求めている者）は，信頼コミットメント・メカニズムの実例や特定の集合行為問題の解を求めて過去のすみずみまで目配せする。豊富な歴史資料の存在と，その分析過程でつくられたきわめて型にはまった説明により，過去は望みどおりの実例を与えてくれるかもしれない。しかし，この分析も社会過程の時間的次元についてはほとんど何も語らない。この研究が時間をさかのぼろうとするのは，現代の分析では手に入らないであろう実例を過去から引き出すためである。

2. 社会科学の「歴史への転回」？

　この指摘は第3の転回にも当てはまる。第3の転回は「さらに多くの事例を得るための場としての歴史」と名付けることができる。歴史はデータの情報源，とりわけ，現在の環境では見出しにくい現象についての情報源になる（Bartolini 1993: 144）。このような方法論の動向については，多数事例研究（large-n studies）（たとえばパネルデータの使用）においても，また少数事例研究（small-n studies）（たとえばJ. S. ミルの一致法・差異法の類いを用いる）においても，いずれも深刻な論争がある[1]。私は批判者の懸念をある程度は共有しているが，私の主張は別のところにあり，それはここまで論じてきた3つの歴史への転回のすべてに当てはまるものである。つまり，歴史と社会科学を結びつける最良の方法は，経験的なもの（第1の転回）でも，方法論的なもの（第2，第3の転回）でもなく，理論的なものである。社会的な営みが時間の経過とともに展開するからこそ私たちは歴史に目を向けるのであり，実際の社会過程は明確な時間的次元を有している。

　しかし，社会過程の時間的次元を検討することは，社会科学における歴史への転回に必ずしも強く結びつけられてはいない。社会過程を理解するためになぜ時間性に焦点をあてた研究が重要なのかと問われても，その論点はおよそ曖昧だった。「歴史は重要である」という文句はしばしば引き合いに出されるが，ほとんど解明されたためしがない[2]。そればかりか，時間的過程の分析を支えるのに必要な中核概念の多く（経路依存，重大局面，配列，事象，持続期間，タイミング，意図しない帰結）は，非常に断片的・限定的にしか議論されてこなかった。これでは「歴史は重要である」と断言するには十分ではない。社会科学者は，なぜ，どこで，いかに，何のために，ということを知りたいと思っているのである。社会学者のロナルド・アミンザイドは，社会科学者が求めているのは「順序と配列に着目して，事象間の時間的連結の因果的効力を説明す

1　前者についてはShalev（1999）を参照。後者のさまざまな見解についてはLieberson（1985），Mahoney（1999）を参照。

2　顕著な例外もある。そうした例外的研究は今日の分析に大いに役立っている。そのなかでも，Collier and Collier（1991），Katznelson（1997），Mahoney（2000），Mahoney and Rueschemeyer（2003），Orren and Skowronek（1994），Skocpol（1992），Stinchcombe（1965, 1968），Thelen（1999, 2003）を選び出すことができるだろう。Abbott（2001）に収録されたすぐれた論文は，本書でとりあげる研究領域の一端を扱っているが，そのとりあげ方は非常に異なる。

る，継続と変化に関する理論を構築すること」であり，それには「事象間の時間的連結パターンの多様性を認識できる概念が必要になる」（Aminzade 1992: 458）と指摘する。

社会現象を説明するにあたって「歴史は重要である」ということのさまざまな意味に対する理論的理解を洗練させることで，何が得られるのだろうか。もっとも重要なのは，時間的過程を考察すれば，何らかの根本的な社会メカニズムを特定・解明できるようになることである。ここでいうメカニズムとは，ヤン・エルスターが「妥当かつ頻繁に観察される事象の生じ方」と論じたものに相当する。近年，多くの研究者は，頻繁に繰り返される因果メカニズムの特定が可能であれば（つねに可能というわけではない），それはきわめて有益であると強く主張するようになっている。エルスターはその主張をもっとも強硬に唱えてきた。いわく，「理論よりもメカニズムが社会科学の基本概念になるべきである。……社会科学は人間の行動を普遍法則として定式化できる段階には至っていない。普遍法則よりも人間の行為と相互作用に関する小規模・中規模のメカニズムの特定に議論を集中させるべきなのである」（Elster 1989: viii）[3]。

本書では，確固たる時間的次元を含めた社会メカニズムに主眼をおくこととする。歴史志向の研究者は，政治の一般理論のようなものを生み出せるとの見通しには懐疑的であり，これは妥当な見解である。その一方で，ほとんどの社会科学者は少なくとも限定的な一般化（特定の時間・空間以外にも「つなげる」ことができる議論）の発展に関心を抱き続けている[4]。本書では，確固たる時間的次元を備えているメカニズムを浮き彫りにすることで，両者の隔たりを埋めたい。メカニズムの特徴，そしてそのメカニズムを生じさせる社会的文脈の特徴を考察すれば，複数の事例を分析したい研究者の目標と，歴史の重要性を把握したい歴史志向の研究者の目標を同時にかなえることができる。メカニズムの特定・解明により，説得力があってほかの事例に適用しうる議論を展開する能力は高まるのである。

---

[3] さらなる議論についてはScharpf（1997: chap. 1），Stinchcombe（1991）を参照。
[4] アメリカ政治発展論の定性的・歴史的研究の多くは，ただ単に研究を述べるのではなく，限定的ながらも先行研究を踏まえた理論蓄積型の研究を行うという特徴をもっている。比較歴史分析のリサーチ・プログラムの質を向上させる可能性についての議論はMahoney and Rueschemeyer（2003）の第1部の各章を参照。

2．社会科学の「歴史への転回」？

　メカニズムの考察は，社会科学の得意とする研究領域と伝統的な研究手法とを，新たに有意義なかたちで再評価するよう促すのではないかと私は考える。これにより，重要な論点に関する新たな仮説が提唱され，既存の理論研究を新たな方向へと拡張できる可能性が高まるだろう。時間軸を取り入れたメカニズムに着目することで，新たな問いが生まれ，新たな帰結が明らかになる。つまり，既存の研究路線と関連しているもののそれとは明確に異なるような問いと結論がもたらされるだろう。さらに，社会過程の時間的次元に焦点を当てることは，社会科学の研究戦略の再考を迫る。この本が研究手法の解説書ではないという点は強調しておきたいが，事象をどのように探求するのかは，何を探求するのかに大きく左右されるため，本書の議論の多くは実質的な研究手法の選択という問題と関連している（Hall 2003）。

　本書が想定している主な読者層は，現実社会に関して，別々の時間と空間をつなぐことができる議論を展開したいと考える人びとである。しかし，そのような人びと以外にも，一般化の可能性をいぶかしく思う研究者，ひいてはそのような行為にそもそも関心のない研究者にとっても，歴史的因果関係を理論的に探求することは重要である。理論的議論が，たとえ明示的ではなく漠然としたものであっても，実証研究にとってどれほど重要であるかは往々にして過小評価されがちである。この点に関し，フリッツ・シャルプフはつぎのように述べている。

　　……きわめて複雑な世界，それも，われわれが往々にして特殊な事例を研究することになる世界において，何か価値あるものを発見したいと願うなら，何を要因として設定するのかに関して，ある程度の予測を立てなければならない。1つのデータ・ポイントに対して何種類もの回帰線を引いて「説明」することができるので，事後的説明を編み出しても，それはあまりにも安易であるし，（熟練した歴史家の匠の技で編み出さない限りは）普通は全く使いものにならない。これが意味するのは，事前予測をもって説明を成り立たせなければならないこと，そしてその議論に対する反証は，さらに妥当な説明が可能になる喜ばしい指摘としてとらえるべきだということである（Scharpf 1997: 29）。

　総じて，このような事前予測（とその予測を成り立たせる理由）を明確かつ

綿密に踏まえて議論すれば，かなり説得力のある研究を進められるようになる。時間に根ざしたさまざまなメカニズムの作用を明確にし，そのような過程が働いていると予測できる箇所を提示することは，1つの事例だけを説明したいと考える研究者に対しても有益な理論的基礎を与えてくれるだろう。

　歴史が現在にいかに作用しているのかを明らかにすることで，建設的な知的対話の可能性がいっそう広がり，歴史志向の研究者のあいだでの，また彼らと歴史に懐疑的な研究者とのあいだでのコミュニケーションが促進されるだろう。社会科学はタコツボ化し，部族のような集団に分かれている。このような状況では，自分の部族以外でも通じる言葉で研究目標や業績を伝える努力は非常に重要である[5]。これは，自分の考えを相手に伝えたり見解の不一致の疑いを晴らしたりするためだけではない。話が通じ合うことで重要な恩恵も得られる。重要な点は，議論の厳密さと正確さを高めることにより，研究の実質的な重複箇所と有益な対話の機会を明らかにし，また，本質的な論点を浮き彫りにできることである。

　ここで，「合理的選択論」と「歴史的制度論」という現在の政治学における2つの有力学派間の論争を簡単に確認しておこう。ロナルド・ジェッパーソンが「理論的心象（セオレティカル・イマジナリー）」と巧みに表現しているように（Jepperson 1996)，両者は確固たる理論というよりは緩やかな学派にすぎないので，ここで行うような位置づけ方は適切ではないかもしれない。しかし，一方の学派を支持し，もう一方の学派に反対するよう自分の研究を方向づける傾向が，多くの研究者に見受けられることを考えれば，ここで私の立場を明らかにするのも有益であろう。私は，社会過程の時間的次元に焦点を当てることで両学派の橋渡しができると考えている。時間的過程を系統的に考察することは，それぞれの豊富な研究蓄積を利用するとともに，その限界を浮き彫りにするのに役立つ。これは2つの学派の重複箇所，本質的に一致しない箇所，異なる問い（だがおそらくは相互補完的な問い）を設定している箇所，のそれぞれを区別することにも役立つ。

5　「部族」の内部でさえも，関心の共有を認識できる共通の概念的言語が欠如していて意思の疎通が妨げられていることも多い。たとえば，異なる地域を研究する研究者はそれぞれ関心の重複を認識できる語彙を共有していない。この点についてはMahoney and Rueschemeyer（2003）を参照。

時間的過程に着目すれば、それぞれの「心象」の枠内にいる研究者に役立つ理論的・方法論的・実証的な研究の方向性を指し示すことができると考える。とはいえ、そうした方向性は両方において重要な違いがあるだろうし、無理に一致させる必要はない。

本書の論点は、社会科学は歴史的見地にもとづくべきだと長らく主張してきた「歴史的制度論」（Skocpol and Somers 1980; Thelen and Steinmo 1992; Katznelson 1997）の枠内にあると考える者もいるかもしれないが、実際にはそうではない。歴史的制度論者と呼ばれる研究者はこれまで一般的に、「歴史的」次元よりも「制度論的」次元について主に議論を展開してきた。彼らはある程度固定された制度的特徴（たとえば憲法上の取り決めや主要な政策決定過程の構造）の影響に議論を集中させ、歴史的制度論に特有の歴史的要素は少なくとも最近までは不明確なままだった（Hacker 2002; Thelen 2004）。前述したように、歴史への転回を主張する際には、理論的側面ではなく（歴史を扱うという）方法論的側面に言及することがほとんどだった。

一方、本書で政治における時間の役割を明確にすることは、歴史的制度論が発展させてきた論点を補強し、その命題を支持することにつながる。これにより、つぎのような議論の理論的根拠を得られるだろう。すなわち、過去から受け継いだ社会的状況の「粘着性（stickiness）」の重要性、機能主義（ある社会的状況の存在は、それが社会や特定の有力なアクターの要求にかなうからだという見方）に対する反論、タイミングと配列に議論を集中させることの重要性、社会変動の長期的過程を分析することの重要性、などである。より広い意味では、本書の議論は、マクロレベルの社会現象に対する歴史的制度論者の関心や、あらゆる時間と空間に適用できる一般法則を見出そうとする社会科学の能力に対する彼らの慎重な立場の妥当性を立証するだろう。

また、広義の合理的選択論は、時間的過程の考察に必要不可欠な分析道具を提供していることも強調しておきたい。本書では、①経路依存、②タイミングと配列、③長期間の分析を要する「緩慢に推移する」過程の重要性と特殊性、④制度の起源と変化、という４つの論点を中心に理論的議論を進めていく。このそれぞれの論点については、計算にもとづいて合理的に行動する諸個人のあいだの戦略的相互作用に焦点を当てる経済学の理論から得るところが大きい。

しかし、政治過程の時間的次元への着目は、合理的選択アプローチの長所だけでなく、短所をも浮き彫りにする。なかでも、もっとも重要な短所は、諸個人の戦略的相互作用を分析の中心に据えるミクロ・モデルの構築において、その視野が時間的にも空間的にも制限されている点である。マクロ構造、時間的順序・配列の役割、そして、「アクター」の戦略的「手番」には還元できない長期的に進行する無数の社会過程といったものはモデルの視野に入らないことが多い。こうした視野の狭さは、合理的選択論者が設定しがちな問いと答えの両方に不利に働く。とはいえ、この批判は、合理的選択論における人間の行動に関する前提一般にあてはまる批判ではない。この点は混同されることが多いが、私の批判はあくまで適用範囲の狭さについてである。これが意味するのは、合理的選択論を排除すべしということではなく、合理的選択論の適用範囲を適切にとらえるべしということである。研究者は、合理的選択論から得た洞察をどのようにほかのアプローチと組み合わせることができるか、また、ある問題を論じるにあたってほかのアプローチのほうが適切である部分はどこか、といった点に注意を払うべきである（Jepperson 1996）。

合理的選択論の盲点をしっかりと認識することで、魅力的な問いに対し、さらに説得力をもって合理的選択論を用いて取り組めるようになるだろう。本書において、私はこの理論的アプローチの強い傾向を何度となく批判はするが、その一方で、これらの傾向はこのアプローチに必然的に内在するものではないという点は受け入れているし、また強調もしている。この観点から、合理的選択論への批判は妥当ではないとする研究者もいる[6]。しかし、このような主張は誤りである。というのも、重要なのは、ある手法や理論によって原則として何ができるかではなく、それらが実際の研究においてどのように使用されているか、なのである。この区別はこれまでの方法論や理論に関する議論では明確にされてこなかった。ロナルド・ジェッパーソンの言葉を借りれば、定量的研究者（と合理的選択論者の一部）は、長期の時間的構造を用いた説明をまえにすると声高にこう反応する。「それ、モデルにできるよ！」。しかし、その研究者が用いる理論的心象や手法がそのような研究をそもそも分析の対象としない

---

6 このような反応はもちろん普遍的に見受けられるわけではないが、合理的選択論者は本書が提示する議論の一部に対してこのように反応しがちである。

のであれば，その当意即妙な切り返しは意味をもたない（Jepperson 1996）。

　本書の趣旨は，時間性を重視する立場からさまざまな理論的アプローチと研究手法を再検討することにある。そうすることで，現代社会科学の大部分が抱えるタコツボ化の問題に一石を投じたい。社会過程の時間的次元への着目は，多様な知的伝統に立脚する研究者のあいだでの何らかの共通の（あるいは重複する）知的領域の形成につながる刺激的な機会を提供するだろう。次節では，その知的領域の地図を描き出すための本書の試みを要約する。

3．分析の基盤

　本書は社会・政治過程の鍵となる時間的次元を考察する5つの章から構成される。各章において，時間の経過のなかで社会現象がさまざまなかたちで生じることを解明し，時間性の問題を厳密に扱わなければ見えてこないような過程に着目する。そのような過程が発生する原因，将来的に発生が予測される状況，また，そのような過程を理解することの含意について各章で論ずる。

　第1章では経路依存に着目する。経路依存という用語は近年もてはやされるようになったが，明確な意味合いを欠いていることが多い。しかし，この概念をこれまで以上に厳格に社会過程分析に応用できる可能性もあり，それは新しくて刺激的なものである。この章では政治システムにおける自己強化過程と正のフィードバック過程の力学がその可能性を広げると論じる。これらは非常に興味深い特徴を備えている。初期段階での比較的小さな摂動の影響を受けてその後に複数から帰結が生じる可能性があるが，ひとたび特定の経路が定まれば，自己強化過程から方向転換することは非常にむずかしくなる，というものである。この発想は経済学における技術，貿易，経済地理学，経済成長などの研究において一般的になりつつある。

　第1章では，ブライアン・アーサーとダグラス・ノースの研究を踏まえ，政治学者が重視している問題を扱うにあたって経路依存の概念をどのように拡張・修正できるのかを論じる。自己強化過程は，政治的な営みに幅広く存在すると考えられる。そして，おそらく経済活動の領域よりも広く浸透しているだろう。政治動員のパターン，制度における「ゲームのルール」，さらには政治

に関する市民の基本的思考法はいずれも，ひとたび定まれば自己強化力学が生じることが多い。アクターは，ある特定の経路に向かって足を踏み出してしまうと，後戻りは非常にむずかしくなる。こうなると，かつてはかなり妥当なものと思われていた政治的選択肢は取り返しのつかないくらいに失われてしまう。

「始まり」はきわめて重要である。この主張こそが経路依存論を象徴している。なぜ本書は経路依存から議論を始めるのか。こう問いただす向きもあるかもしれない。自己強化過程を理解することは，時間性に関する幅広い論点を考察するのにとても有益だから，というのがその答えである。経路依存の原因と結果を考察することは，強い慣性（特定の制度配置の出現に由来する永続的帰結など，政治発展の多くの側面を特徴づける「粘着性」）を理解することに役立つ。また，この議論は社会関係における権力の分析を再活性化させる。というのも，（おそらく当初はそれほどでもなかった）権力の不均衡は時間の経過とともに補強され，その不均衡は，制度配置だけでなく，組織と政治行動・政治理解の支配的な様式に深く埋め込まれるからである。経路依存論はまた，重要な社会的・政治的帰結についての機能主義的説明（ある時点である社会的配置が存在するのは，その時点での有力者がそれを必要としたからであるという説明）を前提視してしまう風潮に対し，有用かつ有力な見直しを迫る。さらに，経路依存が頻繁に生じていることを正しく認識すれば，時間的に離れた事象や過程における因果関係の存在に着目せざるをえなくなる。この経路依存過程には，アーサー・スティンチコムが名付けた「歴史的因果関係（historical causation）」が典型的に現れている。これは，ある時点の事象や過程が引き金を引いて起きた力学は，たとえその当初の事象や過程が繰り返されなくても再生産される，という因果関係を指す。さらに，正のフィードバックを重視することは，時間的順序の重視につながる。経路依存過程では，事象の順序の違いが根本的な違いを生むこともある。このように，経路依存は社会過程に現れる時間的次元を浮き彫りにし，この後の章での議論の基礎となる。

第2章ではタイミングと配列の論点をさらに詳しく検討する。多くの国に当てはまる政治発展パターンを分析する際には，ある事象や過程のタイミングと配列が大いに重要であると論じられることが多い。事象Aに続いて事象Bが生じる場合と，それとは逆の順序で事象が生じる場合では，帰結は異なると考

えられている。たとえばアートマンは，民衆の識字能力が高まる時期と激しい軍事競争が始まる時期のタイミングの違いが重要であると主張する。しかし，タイミングや配列という概念は，頻繁に引き合いに出されるわりには明確には議論されていない。このため，第2章では比較歴史分析の著名な議論をいくつか再検討し，配列に関する議論はすでにかなり広まっているものの，分析としては混乱していることを明らかにする。状況が異なれば，配列の妥当な議論も異なってくる。この違いを明確にすること，および，配列のあり方とある帰結とを結びつけるメカニズムを特定することがこの章の課題である。

第2章ではタイミングと配列に関する2つの議論に焦点を絞る。第1の議論は結合（conjunctures）であり，これは別々の因果的配列が特定の時点で連結したことによって生じる相互作用効果を意味する。たとえば，大恐慌のような破滅的な事象がある国家を直撃した時点の政権政党が左派だったのか右派だったのかは，大いに重要であるといわれている。レンガが落下することとその真下を不運な歩行者が歩くこと，この両方が同時に生じたときに特異な帰結が生じる。これと同じように，別の時点では別々に進んでいるはずの2つの過程がある時点で同時進行することは重要な帰結の違いを生じさせる。工業化と民主化という2つの過程が同時進行するときに何が生じるかというレインハート・ベンディックスの有名な分析は，このすぐれた一例である。

第2章の前半では結合論の可能性と危険性を考察する。重要な社会的帰結に関する説明は，少なくとも部分的には結合の問題を踏まえていることが多いと歴史志向の研究者は的確に指摘している。しかし，この結合論を用いて複数の事例に当てはまるパターンを探し出すことには限界があるようだ。一部の例外を除けば，結合論はある帰結を事後的に理解するには非常に有益であるが，多様な状況に応用できるメカニズムを理解するにはあまり役立たないようである。

上記の限界は第2の議論，すなわち配列論ではあまり問題にならない。配列論の多く（おそらくほとんど）は厳密にいうと，正のフィードバック論にもとづいている。これは第1章で展開する経路依存の分析に類似している。つまり，政治や社会に関する営みのある側面に作用する自己強化過程は配列の後の段階の帰結を変化させるために，タイミングと配列が重要なのである。

経路依存と配列への視点を組み合わせることで，大きな理論的相乗効果が生

まれる。自己強化に関する経路依存の議論は，配列がなぜ重要になるのか，また，いつ重要になるのかを明らかにする。つまり，ある時点で生じる正のフィードバック過程を経て，政治的に可能な選択肢全体から一部のものが取り除かれる。このため，その後に生じる事象や過程の帰結が大きく変化することになる。また，配列に注目することで，経路依存過程に関する新たな一連の仮説を提示することが可能になる。たとえば，「政治空間」への一番乗りの強みを得ようとする競争に注目し，遅れてやってきた「敗者」にとって，当初の敗北がその後の機会や制約に与える長期的影響はどのようなものかを明らかにできる。また，経路依存論と配列論の組み合わせは，大規模な社会変動に関して，社会変動のタイミングの違いがもたらす重要性に注意を促すと同時に，経路依存論が政治的慣性だけではなく政治変動の議論にも取り組めることを示唆する。たとえば，経路依存過程のなかには，その後の政治発展段階で生じる一部の事象や過程からとりわけ影響を受けやすいと知られている政治的配置を制度化してしまうものもあるかもしれないのである。

　これらの経路依存的な配列に関する議論は，合理的選択論者がきわめて制約の強い前提のもとでモデル化してきた時間的順序に関する知見を利用できるだけでなく，それをさらに拡張することも可能である。合理的選択論者は，アローの投票のパラドックス（集合的選択状況で生じる無限の循環の可能性）を踏まえて，アジェンダ（議題）のコントロールと意思決定の順序を規定する制度があることによって循環が避けられると説得力をもって論じている。循環が起こりやすい文脈でも，選択肢の配列に順序をつけることにより，循環のない選択が可能になることが理論的に証明されている。この議論の基礎となっているのは，経路依存を生じさせる制度のメカニズムである。つまり，選ばれなかった選択肢が選択範囲から失われてしまうので，配列のつぎの段階では後戻りができなくなるのである。この「不可逆性」が幅広い社会的文脈においても生じることを示せば，アローの議論から派生した研究分野が扱う範囲よりも幅広い社会現象に対して，この重要な洞察を応用することができる。配列が重要になるのは，議会における集合的選択においてだけではない。配列の問題は，前の時点で放棄された選択肢が時間の経過とともにますます手が届かなくなる自己強化の存在する，いかなる社会過程においても重要なのである。第2章で論じ

るとおり，比較歴史分析における配列の議論は小規模なアクターの「手番」ではなく，民主化，工業化，国家建設といった大規模な社会変動の影響を考察するときに用いられることが多い．

　第2章の議論の多くは，民主化や国家建設といった大規模かつ長期的な歴史的過程に着目しているが，第3章ではその大規模かつ緩慢に推移する世界の諸側面をさらに系統的に論じる．第1章と第2章の関心が時間的順序の問題，とりわけ始まりの重要性にあるとするならば，第3章の関心は長期的持続（long durée）にある．この章では，長期的に展開する因果的過程とその政治的帰結に注目しなければ理解できない幅広い過程を考察する．最近の社会科学者は短期間で決着のつく因果的過程と政治的帰結に着目する傾向が強い．しかし，社会の多くの事象はそれが生じるまでに長い時間を要する．たとえば，アートマンの分析にみられる識字能力の拡大や，カーペンターが論じた自律性の基礎を構築しようとする官僚の試みは，これに相当する．事象がゆっくりと生じたとしても，それによってその事象が重要でなくなるわけではないのである．

　また，第3章では長期にわたって展開するさまざまな因果的過程とその帰結を考察する．これらには，漸進的に過程が進行するために帰結がゆっくりと生じる場合，すなわち積もり積もって何かができあがるまでに長い時間を要する場合もあるし，閾値効果の存在が重要になる場合もある．社会過程のなかには，臨界量に達しなければ大きな変化が生じない場合もあるし，重要な要因の出現と帰結の発生のあいだに相当の時間差がある場合もある．このようなことが生じるのは，展開し終えるまでにいくらかの時間を要する「因果連鎖」（a が b の原因になり，b が c の原因になり……の連続）が帰結を左右するからである．ほかにも，ある特定の時期に確率的に変化を生じさせる「構造的」特徴が因果的過程を左右することもあるだろう．これは，変化が起こるまである程度の期間を要することを意味する．このような条件下では，重要な要因が出現しても相当の期間を経なければその社会的帰結は生じないかもしれない．

　このような，緩慢に推移する社会的営みの次元に十分に注目しないと，多くの深刻な過ちを犯すおそれがある．とりわけ，人口，識字能力，科学技術などの多くの「社会学的」変数の役割を見過ごしてしまうおそれがあり，根本的な構造的要因よりも直接の引き金になる要因や突発的要因に着目して説明を行っ

てしまう。このような研究者は長期的に展開する過程の両端を切り捨ててしまうので，因果関係を逆にして提示してしまいかねない。同様の議論は，カーペンターによるプリンシパル・エージェント理論への批判においても行われている。説明に値する現象があまりにゆっくりと生じるために研究者の「レーダー画面」に映らず，そもそも何が重要なのかを特定することすらできなくなってしまうことが，おそらくもっとも根本的な問題であろう。

第4章と第5章では制度の起源と変化に着目し，第3章までの議論を統合・拡張する。これまでは，制度の影響に関する検討が社会科学全般における分析課題の中心だったが，近年，研究者の関心は，制度のもたらす効果だけではなく制度配置の説明へと移行している。第4章と第5章では，第3章までの議論を系統的に統合することで，この最近の課題を解明する。同時にこれらの章では，制度選択の問題から制度発展の問題へと視点の転換を論じるなかで，現代社会科学が抱える歴史の軽視に対する批判を展開する。

これまで社会科学者が制度配置を説明する際には，その帰結から「機能的」解釈を行うことが多かった。とりわけ本書で「アクター中心機能主義」と名付けた考え方を支えているのは，観察された制度の帰結は合理的で戦略的に行動する有力なアクターがそれを生み出そうとしたからこそ実際にそのようなかたちで形づくられたのだという主張である。制度配置の機能的説明が妥当な場合も多いが，第4章ではそのような説明が抱える多くの問題を長期の時間的枠組みを用いて明らかにする。政治の機能的解釈に問題が生じるのは，アクターの行動とその行動の長期的帰結とのあいだの時間差が大きい場合である。政治的アクターは，直近の事象の圧力を受けるか，または長期的効果を設計する自分の能力に懐疑的なときには，長期的展望にはあまり注意を払わないだろう。したがって，制度選択の長期的効果はアクターの目標の具体的な表れというよりは，社会過程の副産物とみなされるべきなのである。また，予期しない帰結という論点も，行動と帰結の時間差に関係している。アクターが制度設計でどれほど未来に関心を抱いていたとしても，その制度を設計する環境はきわめて複雑で不確実である。その結果，アクターは間違いを犯しやすい。これらの理由から，制度配置は合理的アクターの巧みな選択を反映するとの主張には概して

疑いの目を向けてしかるべきなのである[7]。それどころか,有力な政治的アクターの事前の目標と制度の実際の運用のあいだには大きな乖離があると考えるべきである。

機能的説明を行う際にも,仮に制度がその時点での要求や欠陥に対する対応策として簡単に適応させられるものであれば,この乖離はそれほど問題にはならない。このことはつまり,適応の果たす役割が制度分析の中心的課題であることを意味する。適応は,時間の経過とともに2つの重要な社会メカニズム（学習と競争）によって進むといえるだろう。どのメカニズムも非常に重要な社会過程ではあるが,多くの政治的文脈での機能主義的説明の問題点をこれで克服できるとはいえない。その理由は,学習・競争メカニズムの働きが実際に弱いことも一因であるが,それよりも重要な問題は,制度を変更するには相当の障害を克服しなければならないという点である。現実において制度変更を困難にする理由はほかにもあるが,前述の経路依存の議論はまさにこの点を指摘しているのである。

第5章では,制度配置が時間の経過とともにいかに深く埋め込まれるのかを理解すれば,これは制度選択ではなく制度発展の問題として再構成することが必要になると論じる。制度選択の瞬間と制度変更の瞬間だけではなく,長期的に展開する制度発展過程も考える必要がある。この長期的過程が,変更の条件や内容を大きく規定するのである。制度の帰結のパターンを説明しようとする研究者は,制度発展の力学に着目することで,よりいっそう斬新な研究を進めることができるだろう。

社会科学者にとってなぜ「歴史は重要」なのかという問いに対する私なりの答えを,5つの章のなかで示した。これを踏まえ,この問いをさらに有益なかたちで再構成すると,つぎのようになる。なぜ社会科学者は過程の長期的展開に着目する必要があるのか。私なりの答えは以下のとおりである。第1に,多くの社会過程には経路依存が生じているからである。この場合,原因とその結

---

[7] とはいえ,このような主張は注意深く検討すれば裏付けることはできるし,実際に裏付けられることも多い。ここでの批判の要点は,制度配置とアクターの合理的設計の関係性が何の根拠もなく前提視されるか断言されることが多いということ,また,この「合理的設計」論の限界の考察が理論的に有益であるということである。

果のあいだには時間差があり，また，分析の焦点は，自己強化過程の蓄積の結果として何が「失われた」選択肢であるのか，という点にある。第2に，配列（事象や過程の時間的順序）が重要な社会現象の決定要因になりうるからである。第3に，多くの重要な社会的原因・帰結は緩慢に推移するからである。原因と帰結は相当の時間を経て生じるため，研究者はこの点を明確に意識していなければ，適切な説明はできない。また，意識することで初めて原因や帰結の存在を観察できることもある。最後に，制度の帰結の説明は制度選択の問題としてよりも制度発展の問題として設定するほうが適切だからである。ひるがえって制度発展は，時間的射程，意図しない帰結，学習過程と競争淘汰過程，経路依存などの長期の時間的枠組みを組み込んで扱わなければ，適切に論じることはできないのである。

第1章　正のフィードバックと経路依存

　　　知ってのとおり，最初の一歩はいつも肝心だ。幼くて未熟な者に接するときなど
　　　はとくにそうだ。徐々にかたちがまとまり，何らかの刻印が痕跡となって永久に
　　　残るのはまさにこのときなのだ。　　　　　　　　　　──プラトン『国家』

　黒色の玉と赤色の玉がそれぞれ１つずつ入った大きな壺を想像してほしい[1]。そのうち１つの玉を取り出して，それと同じ色の玉を１つ追加して壺に戻す。これを壺がいっぱいになるまで繰り返すこととする。このとき，壺いっぱいに詰め込まれた玉の色の割合について何がいえるだろうか。同じことを100回繰り返した場合はどうだろうか。

・特定の回の作業について，赤色と黒色の玉の割合がどうなるかはわからない。赤色の割合が99.9%のときもあれば，0.01%のときもありうる。玉の割合はこの両極のどこかに位置する。100回繰り返してもおそらくは100通りの結果が出るだろう。
・しかし，玉の割合は最終的には均衡に達する。玉の取り出しは後の順番であればあるほど，最終的な玉の割合への影響は少なくなる。玉の割合は安定した帰結へと落ち着く。
・したがって，配列が重要になる。はじめの玉の取り出しほど無作為の要素がかなり含まれており，最終的に生じうる均衡に大きな影響を及ぼしう

1　以下の議論は主としてArthur（1994）とDavid（1985; 1994; 2000）にもとづいている。アーサーの著書に収穫逓増と経路依存に関する画期的な論文が収録されている。デイヴィッドも経路依存過程を論じる新興分野の発展に大きく貢献している。

第1章　正のフィードバックと経路依存

る。

　数学者はこの過程をポリアの壺と呼んでいる。この特性は，運（ないしは偶然）の要素に，現時点の確率とそれまでの（部分的に無作為の）配列の帰結を結びつける決定ルールが組み合わさることで生じる[2]。ポリアの壺には正のフィードバックが見られる。取り出しを繰り返すごとに特定の経路に引きつけられる可能性が増していく。このような効果が蓄積されるにつれ，強い自己強化の循環が生じるのである。

　正のフィードバック過程は非常に興味深い特徴をもつ。ブライアン・アーサーはそれをつぎのように要約している（Arthur 1994）。

1. **予測不可能性**：前に起こる事象のほうが大きな影響を及ぼし，部分的に無作為の要素を含んでいるのでさまざまな帰結が生じうる。どのような最終的状態に達するのかは，前の時点では予測できない。
2. **硬直性**：過程が進めば進むほど経路の切り替えはむずかしくなる。特定の技術への補助金は後の時点よりも前の時点のほうが最終的な結果を変化させる可能性が高い。ある経路に深入りすると，最終的には1つの解へと「ロック・イン」することになるだろう[3]。
3. **非エルゴード性**（nonergodicity）：配列の前の時点で生じた偶発的事象は相殺されないまま残る。そのような事象を「ノイズ」として扱うこと（つまり，無視すること）はできない。未来の選択にフィードバックされるからである。小さな事象は消えずに残る。
4. **経路の潜在的非効率性**：定まりつつある結果による利得は，それとは別

2　この例は，ある時点で赤色と黒色のどちらが選ばれるかという「取り出し」の確率とその時点までの母集団の色の割合が等しいという正のフィードバック過程の一種を描写している。Arthur（1994）は，この例の特徴の多く（すべての特徴ではないにせよ）をかなり幅広く応用できると論じる。2つの均衡しかない過程をモデル化するのは容易である（たとえば，Hill 1997）。おそらく，そのようなモデルのほうが社会的世界に見受けられる多くの経路依存過程の本質をとらえている。

3　正のフィードバック過程とカオス過程の重要な違いは創発的安定性（emerging stability）が存在するかどうかにある。カオスには安定解はない。これに関する全く異なる枠組みについての興味深い議論とその政治学への応用としてはFearon（1996）を参照。

の選択肢を選んだ場合の結果の利得よりも低いかもしれない。この過程で経路の非効率性が生じうる。

　さらに，社会科学者が関心を抱く一般的論点について一点付け加えれば，この過程では配列が重要になる。前の事象のほうが後の事象よりも大いに重要であり，ひいては，配列が違えば結果も異なるだろう。この過程はまさに，歴史が重要になる過程なのである。

　ポリアの壺の例は「経路依存」の本質的要素をとらえている。社会科学において，この用語は重要な社会現象の分析に応用されてきた。たとえば，経路依存はヨーロッパの政党システムに関するシーモア・リプセットとシュタイン・ロッカンの議論（Lipset and Rokkan 1967）のように，比較政治学の古典的研究にすでに見受けられるだけでなく，ラテンアメリカの労働者の政治参加（Collier and Collier 1991），ヨーロッパの国家建設（Ertman 1997），アメリカの国民皆保険の導入の失敗（Hacker 1998）などの近年の分析にも見出せる。ポリアの壺の例にみられるように，社会科学者は一般的に経路依存という概念を持ち出して，ごく少数の重要な主張を裏付けようとする。すなわち，（1）タイミングと配列のパターンの違いが重要になること，（2）同様の条件から開始しても多様な社会的帰結が生じうること，（3）相対的に「小さな」事象ないしは偶発的事象が大きな帰結を生じさせうること，（4）特定の措置がひとたび講じられると，それを覆すのが事実上不可能になること，（5）政治発展は社会的営みの基本的輪郭を形づくる重大な瞬間ないしは重大局面によってしばしば区切られることなどである（Baumgartner and Jones 1993; Collier and Collier 1991; Ikenberry 1994; Krasner 1989）。これらの特徴はいずれも，社会科学における主流のアプローチとは著しく対照的である。主流の研究手法は，「大きな」結果を説明するのに「大きな」原因を求める。また，唯一かつ予測可能な政治的帰結の存在を重視し，タイミングおよび配列を無意味なものと考える。さらに，直面する問題に対して（資源と制約を踏まえて）最善策を設定・実行できる合理的アクターの能力を前提とするアプローチを採用する。もし経路依存の考え方を政治現象のかなりの領域に応用できるとすれば，それは非常に大きな意味をもつことになる。

第1章 正のフィードバックと経路依存

　この章では，経路依存の一般的議論から始め，この概念のもつ重大な曖昧さを明らかにする。それを踏まえて，正のフィードバックが生じやすい社会過程のさまざまな特徴を検討する。ここで正のフィードバックに着目するのは，社会的意義が大きく，その原因と帰結に関する厳密な議論が最近になって展開されるようになっているからである。正のフィードバックの力学は，研究者が経路依存の意味について直観的に抱く2つの鍵となる要素をとらえている。第1に，その力学は，ある社会的文脈において，選択を覆すコストが時間の経過とともに著しく増加していくさまを如実に表している。これに関連し，第2に，その力学はタイミングと配列への注目を促し，経路の形成または結合が起こる時点と，分岐が起こってそれが強化される時期とを区別する。このような正のフィードバックがかかわる過程では，何が生じるかだけでなく，それがいつ生じるかが問われる。時間性が分析の中心に位置するのである。

　次節では，これまで正のフィードバックにもっとも注意を払ってきた社会科学の一分野である経済学における議論を概説する。これにより，正のフィードバックの考え方に疑念を抱くことが一般的である分野においても，その概念を幅広く応用できることがわかるだろう。さらに重要なことに，経済学の研究は正のフィードバックに関する非常に発達した議論を提供してくれる。これまで経済学者は経路依存のもつ影響を明らかにしてきただけでなく，そのような過程を生じさせる社会的条件を特定してきたのである。

　この経済学の議論は，政治に固有の特徴を説明する足掛かりにもなる。経済学の既存の議論をそのまま政治現象に応用するのではなく，政治の特徴を考慮し，経路依存の議論に修正を加える必要がある。ここでは，正のフィードバック論は少なくとも社会科学のほかの分野と同じ程度に政治の理解に関係すると論じる。多くの場合に集合行為問題を抱えていること，変更が困難な公式制度が中心的な役割を果たしていること，権力の非対称性を増幅させるために政治的権限が利用されがちであること，多くの政治過程・帰結は非常に多義的であること，といった特徴をもつ政治現象は，社会的営みのなかでもとりわけ正のフィードバックが生じやすい領域である。

　最後の節では，これまでの議論が政治分析に貢献しうるかどうかについて予備的評価を下し，現実に観察された帰結が不可避であって，「自然」で機能主

義に則ったものであると安易に結論づけてしまうことに警鐘を鳴らす。政治の効率的要素や機能主義的要素を強調する主張がいたるところに散見することを踏まえれば，これだけでも大きな修正になるだろう。さらに重要なのは，経路依存論は政治分析の時間的射程(タイム・ホライゾン)を引き伸ばすことを正当化する。経路依存論は社会科学者の問いの立て方を転換させ，歴史的過程が政治現象に違いをもたらすのに中心的な役割を担っていると正しく認識するよう促す。また，ある共通の政治環境において安定と変動の両方を生じさせる原因について，有力な仮説を打ち出すことを手助けする。たとえば，経路依存論は，時間的順序にもとづく仮説を検討する必要性（事象や過程の配列の違いが帰結の分岐を説明する要点になりうる可能性）を浮き彫りにするし，原因と結果が同時にではなく時間差を経て生じる場合も考慮に入れる必要があることを示唆する（Harsanyi 1960; Stinchcombe 1968）。

1. 経路依存と正のフィードバック

　経路依存という概念は頻繁に用いられるようになっているが，それが明確に定義されることはほとんどない。事実，その用法は広義の意味と狭義の意味のあいだで揺らぎがちである。たとえば，ウィリアム・スーエルは，経路依存は「前の時点で生じた事象が後の時点で生じる一連の事象の帰結に作用すること」を意味すると提唱している（Sewell 1996: 262-63）。この説明は「歴史が重要である」という主張を緩やかに述べているにすぎず，ほとんど役に立たない。これに対して，マーガレット・リーヴィによる狭義の「経路依存」は，つぎのようなものである。

　　もし経路依存が何かを意味するのだとしたら，それは国家や地域がある軌跡を進み始めたあとにその軌跡を切り替えるコストが非常に高くなるということである。選択を行える時点はほかにあっても，ある一定の制度配置が確立すれば，当初の選択を簡単に切り替えることは妨げられる。おそらく比喩として正鵠を射ているのは，経路よりも樹木である。同じ幹から成長しても枝分かれは大きいものから小さいものまでさまざまである。枝に絡みついたツル科植物の蔦(あし)の成長は，方向

第1章 正のフィードバックと経路依存

転換や枝から枝へのよじ登りができたとしても（選んだ枝が枯れたときには方向転換や別の枝へとよじ登らざるをえないとしても）はじめに選んだ枝から進むことになる（Levi 1997: 28）。

　本書ではこの定義を採用するが，ここでの経路依存とは，正のフィードバック（事象の配列の違いによって多様な帰結を生じさせる）にともなう動態的過程に相当する（Arthur 1994; David 2000）。
　ブライアン・アーサーやポール・デイヴィッドは，正のフィードバック（ないしは自己強化）こそが経路依存を生じさせる歴史的過程の重要な特徴であると論じてきた。この特徴を踏まえれば，特定の方向へと進むにつれて，その経路を覆すのはむずかしくなる。デイヴィッドいわく，「経路依存の概念を動態的にとらえる意義は，まさに歴史を不可逆的分岐過程と見なす考え方にある」（David 2000: 8）。また，ジェイコブ・ハッカーも「経路依存は方向転換のむずかしさを内在する発展的軌跡を意味する」と論じている（Hacker 2002：54）。正のフィードバックが存在しているときには，同一の経路にそって進む可能性はその経路を進むにつれて高まっていく。それは，かつて選ぶことができた選択肢よりも，現在において選ぶことのできる選択肢の相対的利得が，時間の経過とともに増加していくからである。別の言い方をすれば，それまでは選択可能であった別の選択肢に切り替えるコストが増加していくのである[4]。
　別の定義を好む者もいるが，私はこのように相対的に狭義の意味で経路依存を用いることにしたい。この定義では，経路依存は正のフィードバックによって歴史的発展パターンに分岐を生じさせる社会過程に相当する。社会科学においてこの概念が曖昧にされてきたことで，緩い定義の適用範囲は広がったが，分析の明晰さは犠牲にされてきた。これまで，経路依存はジョヴァンニ・サルトーリが概念の拡大解釈(コンセプト・ストレッチング)と名付けた猛獣の餌食になってきたのである（Sartori 1970）。異なる時間的配列をもつ事象は，異なる要因から生じ，その帰結も異

---

[4] ほかの研究者と同じように，私は，この力学を不可逆性を生じさせる力学として述べるときもあるが，その意味は「時間の経過とともに方向転換のコストが高まること」として解釈してほしい。これまで選ぶことができていた選択肢をあらためて選び直すことを想像すること（ひいては実行すること）もできるだろう。経路の方向転換のコストが時間の経過とともに大幅に（それもそのような展開をきわめて生じにくくするくらいに大幅に）増加するかもしれないというのが要点である。

なるはずである（Abbott 1983, 1990）。これまで同一のものとされてきた別種の社会過程は，それぞれ系統的に考察されなければならない。経路依存の概念を自己強化過程に限定したとしても，これは自己強化以外のメカニズムによる配列の重要さを否定するものではない。むしろ，経路依存性の個々のメカニズムの解明に役立つものとなろう[5]。

経路依存に関してどのような概念定義を採用するにせよ，正のフィードバックの過程に着目しないわけにはいかない。それには3つの理由がある。第1に，このような過程（配列の前の時点の帰結がフィードバックし，かつては到達できたかもしれない帰結に時間の経過とともに到達できなくなる過程）が重要な社会現象の多くを特徴づけているからである。第2に，正のフィードバックの原因と帰結の考察を有望な研究領域とするような理論が最近発展しつつあるからである。第3に，自己強化や経路依存の力学への着目は，時間的過程に関する幅広い論点を考察する際になくてはならない基本要素だからである。この第3の理由は第2章以降で論じることとし，本章では第1の理由と第2の理由を検討する。これに取り組むにあたり，まずは経路依存に関する経済学の近年の研究を検討することから始めたい。

2．「収穫逓増」と経済学における経路依存論

伝統的に，経済学者はたった1つの均衡点の探求に焦点を当ててきた。これは魅力的な目標である。というのも，潜在的に予測可能で効率的な世界がそこからうかがえるからである。均衡分析は，要素賦与量（factor endowments）や選好に関する情報が与えられれば，単一の最適解を明らかにできるかもしれない。さらには，収穫逓減が想定されていたので，この分析目標は達成可能だった。というのも，収穫逓減の場合には，負のフィードバックが生まれ，それが

---

[5] 経路依存の広義の概念を用いたうえで，それを分解し，経路依存の各類型がどのように生じてどのように異なる帰結にいたるのかを考察するという戦略もあるだろう（Mahoney 2000）。経路依存の概念を明確にしないまま議論を進める研究は幅広く見受けられる。しかし，この方法には問題が多いように思える。結局，このような定義をめぐる論争はいつまでたっても解決されない。重要なのは，この概念をどのような意味で用いるのかを矛盾のないように明確にすべきであって，さまざまな過程を区別する重要性を認識すべきということである。

第1章　正のフィードバックと経路依存

ひいては予測可能な均衡点を形成する。たとえば，石油価格の著しい上昇は，別のエネルギー資源の保存・探査・活用を増大させて，結局のところ，石油価格は下落するであろう。均衡から離れるにつれ，そこからさらに離れることはむずかしくなるのである。アーサーはこれをつぎのように要約している。負の「フィードバックが経済をしばしば安定化させるのは，いかなる大きな変化もその変化自体が生み出した反応によって相殺されるからである。……均衡とは当該の環境下で生じうる『最良』の帰結，つまり資源の利用と配分がもっとも効率的になる帰結を意味する」(Arthur 1994: 1)。

　しかし，過去20年間，この収穫逓減の考え方は度重なる困難に直面してきた。経済学者は「収穫逓増」(特定の行動をとるごとに利得が減少するどころか増加すること)に関心を示すようになり，経路依存の考え方は生産拠点の立地，国際貿易の発展，経済成長の原因，新しい科学技術の出現といった幅広いテーマにおいて見出せるようになった。これらの研究で収穫逓増の考え方が応用されるのは，全く新しいというわけではない[6]。しかし，経済学の主流において，これらの考え方が用いられるようになったのは最近のことであり，その研究は多くの主要学術雑誌で脚光を浴びるようになっている。近代資本主義の発展に関する分析で経路依存の問題を重視したダグラス・ノースは最近，ノーベル経済学賞を受賞している。

　収穫逓増を生じさせる諸条件を考えるのに最適な分野は，科学技術に関する議論である。ブライアン・アーサーとポール・デイヴィッドが強調するように，複雑で知識集約的な分野では，特定の科学技術が決定的に優位に立つことが多い(Arthur 1994; David 1985)。ある科学技術をめぐる当初の優勢が正のフィードバック効果の引き金となってその科学技術をロック・インさせる。その技術は，長期的には必ずしももっとも効率的ではなかったとしても，競争相手を排除することにつながる。収穫逓増が働くとき，アクターは1つの選択肢のみに執着する強いインセンティブをもち，さらにその選択肢から続く特定の経路を進み続けようとする強いインセンティブが生じることになる。これまで経路依

---

[6] 収穫逓増の概念はアダム・スミスと，とりわけアルフレッド・マーシャルの研究ですでに注目されていた。20世紀に入って，ニコラス・カルドア，グンナー・ミュルダール，ソースティン・ヴェブレンなどの「制度学派」の異端の研究者がこのような論点を考察し続けてきた。

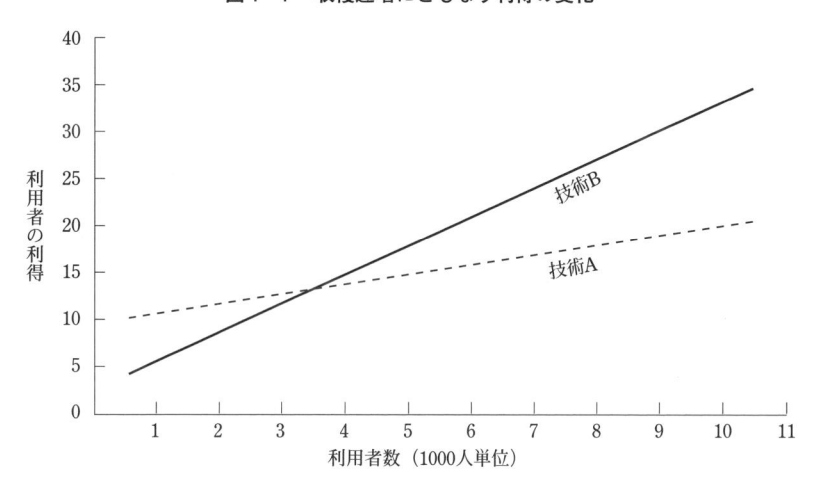

図1-1　収穫逓増にともなう利得の変化

存論はQWERTY式キーボードの発展，アメリカにおける軽水炉型原子炉の勝利，ビデオにおけるベータとVHSの規格争い，コンピューターのDOS型とマッキントッシュ型の規格争い，初期の自動車の設計，電流の規格争いに応用されてきた[7]。

　図1-1は，アーサーの研究から引用した経路依存の過程である。技術A, Bは両方とも，利用者が増えるほどその利用者がより多くの利益を得られる。言い換えると，この場合には収穫逓増が生じている。技術Bによる利益が初期において技術Aよりも低いと，その時点の利用者は技術Aに惹きつけられる。この動きは正のフィードバック過程を促し，技術Aから得られる利益を増大させる。これが新たな利用者を惹きつけ，AとBの幅をさらに拡大し，さらに多くの利用者が技術Aを選択するようになる。技術選択の分岐点（図では3500人）に到達した時点で技術Bを選択していた各利用者の得る利得のほうが理論上高かったとしても，技術Aのほうが先に分岐点に達するので，現実には技術Aの優位が急速に拡大することになる。このように，新しい科学技術

---

[7] 優位に立った科学技術がほかの科学技術を一掃したという実証的主張を否定する批判者は，このような事例の多くに異議を唱えている。このような批判は収穫逓増の有用性について幅広い論点を提起している。この点についてはこの節の最後まで議論を後回しにしておきたい。

第1章 正のフィードバックと経路依存

に収穫逓増が生じやすいときには，歴史の偶然の結果だったとしても，最初に分岐点を通過することが重要になる。収穫逓増が働くとき，アクターは1つの選択肢に執着し，それに沿った経路を進み続けようとする強いインセンティブをもつことになる。

収穫逓増はすべての科学技術に生じるわけではない。アーサーとデイヴィッドは収穫逓増過程の特徴だけではなく，収穫逓増を生じさせる諸条件についても論じている。科学技術の発展と同じような状況が政治においても頻繁に見られるので，収穫逓増を生じさせる諸条件を理解することは政治分析においても重要である。彼らの議論は，政治現象に正のフィードバックがいつ生じやすくなるのかについての仮説を発展させる基礎になる。

アーサーは，収穫逓増を生じさせる科学技術とその社会的文脈には，つぎの4つの特徴があると論じている（Arthur 1994: 112）。

1. **高い設置・固定費用**：設置費用や固定費用が高いと，その技術に対するさらなる投資は高い利得を生み出す。大量生産の場合，固定費用は広く分散するので，一単位あたりの生産費用は低くなる。このようなとき，個人や組織は選択肢を1つに決めてそれに執着する強いインセンティブをもつ。
2. **学習効果**：複雑なシステムを操作する知識を得ることによって，その技術を使用し続けることで得られる収益は逓増していく。また，それを繰り返し利用することで，利用者は製品の効率的な使い方を学び，さらにはそれが製品そのものや関連分野での技術革新を促す。
3. **調整効果**：調整効果は，ある個人が行動から得られる利得が，他者が同じ行動を選択すればより高まるというときに生じる。科学技術が正のネットワーク外部性を備えていれば，その技術は，利用者数が増えるにつれ，より魅力的な選択肢となる。調整効果は，ある技術とその関連設備に互換性が必要なときにはとりわけ大きな効果を発揮する。その例として，ソフトウェアとハードウェア，自動車と道路・修理施設・給油所などの設備があげられる。ある技術の利用者が増えれば，それは関連設備への投資を促し，その技術の利用者をさらに増やすことになる。
4. **適応期待**：広く支持されなかった選択肢が後々に廃れてしまうのであれ

ば,人びとは「勝ち馬に乗る」必要性を感じるようになる。これは調整効果とも関係しているが,適応期待は期待の自己充足性に由来する。人びとは未来の利用パターンの全体像を予測し,その予測を実現させるような行動をとるのである。

　この科学技術に関する議論が重要になるのは,社会的な相互作用の多くに見られる一連の関係性を明確にしているからである。組織や制度の新設といったイニシアチブは相当の初期費用を要するのが通例であり,個人や組織は行動しながら学習し,行動から得られる利得はほかの個人や組織の行動と協調するか「一致」するときに高まることが多く,また,勝ち馬に乗ることも往々にして重要である。このため,人びとは他者の行動に対する期待に合わせて自分の行動を適応させる。

　経路依存の問題としては科学技術がおそらくもっともよく知られているものであるが,経済学者は非常に幅広い分野にこの議論を応用してきた。ポール・クルーグマンとアーサーはいずれも,製造業の空間的立地に収穫逓増が役割を果たしていると指摘している (Krugman 1991; Arthur 1994)。経済活動の多くの側面においては物理的近接性が重要であるため,集積効果が広くみられる。つまり,経済活動の初期の中心地は磁石のような働きをし,別の経済的アクターの立地の決定と投資に影響を与える。大手企業は納入業者,技能労働者,金融・法的機関,そしてしかるべき物理的インフラストラクチャーを引き寄せる。さらに,このような要素が集中することで,その場所には同じような製品を製造する競合他社が引き寄せられる。このことは情報や知識の交換に関する社会的ネットワークにも当てはまる。そのため,収穫逓増論は,シリコンバレーからイタリア北部の高級織物工場地帯に至るまでの特化された経済活動地帯の存在を説明するのに役立つ。クルーグマンいわく,「経路依存性がはっきりと見出せる経済学の研究領域が1つだけあるとすれば,それは経済地理学(製造業の空間的立地を扱う分野)である。歴史が立地問題に色濃く反映している状況は,プロビデンスの田舎にあるハンドメイド・アクセサリーの商店街から,ワシントンD.C.からボストンにかけての6000万人の人口集中にいたるまで,あらゆる規模において見てとれる」(Krugman 1991: 80)。

第1章　正のフィードバックと経路依存

　このような議論は国際貿易に関する近年の研究に多く見られ，収穫逓増論は広く受け入れられるようになっている。これらの研究の出発点は，伝統的な貿易理論の観点からすると妥当ではない経済的傾向，とりわけ第二次世界大戦以後の産業内貿易の急増であった（Krugman 1996）。比較優位が各国の「自然な(ナチュラル)」特徴に由来するならば，ほとんどの貿易は原材料と工業製品の南北間貿易のような，全く異なる地域に位置する国々のあいだで行われるはずである。しかし，ほとんどの国際貿易は先進国間で行われている。このパターンはつぎのような疑問を生む。なぜ先進国の似たような国々が，非常に分化した「ニッチ」の比較優位を発展させることができたのだろうか。

　収穫逓増論はこの問いにひとつの答えを与えてくれる。知識集約産業は正のフィードバックを生じやすい。理由は何であれ，特定のニッチで優位を得た国は時間の経過とともにその優位を定着させる。その結果として，専門化が進む。初期条件が同じような国々も，次第に経済的強みのある特有の分野をそれぞれ発展させていく。比較優位は自明の理ではなく，時間の経過とともに展開する一連の事象を経て生じるのである[8]。こうした，貿易における収穫逓増の存在はいまや広く受け入れられている[9]。

　経済学者はまた，収穫逓増の議論をより広範な分析に適用してきた。経済成長に関する議論のなかでももっとも発展著しいのは，「内生的成長」理論である（Romer 1986, 1990）。1980年代の経済学者は，とりわけ第二次世界大戦以後の先進諸国が，資本と労働力の投入量の増大から説明される成長率よりもかなり高い成長率を叩き出していることに答えられずにいた。ポール・ローマーらは，この問題は研究開発による知見に関する収穫逓増を考慮することで説明で

---

[8] 貿易をめぐるこれらの議論が，論争を呼ぶ政策的含意を生んでいることも指摘しておくべきだろう。一番乗りの強みが重要であるとすれば，自由貿易は，新興部門に積極的に補助金を注ぎ込もうとする貿易相手国を抱える国々にとっては最適な政策ではないかもしれない。ある新興部門に補助金をつぎ込む「勝者の選択」は，一定の（限られた）条件のもとでは経済的に理にかなっている（Krugman 1996; Tyson 1993）。このような戦略的介入の機会の重要性についてはかなりの議論がある。たとえば，クルーグマンはそのような状況があまり見受けられないのは経路依存がほとんど生じていないからというよりも，各国政府が勝者を事前に特定できないからだと論じている。

[9] クルーグマンが述べているとおり，アメリカ経済学会の雑誌論文の分類システムでは「伝統的貿易モデル」と並んでいまや「収穫逓増と不完全競争のもとでの貿易モデル」というカテゴリーも見つけることができる（Krugman 1996: 109-10）。

きるとしている。資本や労働力とは異なり，研究成果のもつ多くの側面は競争をともなわない。そのため，ある企業がある研究開発による知見を利用しても，それはほかの企業が同じものを利用するのを阻止するわけではない。研究開発のある一分野での革新はほかの分野においても利用することができ，生産性の劇的な向上につながることがある。要するに，経済成長は正のフィードバックを生じさせるというのである。これ以外にも，相互補完性を重視する分析もある（Milgrom and Roberts 1990; Milgrom, Qian, and Roberts 1991）。情報通信産業のように，関連するほかの経済活動と相互補完関係をもつ経済活動は多い。ある経済分野の中心部門が成長すれば，関連する部門にも成長が波及し，ひいてはそれが中心部門の成長をさらに高めることがある。

　現在では，経済学者は収穫逓増の議論を幅広い経済現象に応用するようになっている。そのなかでも社会科学全体にもっとも大きな影響を与えているのは，制度の起源と変化に関するダグラス・ノースの議論である（North 1990a）。ノースは，アーサーが科学技術の収穫逓増を考察する際に指摘した特徴は，すべて制度に応用できると論じる。言い換えると，社会的相互依存関係が複雑である文脈では，新しい制度は往々にして高額の初期費用を要し，相当の学習効果，調整効果，適応期待を生じさせるというのである。ひとたび制度が確立すれば，その制度の安定とさらなる発展を促す強力な誘因が生まれるだろう（David 1994）。ノースの言葉を借りれば，以下のようになる。

　　アーサーが論じた4つの自己強化メカニズムは，多少の違いはあれ制度に関してもすべて応用できる。制度を新たにつくりだそうとすれば多額の初期費用が必要となる。……その制度的枠組みがもたらす機会の結果として，組織に大きな学習効果をもたらす。……調整効果はほかの組織との契約によって直接的に生じるだろうし，また，相互補完的行動のなかで経済全体から投資が誘発されることで間接的にも生じるだろう。……適応期待が生じるのは，特定の制度にもとづく契約が浸透すればするほど，そのルールの維持にまつわる不確実性が減少するからである（North 1990a: 95）。

　さらに，ノースは個々の制度だけが正のフィードバックを生むわけではない

と強調する。一連の制度配置も相互補完的な組織形態を促し，新たな相互補完的な制度を発展させる。発展経路に興味を抱く社会科学者にとって鍵となる論点を，ノースは「制度的基盤の相互依存の網の目」と名付けた。彼によれば，この基盤は「大規模な収穫逓増を生じさせる」(North 1990a: 95)。このように，経路依存過程は個別の組織や制度のレベルだけではなく，複数の相互補完的な組織や制度の配置がかかわるマクロ・レベルにおいても見出されることが多い (Katznelson 1997; Hall and Soskice 2001b; Pierson and Skocpol 2002)。

この議論こそ，ノースによる経済史の修正解釈の核心である。彼の研究の出発点は，時間が経過しても各国の経済力の収束が限られていたのはなぜか，という問いであった。新古典派理論に立脚すれば，後進国は先進国の経験を踏まえるだけで経済力の急速な収束を誘発できると考えられる。しかし，現実にはこのような収束は起こっていない。ノースは制度を「社会におけるゲームのルール，ないしはこれよりも形式的にいえば，人間の相互作用を形づくる人為的な拘束」(North 1990a: 3) と幅広く定義したうえで，経済パフォーマンスの収束の不在という理論的パズルを説明する。制度はひとたび確立すればその変更はむずかしくなり，経済成長の持続可能性に大きな効果を発揮する。そして，個人や組織はこの既存の制度に適応する。たとえば，所与の制度的基盤が海賊となるインセンティブを生じさせるとしたら，人びとは切磋琢磨して海賊行為を行うようになるだろう，とノースは論じる。制度が経済的生産性を高めるインセンティブを提供できなければ，経済成長の可能性は低くなるのである。

このノースの議論は社会科学一般にとって2つの点で重要である。第1に，科学技術の特徴と，社会的相互作用のある部分の特徴との類似性を明らかにしたことである。ここで指摘しておくべきなのは，そもそも，アーサーは科学技術そのものを論じたのではなく，科学技術とそれに関する社会行動の性質（他者の行動にそって自分の行動を調整するインセンティブや未来への期待に沿って自分の行動を適応させるインセンティブ）との相互作用の特徴を論じていた点である。第2に，制度発展では正のフィードバックが生じやすいと的確に強調していることである。社会科学においてもっとも意味をもつ経路依存の役割は，制度の起源・持続・変化のパターンを説明できることであるといえるだろう。

2.「収穫逓増」と経済学における経路依存論

　経済学における収穫逓増と経路依存の議論は，新興のパラダイムという様相を呈している。経済学者は，正のフィードバックの議論にもとづいた「新しい」成長理論や「新しい」貿易理論を語るようになった。このように収穫逓増論は経済学において浸透し，知的熱狂をもって受け入れられたが，政治学への応用範囲は少なくとも経済学と同程度に広いといえる強い根拠がある。これを考えるにあたり，近年，経済学で生じている収穫逓増論に対する批判が役に立つ。というのも，これらの批判は経路依存の原因を明らかにし，経路依存過程を相殺する社会メカニズムを特定しているからである。この検討が，政治における経路依存過程の分析につながるのである。

　経済学における収穫逓増論に対する有力な批判として，スタン・リーボウィッツとスティーヴン・マーゴリスの議論があげられる（Liebowitz and Margolis 1995）。彼らの批判のうち，ここまでの議論と関係する論点は2つある。理論的に重要なのは「修復可能」な経路依存だけであるという点と，その修復可能な経路依存は市場メカニズムによってほとんど生じなくなるという点である。以下では，この2つを順に検討する[10]。

　リーボウィッツとマーゴリスは，オリヴァー・ウィリアムソンの議論（Williamson 1993）を踏まえて，修復可能な経路依存と修復不可能な経路依存を区別する。修復不可能な経路依存は，どの時点においても経路の改善が実行不可能なときに生じ，「時間の効果によって誤りが増幅する」（Liebowitz and Margolis 1995: 207）と考えられている。このとき，後知恵として，別の選択肢を選べばよかったと思うものである。しかし，リーボウィッツとマーゴリスは，この修復不可能な経路依存は実際には重要ではないのではないかと主張する。ある時点で手に入れられる情報を踏まえてできる限り最良の行動をとったとしても，誤りを避けることはできないので，その選択を非効率的なものとみなしてしまうのには無理がある，というのである。

　さらに彼らは，重要な経路依存は修復可能なタイプだけであると論じる。

10　リーボウィッツとマーゴリスの批判が正しいかどうかは，上記の2つの論点の両方を確認できるかどうかにかかっている。それに対して，社会科学者にとって経路依存の概念が重要かどうかは，修復不可能な経路依存は重要であるという論点と，修復可能な経路依存は頻繁に生じうるという論点のどちらか一方を確認するだけで十分である。

「経路の改善を原則として実行できる……経路依存のみが，合理的な行動が効率的かつ予測可能な帰結を生み出すとする新古典派モデルに対して挑戦を突きつけることができるタイプの経路依存なのである」(Liebowitz and Margolis 1995: 207)。この修復可能な経路依存と修復不可能な経路依存の区別は，彼らの議論において非常に重要になる。というのも，彼らは修復可能な経路依存という理論的にやっかいな状況は，ほとんど起きないと考えるからである。

　修復不可能なタイプの経路依存を一蹴する彼らの議論は説得力があるといえるだろうか。ウィリアムソンが指摘するとおり，経路の修復可能性はたしかに政策目標の判断基準としては適切である。経路依存の存在を認識できても，それを事前に特定できなければ政策立案者には役立たないかもしれない[11]。しかし，社会のある側面が特定の方向に進んでしまう理由やそのようにして進んだ先の帰結を（おそらく事後的に）理解することが議論の目的だったとすれば，ここまでの反論は説得力を失う。ほとんどの社会科学者が夢中になるのは，まさにこのような因果関係に関する問いなのである。

　リーボウィッツとマーゴリスの分析のもうひとつの論点は，修復可能な経路依存はほとんど生じないという主張である。この主張はわかりやすい。2つの選択肢のうちの1つが，短期的にはすぐれていなくても長期的にすぐれていれば，一般的に市場はそのすぐれた経路のほうを選択するだろうというものである。アクターは長期的な投資から得られる収益を把握できる能力をもつので，誤った選択を回避できる。所有権制度，特許規定，広大な資本市場などのおかげで，短期的には利得は少なくても長期的には有望と考えられる選択肢が魅力的なものとなる。要するに，経済的アクターは未来を見越して計算するので，長期的な収益を犠牲にして近視眼的に短期での収益の最大化をめざす行動で満足してしまう可能性は低いという。

　この議論はかなり説得力が高いが[12]，実際にどの程度妥当なのかは，短期的思考を克服するのに市場メカニズムがどれだけ強く働くかに左右される。リー

11　前述のとおり，クルーグマンやそのほかの研究者が，貿易政策に対する収穫逓増論の重要性を声高に主張する議論に疑問を投げかけた理由はまさにこの点にある。

12　アーサーもこの可能性を明確に認識している。しかし，私の知る限り，彼はその含意を系統的には考察していない。Arthur (1994: 28, fn 11) を参照。

2．「収穫逓増」と経済学における経路依存論

　ボウィッツとマーゴリスは収穫逓増論でもっとも重視されている外部性について，市場メカニズムがそれを吸収できるとかなり楽観的に想定しているが，この点に対する批判は経済学者に任せておけばよいだろう。本章では，むしろ，それ以外の彼らの議論に対する2つの反論が重要になる。第1に，この市場の先見性の議論は経済活動における一部の経路依存にしか当てはまらないように思われる。とりわけ，彼らの批判は一部の技術や製品に対する企業の投資決定に向けられている。しかし，前述の応用例（たとえば，立地の集積，貿易の特化，内生的成長）では，収穫逓増の利益の多くは個々の企業がコントロールできないものであり，投資家や起業家はそれを完全には把握できないことがほとんどである。したがって，リーボウィッツとマーゴリスが明らかにしたメカニズムによって最良の長期的帰結が選ばれるかどうかは保証できない。

　第2に，より重要な反論として，収穫逓増が生じやすい分野である制度発展は，このリーボウィッツとマーゴリスの議論とはあまり関係がない。民間アクターは，経済制度を構築することで，長期の利益を得られる特許やベンチャー・キャピタルを手に入れられるわけではない。リーボウィッツとマーゴリスは，市場メカニズムを支える制度がすでに存在することを前提にしている。この議論は，さまざまなネットワークの集合体や制度・組織の総体における制度の存在を問題にするノースの議論とはあまり関連がない。彼らがノースの研究を引用すらしていないことは，それをよく物語っている。ノースは，制度発展の経路依存過程は，国の市場経済の進化に重要であると論じている。それに対して，金融市場が長期的視点をもつというリーボウィッツとマーゴリスの議論の要点は，制度発展の引き金となるものではない。むしろ，金融市場のそのような長期的視野のほうが制度発展の産物なのである。

　このリーボウィッツとマーゴリスの批判が，経済における制度発展という論点を十分に考慮に入れていない点は，より根本的な問題を抱えている。つまり，経済的領域に関する彼らの分析が妥当であるとしても，それ以外の領域の社会過程の分析における妥当性は保証できない。「長期的視野」は市場メカニズムにおいて強いかもしれないが，政治の領域では大いに弱まるのは確実である。加えて，科学技術の発展においては重要ではなかった正のフィードバックの要因が，ほかの領域では重要となることもある。次節ではこれらの点について検

討する。

3. 経済から政治へ

　ミクロ経済学はこれまで，政党競合，利益集団や社会運動の形成，投票・議会行動など，政治現象の幅広い分野における重要な特徴を解明してきた。しかし，経済理論の政治学への輸出は，政治の「現場」のもつ特徴を注意深く考慮した場合により有益となるであろう。テリー・モーが述べるように，「真の課題は，理論の基礎構築に役立つ政治の本質的特徴を特定することにある。そのような基礎を特定できれば，圧倒されたり，誤った方向に向かうことなく，新しい経済学の知見を活用できるようになる」(Moe 1990: 119)。経済学から導き出した議論は，経済の世界とは全く異なる政治の世界の特質を考慮しなければならないのである。

　政治と経済は多くの点で異なる[13]。重要なのは，経路依存の原因と結果を分析するのにもっとも適した政治の側面を特定することである。本節では，政治的領域の課題を簡単に概説したうえで，2つの議論を展開する。第1に，政治という領域に正のフィードバックを生じさせやすくする，相互に関連する4つの側面を考察する。それらは（1）集合行為の重要性，（2）稠密な諸制度の存在，（3）権力の非対称性を増幅させるために政治的権限が利用される可能性，（4）複雑さと不透明さの内在，の4つである。以下では，それぞれを簡潔に説明したうえで経路依存との関連を論じる。正のフィードバック過程はこれらの特徴によって生じる。

　第2に，リーボウィッツとマーゴリスが経済システムにおいて存在すると主張する改良メカニズムは，政治における経路依存の相殺にはあまり効果的ではない理由を説明する。（1）競争と学習という効率性増幅メカニズムの不在ないしは脆弱性，（2）政治的アクターの時間的射程の短さ，（3）政治制度に一般的に組み込まれている現状維持バイアスの強さ，この3つの特徴によって，政治は経済と大きく異なる。正のフィードバック過程はとりわけこれらの特徴

---

[13] 以下の議論はLindblom (1977)，Moe (1984, 1990)，North (1990b) に主に負っている。

によって強化される。つまり、アクターが歩み始めた進路の切り替えをむずかしくするのである。経路依存の議論は経済学の中心になっているが、ここでの主張は、政治においても経路依存過程は経済と同じくらい幅広くみられ、またそれを覆すのはよりいっそう困難であるというものである。

(1) 政治における正のフィードバックの原因

政治にはなくてはならないものは、公共財の供給に対する視点である[14]。公共財は、供給の共有性（財の生産コストはその財の消費者の数に全くまたはほとんど影響されない）と排除不可能性（財のコストを払った者のみにその消費を限定するのが困難である）で特徴づけられる。このような、現代において頻繁に見られる特徴が、国防から環境保護にいたるまでの公共財を、市場を通じて供給するのをむずかしくする。まず、排除不可能性はただ乗りのインセンティブを生じさせる。諸個人はその公共財の生産に貢献しようがしまいが、公共財を得ることができるからである。供給の共有性が意味するのは、自分の利益しか考慮しない民間アクターでは市場を通じてこのような財を生産できない、ということである。

このような公共財の特徴を強調したのは、それが政治システムの第2の根本的特徴の説明に役立つからである。政治の本質は自発ではなく強制にあるということ、これが第2の根本的特徴である。公共財の供給には、権限の行使（率直にいえば威圧）と、その権限を規定・正当化するために設計された補完的制度との組み合わせが必要になる。法的拘束力のあるルールは、経済行動における所有権と同じように、政治行動の基礎というだけではない。むしろ、ルールは政治の真髄なのである（Lindblom 1977; Moe 1990, 2003）。公共財の供給を政治の根本的問題ととらえ、それにあたって強制的権限を必要とするという考え方は、政治的営みにいくつかの特徴をもたらす。以下にあげる特徴はいずれも、政治において経路依存が生じやすいという指摘につながるものである。

政治の集合的性質 経済市場と対比すると、政治では集合行為が非常に多い

---

[14] ほとんどの場合、財は「純粋な」公共財には相当しない。この事実は分析を複雑にさせてしまうが、それでも、本節の基本的主張には影響しない。この議論についてはMueller（1989: chap. 2），Cornes and Sandler（1996）を参照。

第1章　正のフィードバックと経路依存

ことがよくわかる。仮に，あなたは企業に勤める会社員で，上司は口うるさくて給料も少ないとしよう。このとき，何らかの明確な選択肢が頭に浮かぶだろう。一念発起して会社を辞め，多種多様にある企業のどれかに再就職すること，または自分で会社を立ち上げることも可能である。実際に移れるかどうかは労働市場の状況に左右されるが，複数の選択肢が存在するからこそ，上司の口うるささと給料の少なさに対するあなたの許容範囲は明確に定まる。

あるいは，あなたがすぐれた新商品を開発したとしよう。市場は有望な起業家には必ず報いるものなので，あなたは融資を得られるだろうし，その前途は明るい。自分で起業しようが，だれかに売り込もうが，だれもあなたを止める者はいない。いずれそのすぐれた新商品は日の目を見ることになり，あなたは開発によって相当の利益を得るだろう。

少なくとも教科書にあるような事例では，消費者の立場もこれと同じように独立したものである。自分の決定は，ほかの消費者の決定に対する自分の期待とは本質的に無関係である[15]。努力して協力する必要はない。つまり，諸個人の個々別々の決定が集積されたものが市場に相当するのである。

ここまでの単純化された例から，経済市場が相対的に柔軟で，流動性をもち，個々のアクターが独立していることがよくわかる。これに対して，政治「市場」は一般的には柔軟性や流動性には程遠い。政治の場合には，自分の行動の結果は他者の行動に大きく左右されている。自分が何を手に入れられるかは，自分が何をするのかだけではなく，他者が何をするのかにかかっていることがほとんどである。政治学者はこれまでマンサー・オルソンの画期的研究を踏まえて「集合行為の論理」を理解してきた（Olson 1965）。政治で生まれる「財」の大部分は公共財である。このため，財の供給に貢献した者だけにその財の消費を制限するのはむずかしく，人びとはただ乗りをしてしまいがちである。集合行為を促進するような諸条件をつくりだすことこそが，政治的営みにおける

---

[15] これは政治と経済の大きな違いを表しているが，その違いを論じるには重要な留保が多く必要となるだろう。利用できる財の価格・供給・品質がほかの消費者の決定から影響を受けるのは明白である。さらに，生産側と消費側の両方の経済活動の多くには大きな外部性が存在する。これによって消費は相互依存の意味合いをもつようになる。上記のとおり，独立的消費の諸条件はネットワーク外部性をともなう科学技術には当てはまらないことが多い。この複雑な事情の一端を論じたすぐれた議論としてはHirsch（1977）を参照。

重要な争点なのである。

　この問題は公共部門による公共財の提供だけにとどまらない。政治が権威に支えられた集合的決定メカニズムに頼っていることを考えれば，法律そのものもその法律の受益者にしてみれば公共財である。一般的に，政治的影響力を獲得するには集合行為が必要である。この点に関して，ジェラルド・マーウェルとパメラ・オリヴァーはつぎのように述べている。

> 利益集団政治と社会運動の領域では，集合行為によって政策に影響を与えて利益を獲得することがほとんどである。集合行為が負担するのは，政府に影響を与えるコストであって実際に財を提供するコストではない。政策に影響を与えるということは，供給の共有度が高い財を生むということである。……しかし，税法の抜け穴をつくるためにロビイストに資金提供する者の関心事はロビー活動に対するコストであって，税収減のコストではない。公害を一掃するためのコストは公害排出企業の数と大まかに比例するだろうが，公害の一掃に必要な法律を整備するコストとは関係がない。利益集団や社会運動は構成員の利益のために議会に働きかけるが，そのコストは，その働きかけの結果として成立する立法から恩恵を受ける他者の存在には影響を受けない（Marwell and Oliver 1993: 42-43）。

　つまり，彼らが簡潔に述べているとおり，「法律は供給の共有度が高い」（p. 45）のである。このような状況こそが，重大な集合行為問題を生むことになる。

　政治においてアクター間の調整が頻繁に求められる理由はほかにもある。政治的アクターが追求する目的の多くは，「ひとまとめ」や「勝者総取り」を特徴としている。たとえば，再選を求める政治家，クーデターの計画者，ロビイストなどの行動はいずれも勝つか負けるかであり，法律も通過するか却下されるかである。多くの企業が共存する余地がある経済市場とは異なり，政治の多くの場面では二番乗りになることには意味がない。1917年におけるロシアのメンシェヴィキの状況がその良い例である[訳注1]。ここでも自分の行動の意味が他者の行動次第で大きく変わってしまうのである。たしかに，世論調査の回答や

訳注1　ロシア社会民主労働党の多数派であるボリシェヴィキに対する少数派の右派。

投票など，これがあまり当てはまらない側面も政治にはある。しかし，投票の場合であっても，完全な比例代表制でない限り，選挙結果は一部の政党だけを利することになるので，有権者は自分の票を「死票」にしないためにほかの有権者の行動予測に合わせて自分の行動を変えやすい。

このように，行為と結果の単線的関係性の不在こそが，政治における集合行為の特徴なのである。集合行為は，これにかわって，正のフィードバックを生じさせる特徴の多くを有している（Marwell and Oliver 1993）[16]。その一番の理由は，適応期待が幅広く見られることにある。敗者になった場合のコストが非常に高くつく状況では，アクターは他者の行動に対する自分の予測に照らして自らの行動を調整し続ける。新党の結成に力を注ぐか，連立を組むか，利益集団に資源を与えるか，どれを選ぶにせよ，その選択はこれから多くの他者が自分と同じ行動をとるだろうという予測に大きく左右される。加えて，集合行為の多くには高い初期費用がつきものである。ある集団の組織化が安定するまでには，相当の物質的ないしは文化的な資源が必要になる。

政治における集合行為過程では，正のフィードバックが非常に生じやすいため，政治的動員パターンの長期にわたる安定がこれまで注目されてきた。たとえば，ヨーロッパ諸国の政党に関するリプセットとロッカンの研究は，この力学をうまく説明している。彼らによれば，まず，鍵となる歴史的局面で大きな政治的亀裂が生じ，それによってできた集団が政党を形成した。初期費用の負担を克服し，また，適応期待を乗り越えた政党は長期にわたって自己再生を繰り返し，政党システムの「凍結」につながった（Lipset and Rokkan 1967）。

アメリカの市民団体に関するシーダ・スコチポルの近年の研究も，正のフィードバックの結果として組織が存続しうることを強く裏付ける（Skocpol 1999）。スコチポルの研究チームは，会員数が人口の1％以上（どちらかの性別に特化した団体については0.5％以上）に及ぶ市民団体をすべて特定し，それらの組織の帰趨を長期間にわたって追跡した。1830年代から58の団体を追跡した結果，組織の存続率が著しく高いことが明らかになった。人口比1％の閾値を短期間

---

[16] Olson（1981）はまさにこの議論にもとづいている。つまり，利益集団の設立はむずかしいが，維持は相対的に容易である。これを踏まえれば，深刻な外的衝撃（戦争など）を受けてこなかった民主的社会では，時間の経過とともに利益集団がますます浸透していくと期待できる。

しか上回らなかった団体もあったが，58団体のうち26団体は現在でもこの閾値を上回っている。これらの26団体のうち16団体は1940年代の時点ですでに1％を上回っており，そのうちの大部分は1940年代よりもかなり前に閾値に達していた。また，スコチポルのリストから漏れたほかの多くの組織も，数十年にわたってその閾値を上回っていた。1900年以前に設立された40団体に着目すれば，そのうち19団体が少なくとも50年ものあいだ，1％を上回っており，さらに10団体は設立から現在まで1世紀以上も1％を上回っている[17]。要するに，時間の経過とともに社会的・経済的・政治的に大きな変化が生じていても，組織はひとたび制度化されれば，集合行為過程とかかわる自己強化力学（とりわけ，初期費用の高さ，調整効果，適応期待）によって存続傾向を示すようになるのである。

政治における制度　近年，政治学における多くの研究が重視しているとおり，公共財を得るための調整には，公式な制度の構築が必要になることが多い。このような制度は，ひとたび定められれば，望む望まないにかかわらずすべての者に適用されるとともに，最終的には強制力をもつようになる。市場においては「退出」という選択肢もあるが，政治においてはこの選択肢は存在しないか，存在したとしても極端に高くつく。政治につきものなのは，領域内における社会的行動を司るルールの制定・執行・変更の権限をめぐる争いである。要するに，政治の大部分は交換ではなく，他人を従わせる権限にもとづいているのである。このため，制度の制約は政治のいたるところに存在している。公式な制度（憲法など）だけでなく公共政策も包括的で法的拘束力のある制約を行動に対して加える。

あまり一般的な定義ではないが，公式な制度とともに公共政策も制度に含めることは重要である（Pierson 1993; Pierson and Skocpol 2002; Moe 2003）。政策は公式な制度のルールに比べれば簡単に変更できるとはいえ，政治において重大な制約として働く。政策は法律にもとづいているだけではなく，国家の強制力に支えられており，何を行う必要があるか，何を行ってはいけないのかにつ

---

[17] しかし，この証拠が示す組織の存続の度合いは実際よりも控え目である。1％の閾値を下回る数多くの組織もかなりの規模の会員数を維持しているからである。また，長く存続してきてようやく閾値を上回るようになった組織も存在するだろう。

いてのシグナルをアクターに与え，ある行動に対する賞罰の基準を定める。また，ほとんどの政策は長期にわたって存続する（Rose 1991）。現代社会においてはとくに，一連の政策のあり方が政治的アクターのインセンティブと資源に根本的な影響を与える。

　このような制度では一般的に正のフィードバックが生じやすいことは，これまでの研究では明確には論じられてこなかった。研究者は，集合行為問題が起こりやすい状況において，それを乗り越えるために制度が役立つこと，とりわけ，他者の行動に対する期待を整理しておのおのの行動を調整する必要があることを重視してきた。しかしながら，このような特徴が制度発展過程において経路依存を生みやすいことは無視されがちだった。

　前述のとおり，ノースの分析は，時間の経過とともに徐々に後戻りしにくくなる自己強化過程を制度が促すことを浮き彫りにした。複雑な社会的相互依存の文脈では，新しい制度や政策は高い固定費，学習効果，調整効果，適応期待をともなうことが多い。制度と政策は，個人および組織に専門技能への投資を促し，他者やほかの組織との関係を深めさせ，特定の政治的・社会的アイデンティティーを発展させる[18]。このような効果のために，理論上はありうる別の選択肢よりも，既存の制度配置のほうが魅力的になる。制度の密度が高い環境では，アクターは経路を一歩歩み始めると，道を切り替えるのがむずかしくなる。第5章で検討するように，アクターは既存の制度と政策を踏まえてコミットメントを形成するため，ひとたびそれが形成されると進路を切り替えるコストは劇的に増加する。

　概して，経済学者は自己強化過程には収穫逓増がつきものであると考えている。資源の支出が一単位増えるごとにそれ以前よりも多くの収穫が得られるよ

---

[18] このような帰結を「埋没費用（sunk costs）」と呼ぶことが一般的になりつつある。しかし，この用語の用い方は直観的には合っているが，望ましくはない。経済学者が埋没費用に言及するとき，それは，複数の選択肢のなかから選び出した現在の選択とは無関係とみなされる償還不可能なコストという意味で用いられる。これに対して，経路依存の要点は過去の選択が現在の行動と現時点で関係していることにある。収穫逓増が生じている場合，利益を継続的に生み出す投資が社会的適応に相当する。アクターが現在の選択に固執し続ける強いインセンティブを備えているかもしれないのは，その選択にこれまで費やしてきた投資から利益を得てきたからである。理論的にすぐれた別の選択肢がそれと同等かあるいはそれ以上の利益を生み出すには，新たに膨大な投資が必要になるだろう。

うになるというのである。ジェイムズ・マホニーが強調するとおり，この効率性に的を絞った用語法（支出単位あたりの利益）は，多くの経済学者が関心を寄せる種類の自己強化過程に用いるのは適切であるが，そうではない場合も多い（Mahoney 2001）。ほかの社会現象の分析に射程を広げる場合には，正のフィードバックや自己強化について，暗黙のうちに効率性を意味することのない中立的な用語が必要である。このことは，政治における経路依存の原因になりうる2つの要因を考慮に入れるときにとりわけ重要になる。その2つの要因とは，権力関係の力学と，社会の認知パターンである。

政治的権限と権力の非対称性 特定のアクターに対する政治的権限の配分は，正のフィードバックを生じさせる重要な原因である。この要因はアーサーやノースが論じた正のフィードバックの原因とはかなり異なる。あるアクターが別のアクターにルールを強制できる立場にあるとすれば，その権力の行使によって自己強化が生じるときもある。アクターは，自らの権力を増幅させるために，政治的権限を活用してゲームのルール（公式な制度と公共政策の両方）を変更しようとするかもしれない。これは，そのアクターに有利なかたちにルールを変更するだけにとどまらず，そのアクターの政治的行動能力を増加させる一方で，対立相手のそれを減少させるだろう。さらに，この変化は適応を促し，自己強化傾向を強めていくかもしれない。というのも，このとき，優柔不断で明確な意欲をもたず他者の影響を受けやすいアクターは，勝者の側につくか敗者を見捨てるからである。この種の力学は，ナチスの権力掌握や，20世紀初期のイギリスで労働党が自由党の後釜に座るまでの漸進的過程など，多くの政治過程に見ることができる。政治的資源の格差は正のフィードバックが進行するにつれて劇的に広がるといえるだろう。

この点で，再建期以後のアメリカ南部のアフリカ系アメリカ人の公民権剥奪は，政治権力関係の転換が自己強化を生じさせることを示す明確かつ痛烈な一例である。アレクサンダー・キーサールはアメリカの参政権の歴史を扱ったすぐれた著書のなかで，再建期の終焉こそがその後に長期的に続くことになる権力関係の転換の動態的過程を促進したと論じている（Keyssar 2000: 107-16）。1876年の大統領選挙は，連邦軍の南部からの撤退を促した。そして1878年，民主党は20年ぶりに連邦議会の両院の過半数を獲得した。キーサールいわく，

第1章　正のフィードバックと経路依存

「これらの出来事の帰結は……南部の選挙法の執行を各州・各地方の政府に任せたことにある」（p. 107）。

　ここで強調しておくべきことは，この画期的出来事が南部の民主党の「リディーマー（Redeemers）」[訳注2]の短期的な全面的勝利を意味したわけではない点である。むしろ，「どっちつかずの競争の時期，包摂と排除が共存した時期」（p. 108）の先駆けになったのである。南部の大部分では共和党が「権力を手放さなかったし，剥奪されつつあったにせよ，それでも大多数の黒人は参政権を行使し続けた」（p. 107）。

> 共和党は中部の白人貧困層，さらには共和党の財界寄りの政策に共感を抱く新興資本家と周期的に連合を形成することができた。そのため，保守的なプランター（大土地所有者）が優位を占める民主党のリディーマーへの反対勢力が消えることはなかった。選挙戦は共和党，民主党系諸派，また後々にはプランター連合とポピュリストのあいだで争われた。その結果，ほとんどの州議会で多数派を握ったリディーマーは，黒人と反対派の白人の有権者数を減らすために，区割り操作，有権者登録，わかりにくい投票用紙，秘密投票（事実上の識字能力検査として機能した）などの措置を講じた。さらに必要とあれば，彼らは暴力や不正集計にも頼った（p. 107）。

　社会・政治的権力は，時間の経過とともに政治的に有利な立場を補強・定着させるのに用いられた。1890年代にはこのリディーマーへの反対勢力は消えてなくなり，プランターの覇権という持続的システムが成立した。その後，1964年の時点でさえミシシッピ州におけるアフリカ系アメリカ人の有権者登録は10%であった。

　経路依存への着目は，社会科学者の注意を再び権力の役割に向けさせることになった（Moe 2003; Thelen 1999）。1960年代から70年代にかけて起こった有名なコミュニティー・パワー論争において，ピーター・バクラックとモートン・バラッツ，そして，スティーヴン・ルークスは，権力の非対称性は往々にして

[訳注2]　再建期において，急進派共和党を排除するために形成された民主党のなかの保守勢力。

表面には現れないものであると説得力をもって論じた（Bachrach and Baratz 1962; Lukes 1974）。つまり，権力配分がおよそ等しくないときには，権力を公然と行使する必要はないというのである。当時の多元主義者は，この主張を系統的に評価することは不可能だと批判した（Polsby 1963; Wolfinger 1971）。しかし，ジョン・ガヴェンタは正のフィードバックの長期的過程がそのような権力の非対称性に反映されると論じている（とはいえ，彼自身はこのようなかたちでこの論点をとらえていたわけではない）（Gaventa 1980）。正のフィードバック過程は，比較的拮抗していた争いを，きわめて不均衡な争いへと変容させてしまうのである。ある集団がほかの集団に対して自らの選好を強要するにあたって，当初は公然とした争い（「権力の第一側面」）を経なければならないかもしれないが，時間の経過とともにアクター間の権力関係が不均衡になることで，当初の公然とした政治的争いを経ることなく，反応の予測やアジェンダのコントロール（「権力の第二側面」），そしてイデオロギーの操作（「権力の第三側面」）を通じて，表面的な争いが不必要になるだろう。このように，正のフィードバックは権力関係の非対称性を増大させると同時に（逆説的なことに）その権力関係を見えなくしてしまうといえるのである。

政治の複雑さと不透明さ 経済学の理論は，アクターは自分の欲しいものを知っていて，できる限りそれを手に入れるように努め，またその実現にそこそこの自信があるという，有用かつ妥当な前提にもとづいている。また，企業は利潤の最大化を求めるものであり，そのパフォーマンスを測る尺度はある程度単純明快である。経済的環境のさまざまな特徴がどのように企業のパフォーマンスに作用するかは，価格の発信するシグナルによって分析できる。また，経済環境の特徴の多くは，観察可能で明確に数量化可能な指標をもつ。労働者はさまざまな企業が提示する賃金と労働条件についてかなり詳細な情報を得られるし，消費者もまた市場に対して賢く振舞うことができる。選択とその帰結の関連は通常は明確である。たとえば，新しい職に就けば収入は増加するし，自動車を購入すれば預金は減少する。さらに，商品の品質は比較的すぐに判明するし，購入を繰り返すことで消費者はさまざまな商品の質を検討することが可能になる。

　もちろん，この経済的領域の単純な描写に多くの複雑な事情を付け加えるこ

とも可能である。市場はときにはきわめて複雑で理解困難なものである。しかし，価格という統一された計測基準が存在すること，アクター間で経済的決定の多くを調整する必要がないこと，相互作用の繰り返しが多いこと，選択とその結果を結ぶ因果連鎖が比較的短いこと，などのおかげで経済的アクターは優先順位の確定，因果関係の見取り図の構築，間違った選択の修正が容易になる。

これに対して，第4章と第5章で詳細に検討するように，政治の環境は非常に曖昧模糊としている（Moe 1990; North 1990b）。政治には，価格のような計測尺度は存在せず，そもそも同じ尺度で計測できない幅広い目標が追求され，パフォーマンスの観察・計測を非常にむずかしくするような過程で成り立っているのである。また，システムがうまく機能していないと考えられる場合でも，複雑なシステムのうちのどの要素にその原因があるのか，さらに良い結果を得るためには何を調整すればよいのかを判断するのはむずかしい。政治において，集団で選択しなければならない状況に対処しようとすれば，巧妙な手続きに頼らざるをえなくなるが，それでは透明さが失われてしまう。つまり，取引費用が大きく上昇してしまうのである（Cornes and Sandler 1996; Mueller 1989）。政治の目標の複雑さ，行為と帰結の結びつきの緩やかさが政治に多義性を内在させてしまう。ノースいわく，「政治的市場は（経済的市場よりも）非効率になりがちである。その理由は平明で，政治的市場では交換対象の計測がきわめて困難であり，ひいては契約の執行がきわめて困難だからである」（North 1990b: 362）。

ここで，ノースは政治的意思決定が非効率であると述べているだけではないことを強調しておきたい。むしろ，政治はそれ以上に困難な問題を抱えている。取引費用が低ければ，市場メカニズムは効果を発揮するだろうが，取引費用が高ければ，市場メカニズムは破綻してしまう。公共財を特徴づけるのは，この取引費用の高さである（Cornes and Sandler 1996; Mueller 1989）。だからこそ，複雑で多義的な争点と問題が公共領域に集まってしまうのである。

政治において誤りや失敗が明らかなときでも，「試行錯誤」の過程による改良が自動的に進むわけではない。多くの参加者（有権者や利益集団の一員）は散発的に政治に関与しているにすぎない。投票という単純な手段に見られるように，参加者はおおざっぱな行動手段しかもたず，各人の行為は集計したとき

にのみ影響力をもつ。行動と帰結をつなぐ因果連鎖は複雑で，そこには長い時間差があるといえるだろう。その結果，誤解は修正されないまま残ってしまうことが多い。

　要点は，政治には学習が決して生じないということではなく，学習がきわめて困難であり，つねに生じるとは想定できないということである。その一方で，政治に対する認識そのものが経路依存の対象になっている。認知心理学と組織論の両方を踏まえた研究では，極端に複雑で不透明な社会的文脈におけるアクターは，情報を既存の「精神地図（メンタル・マップ）」のフィルターにかけているために，その行動に大きなバイアスが生じると論じられている（North 1990b; Denzau and North 1994; Arthur 1994）。ある物事の裏付けとなる情報は受け入れられやすいのに対して，誤りを指摘する情報はふるい落とされがちである。政治のような複雑な環境に対する人びとの解釈は，しばしば正のフィードバックを生じさせやすい。社会で共有される基礎的な認識の発展には高額の初期費用と学習効果がつきものである。フィリップ・コンヴァースが述べているとおり，追加情報の処理を円滑に進めるためには，情報を効果的に蓄積しなければならない（Converse 1991）。これは，精神地図をとおして物事を見ることを意味し，これが正のフィードバックを促すのである。

　社会の見方に関する経路依存性は個人レベルでも明らかだが，集団レベルではそれ以上に明白である。アレクサンダー・ウェントが論じるとおり，「アイデンティティーや利益は相互作用のなかで学習されるだけでなく，相互作用によって維持される」（Wendt 1999: 331）のである。理念も，ネットワーク効果と適応期待を生み出してほかの社会的アクターと共有されることが多い。社会学者は，適切さの規範や基準は集合的な自己強化過程を経て発達すると論じてきた。握手のような当たり障りのない行動に関する社会的相互作用は「絶えず再生産される」（Jepperson 1991，また，Wendt 1999; 184-89も参照）。握手するごとにこの規範は強まっていくのである。

　これと同じ議論は集合的理解（世界がいかに動いているか，何に価値があるのか，何が諸個人の利益になりうるか，友や敵になりうるのはだれかについての集合的理解）に対してもかなりの説得力をもって当てはまる。要するに，集合的理解とは，政策パラダイムから本格的なイデオロギーにいたるまでのさま

ざまな集合的な理念的構成体である（Hall 1993; Berman 1998; Blyth 2002）。イデオロギーの比較発展分析を行ったロバート・ワズノーは，新しい世界観はひとたびそれが臨界量に達すれば，そのイデオロギーの拡大・再生産を大いに促進する一連の文化創出的制度・組織・専門的アクターを生み出しうると論じている（Wuthnow 1989）。彼の歴史分析では，比較的短期の開放期の後に，特定のイデオロギーの発展軌跡の選択と制度化の過程が続くことが明らかにされている。「言説共同体」がどのようにして同様のイデオロギーを共有・制度化・再生産するようになるかの彼の説明は，本章で論じている枠組みと驚くほど類似している。シェリ・バーマンもまた，急進イスラームの拡散について同様の議論を展開している（Berman 2003）。彼女によれば，急進主義者は重要な文化制度に対する影響力を用いることで，国家そのものを革命で転覆するのではなく，市民の世界観の革命的変化を醸成した。

「精神地図」に関するノースの研究は，政治文化論の長年の見解や近年の認知科学の議論と一致する点が多い[19]。イデオロギー，政府に関するさまざまな認識，政治集団や政党の志向など，さまざまな政治の基礎的見解は，ひとたび確立すれば，持続するのが一般的である。これらには経路依存が生じているのである[20]。ウェントが述べるように，「社会システムは知識の共有の論理によって一定のパターンへと『ロック・イン』されがちである。これが社会的慣性，つまり，文化がなければそのシステムには存在していなかったであろう社会的

---

[19] 世代に関するカール・マンハイムの有名な議論に注目してほしい。いわく，「どの経験がもっとも重要な『第一印象』をかたちづくるのかは意識の形成にとって相当に重要である。……当初の印象があわさって世界の自然観が形成される。その後の経験は確認や達成感のように見えるにせよ，否定やアンチテーゼのように見えるにせよ，その当初の印象から意味を受け取る」（Mannheim 1952）。

[20] 営業職の人びとには周知の事実であるが，このような経路依存的な認知効果はそれほど曖昧ではないはずの消費の世界にもはっきりと現れている。広告業界が，まだ決定的（でいったん決まったらなかなか元に戻らないよう）な選択を下していない若者の注意を引こうとする理由はここにある。アメリカン・フットボールからバスケットボールやサッカーへと若者の興味が移りつつあることに危機感を抱いた全米フットボール連盟（NFL）が新たに用いたマーケティングの例はその多くを物語っている。MTV元社長が収穫逓増のような言い回しを口にしているのである。「子供たちにはできるだけ早くフットボールを与えてほしい。6歳，できるならそれくらいの年齢で。だれかがバスケットボールやら，ホッケーのスティックやら，テニスのラケットやら，ゴルフのクラブやらを子供たちに渡す前にフットボール，これを与えてほしいのです」（Seabrook 1997: 47）。

結束を強める要因のひとつとして働くのである」(Wendt 1999: 188)。

このように，政治過程が収穫逓増力学に彩られていると考えられる理由はいくつもある。政治過程の中核をなす4つの過程（集合行為，制度発展，権限の行使，社会的解釈）は正のフィードバックに満ちている。いずれの過程でも，ある方向に歩みだすことが自己強化力学を生じさせると考えられる。この結論は強調されるべきだろう。というのも，政治の安定と変化の原因を理解したいと思う研究者にとって，正のフィードバックという概念が重要であることがそこからうかがえるからである。自己強化過程の重要性を認識したことが経済学に激震を走らせたとすれば，政治学者は少なくとも経済学と同じ程度にこの概念の意義を考慮に入れる必要があるだろう。

正のフィードバックが政治でしばしば大きな効果を発揮すると考える理由はほかにもある。本節の残りの部分では，正のフィードバックがすでに始まっている状況において，進路変更がむずかしいのは経済よりも政治である理由を簡潔に検討する。ここでの論点は第4章と第5章でさらに詳しく論じるつもりである。

（2）進路変更メカニズム

経済学者が経路依存になかなか注目しなかった理由のひとつは，問題のある経路から抜け出す2つの有力なメカニズムを市場が備えていると考えるからである。そのメカニズムとは競争と学習である。市場には競争圧力があるために，効率的な構造をもつ組織が発達し，最適状態を下回る組織は最終的には淘汰される（Alchian 1950）。また，企業内学習過程も修正につながる。企業は自社や他社の経験から学習し，長期的には間違いを修正できる（Williamson 1993）。

しかし，ここで，競争と学習というメカニズムはどちらも，アーサーやノースらの分析する経路依存の文脈においては有効な矯正手段ではないことを強調しておきたい。ひとたび選ばれた選択肢は，たとえ深刻な欠陥を抱えていたとしても，時間の経過とともに自己強化することが多い。しかし，私が強調したいのは，市場における企業から政治制度へと舞台が移れば，競争と学習という調整メカニズムは，ほとんど効果を発揮しなくなるという点である（Moe 1984, 1990）。このことは競争メカニズムに顕著に現れる。競争に関するモデル

第1章　正のフィードバックと経路依存

は政治の重要な側面の一端（たとえば国際関係や選挙）を理解するには役立つかもしれないが，政治的環境が経済的環境よりも競争に関して概して「緩い」ことは疑いようがない（Krasner 1989）。

前述のとおり，政治の複雑性と多義性は学習の深刻な障害となる。これについては，公的問題を解決するために試行錯誤の対応をとることがあるように，政治でも学習過程が働くといえないことはない（Lindblom 1959; Heclo 1974; Hall 1993）。しかし，その過程が，経済学における市場競争の効率性増大の議論や，生物学におけるダーウィンの自然淘汰の議論などに類した淘汰メカニズムと同じ働きをすると考えられる根拠は乏しい。政治的現実はあまりにも複雑であり，また政治の評価や選択肢の優先順位の決定などの課題はあまりにも困難であるため，学習のような自己調整の働きは限られてしまう。

実際に学習が生じていても，改革を行おうとするとあらゆる障害物に突き当たる。というのも，ここに正のフィードバックが働いているからである。ある経路に沿って進み続ければ，それまで選ぶことができた別の選択肢へと切り替えるコストは増加する。また，政治の場合，変化を模索する際にはさらに2つの障害物に直面する。時間的射程の短さと，ほとんどの政治制度に関する意思決定にみられる強力な現状維持バイアスの2つである。これらの要因が政治における経路依存効果を大いに強めることが多い。

時間的射程　レーガン政権時代の行政管理予算局長だったデイヴィッド・ストックマンの発言は，政策決定者の発言としては類を見ないほど率直である。ストックマンは，社会保障局の長年の財政問題に対処するために年金改革を検討すべきとの答申を政策顧問から受けると，その答申を即座に拒否した。その理由を問われて，彼は「2010年にだれか別の奴が抱える問題にいまわざわざ多大な政治的資本」（Greider 1982: 43より引用）を浪費したくないと説明した。

政治的決定のなかには，長期間を経なければ，その効果を発揮しないものも多い。とりわけ複雑な政策介入や主要な制度改革がそうである。しかし，政治的アクターひいては政治家がもっとも関心を抱くのは自分の行動の短期的効果であり，長期的効果は軽視されがちである。その主な理由は選挙の論理にある。政治的勝敗を決める有権者の決定は短期的に下される。そのため，公職者の将来に対する割引率は一般に高くなる。公職者が長期的帰結に注意を払うように

なるのは，それが政治問題になったとき，ないしは短期の選挙結果を恐れる理由が少なくなったときくらいである。ジョン・メイナード・ケインズはかつて「われわれは長期的にはみな死んでしまう」と喝破したが，政治家はこの言葉を胸に刻むべきだろう。

政治的アクターごとの時間的射程の違いについてはあまり知られていないが，これに関して，「信頼コミットメント」（協力を容易にするための取り決めをつくりだそうとする政治的アクターの行動）を扱う興味深い研究分野が発達しつつある（North and Weingast 1989; Shepsle 1991; North 1993）。この研究分野は，ある政治的アクターの権力を増大させる特定の制度設計（中央銀行への独立性付与など）が時間的射程の長期化に役立つ場合があると論じる。しかし，このようなメカニズムは一般的に，政治ではあまり効果を発揮しないだろう。前述のとおり，市場は時間的射程を長期化させる強力なメカニズム（とくに企業組織の継続性と資本市場の存在）を備えているが，政治では概してこのようなメカニズムの働きはかなり弱い。政治的帰結につながるアクター間の関係性が非常に複雑なだけでなく，そもそもその帰結自体を測定する指標が限られているため，長期的な政治行動の観察は困難である。また，役職の回転が比較的速いので，アクターに応責性（アカウンタビリティ）をもたせることがむずかしい。要するに，経済的領域には存在している所有権に類するものが，政治的領域には存在しないのである。経済的領域では，所有権のおかげでアクターの一連の意思決定の時間的結びつきが容易になる。政治においては，長期というものは存在しないことが多い。ビスマルクがいうように，孫の代まで考えている政治家こそが大政治家なのである。

政治と経済の時間的射程の違いは非常に重要である。経路依存論に対するリーボウィッツとマーゴリスの批判を再検討すれば，この両者の違いがわかりやすくなる。市場制度は一定の修復可能な経路依存に対する保護措置であると彼らは的確に指摘している。いうなれば，選択肢Ｂを選べば長期的利益が増加すると考えられるとき，投資家は選択肢Ｂが短期的には選択肢Ａよりも劣っていたとしても選択肢Ｂをより好むだろう。ここから彼らは，市場メカニズムによって図１-１の２つの選択肢のうち，より効率的な技術Ｂの選択肢が選ばれると論じる。

第1章　正のフィードバックと経路依存

　政治の場合の選択は，おそらくこれとは異なる。たとえば，2年ごとに再選をめざす政治家を重要な意思決定者として想定してみよう。この状況では長期的帰結よりも選挙の周期のほうが重要である[21]。短期の利得に焦点を絞る政治家であれば，選択肢Aを選ぶだろう。この時間的射程の違いは，帰結に大きな違いを生む。時間的射程が短くなりがちであるとすれば，長期の費用と便益が経路の選択に与える影響は限定的になるだろう。さらに，ひとたび特定の経路が選ばれれば，政治的アクターは概してその経路にとどまろうとする強いインセンティブをもつことになる。経路を切り替える費用は短期的であるのに対して，経路を切り替えて得られる便益は長期的にしか蓄積されず，それは別のアクターの利益となってしまうのである。

　政治制度の現状維持バイアス　経済においては，ある商品について新しいアイディアをもつ個人がそれを市場に出すには融資を確保するだけでよい。十分な数の消費者がその商品に魅力を感じれば，その商品はヒットする。変化は市場にある複数の商品の競争を経て生じうる。同じように，ある企業の所有権をもつ者は思いどおりに組織を再編できる強い立場にあることが一般的である。その権限の範囲は明らかであり，意思決定権をもつアクターはおそらく利益の最大化という幅広い目標を共有しているだろう。

　これに対して，政治の重要な側面である公共政策と，とりわけ公式な制度には，変化への耐性がある。つぎの2つの理由から，政策と制度は変化しにくいように設計されているのが一般的である。第1に，制度と政策の設計者は自分の後継者を拘束したいと望むかもしれない。モーはこれを「政治の不確実性」の問題と名付けた（Moe 1990）。経済的アクターとは異なり，政治的アクターは自分の対立相手がつぎの政権を獲得する可能性を考慮しなければならない。それゆえ，アクターは自分の立場を保護するために現行の取り決めを変更しにくくするルールをつくりだすのである。

　第2に，政治的アクターは自らを束縛せざるをえなくなることが多い。将来

21　このような政治家よりも長期の時間的射程を見すえたアクター（たとえば利益集団）が政治家とかかわりをもつことができるときには，長期的効果は（寄付金や投票を経て）未来において重要になるだろう。問題は，経済的領域での資本市場と同じくらいにどこでもこのメカニズムが効果を発揮するか否かである。私はそれに懐疑的になる根拠は十分にあると考えているが，この論点はいっそうの検討を要するであろう。

の選択肢のうちの一部を放棄したほうが，短期間であっても往々にしてうまくいくというのが，「信頼コミットメント」論の重要な洞察である。たとえば，臣民の苦労して築いた富を過度に徴収することを控えるという君主のコミットメントが信頼に足るものであれば，その国の経済は急速に発展するだろう (North and Weingast 1989)。このことは，君主が徴税権限を議会に譲り渡したときに生じやすい。セイレーンとの遭遇に備えるユリシーズ[訳注3]のごとく，政治的アクターは自らの行動を縛り，何か大きな目標を達成するためにしばしば自らの自由に制限を設ける。設計者は自分と他者を束縛するために粘着性の高い制度をつくりあげる。政治制度の設計に粘着性を組み込むのは，不確実性の減少と安定性の増大を容易にするため，ひいては，その要素がなければできないかもしれない類いの協力や交換を容易にするためなのである。

そのため，EUの全会一致や，圧倒的多数の賛成を求めるアメリカの憲法修正の要件に見られるように，制度改革の前に立ちはだかる壁は著しく高い。もちろん，このような障害は，これがなければできないかもしれない類いの協力や交換を容易にするかもしれない。ここでの要点は，すでに選択された経路から離れようとする際に立ちはだかる壁は，政治システムを特徴づける制度の粘着性のためにさらに高くなってしまうということである[22]。このバイアスや政治を特徴づける時間的射程の短さが，競争メカニズムと学習過程の脆弱さと組み合わされた結果，政治発展はしばしば強い経路依存傾向を示す。

訳注3　長編叙事詩『オデュッセイア』においてユリシーズ（オデュッセウス）は船を難破させてしまうセイレーンの歌声を聞こえなくするために，耳に蠟の栓をして乗り切った。

[22] この議論に逆行する場合もある。政治とは強制力を動員する有力なシステムでもあるため，政府はある経路から別の経路への「跳躍」を画策できることもある。政府は制裁を活用し，市場では決してできないようなかたちでの調整が可能となる。たとえば，イギリス政府はメートル法への変更を法制化できた。これは市場の自動的メカニズムでは困難か，ないしは不可能である。政府は資源を動員して進路を劇的に変換させる力を備えているときもある。しかし，このような可能性を誇張するべきではないだろう。メートル法の例は経路依存の放棄を示すささやかな一例にすぎない。切り替えのコストが低かったのである。ここでは本質的に調整が問題だった。つまり，すべての人に同時に切り替えを求めることが問題だったのである。この問題に対処するにあたって政府の強制的なルール設定能力は大きな助けになる。前述のとおり，切り替えのコストが高いときには，政府は別の経路への切り替えに積極的になるのか，またはそもそも切り替えが可能なのかについてはあまり明らかではない。十分に制度化した政治システムの根本的・革命的改革の事例は，まさにそれが稀有な事例だからこそわれわれの注意を引くのである。

第1章　正のフィードバックと経路依存

　政治と経済は多くの点で異なる。経済の分析道具を政治に応用したとしても，この両者の違いを系統的に考慮しなければ，その道具は頼りにならない。経路依存論についていえば，政治の特徴に着目することで画期的な知見を提示できる。政治においては正のフィードバックは著しく生じやすく，また進路変更の能力も低いことが多い。このため，経路依存論は政治力学を理解する重要な道具になるのである。

4．経路依存と政治学

　要約すると，自己強化過程が働いている状況での政治現象は以下の4つの点で特徴づけられるだろう。

1. **複数均衡**：正のフィードバックが生じやすい一連の初期条件のもとでは，帰結となる点は複数あるのが一般的である。
2. **偶発性**：相対的に小さな事象でも，それがしかるべきときに起これば，永続的で大きな影響を及ぼすことができる。
3. **タイミングと配列の役割の重要性**：経路依存過程においては，事象がいつ生じるのかが重要になる。配列の前の時点のほうが後の時点よりもかなり重要になる。そのため，ある事象が「あまりに遅く」生じた場合は何も影響をもたないかもしれないが，別のタイミングであれば，大きな影響を及ぼしていたかもしれない。
4. **慣性**：このような過程がひとたび確立すれば，正のフィードバックは一般的に1つの均衡点へと向かう。そして，この均衡は変化に耐性をもつ。

　また，正のフィードバック過程が政治に幅広く見出せると考えられる十分な根拠もある。というのも，制度発展，集合行為，権限の行使，政治的世界の認識を特徴づけているのはまさにそのような過程だからである。この理論的意義を踏まえると，われわれは政治分析にとっての問いと答えの両方を変える必要がある。その理論的意義は後で詳細に考察するが，ここでは以下の各章の構成に即したまとめを行っておく。

第1に，経路依存論は配列（複数の社会的事象・過程の展開の時間的順序）の重要性を指摘する。変数志向型の研究のほとんどが前提にしているのは，正のフィードバックの存在しない世界である。その世界では歴史は忘却され，配列は重視されていない。その世界の住人は変数の展開の配列ではなく，ある瞬間の変数の値を知るだけで良いとする。これに対して，経路依存過程で正のフィードバックが意味するのは，歴史が「忘却されずに残る」ということである。この過程では前の時点の相対的にささやかな摂動がその後にきわめて大きな影響を与えうる。先の時点の「小さな」事象が帰結に大きな影響を与えるかもしれないのに対して，後の時点の「大きな」事象は帰結にあまり影響しないかもしれない。別の言い方をすれば，配列の先の時点の事象や過程の結果は増幅するかもしれないが，後の時点の事象や過程の意義は減衰する。このように，配列のなかで特定の事象がいつ生じるのか，それが大きな違いを生むのである。政治システムの特定の側面が配列の前の時点で軌道に乗り，それが時間の経過とともに強化されていく。これが経路依存論の重要な含意である。

　第2に，経路依存過程に着目することは，相当の時間的射程を組み込んだ分析を発展させる必要性を示唆する。このような理由から，経路依存過程は配列の重要性を浮き彫りにするだけではなく，歴史分析への転回をも正当化する。もちろん，何らかのレベルではすべての社会科学者が「歴史は重要である」ことに同意している。現時点における社会的帰結に影響を与える既存の諸条件は，過去のある時点で生じたものである。現在の社会的事象を全体的に理解するには，このような過去の過程も重要である。しかしほとんどの場合，このような論点は脇においておくほうが無難だと考えられている。過去を分析し始めると，それを無限に続けなければならない無限後退（infinite regress）という馴染み深い問題を招いてしまうからである。つまり，先行事象を考察するたびに，その先行事象の先行事象もまた，説明に必要な事象の連鎖の一部であるという結論にいたってしまう。社会科学者は継ぎ目のない歴史をどこかで断ち切る必要があり，現時点はそれをするのにうってつけの時点である。ジョージ・ホーマンズはこれを，魚雷除去の掃海艇が船舶の磁気量を計測しようとする状況になぞらえて説明する（Homans 1967）。船舶の磁気量はそれまでの航行期間で蓄積した無数の小さな要因に由来する。しかし，現実的な理由から，計測には単純

な方法が使われる。すなわち,船舶の現時点での磁気量を計測するのである。船舶の機雷に対する脆弱度を把握することが目的なのであれば,無限に続く歴史分析というゴルディオスの結び目〔のような難問〕は快刀乱麻のごとく一刀両断できる[23]。

多くの場合,これは妥当なアプローチである。社会科学者が共時的因果関係に着目する根拠,すなわち,現時点での変数の値の違いが現在の社会的帰結にいかに作用するのかを理解しようとする根拠は十分にある。しかし,正のフィードバック過程が大きな意味をもつところでは,このようなアプローチは適切ではない。経路依存論はアーサー・スティンチコムが「歴史的原因(historic causes)」と名付けた概念にもとづいているのである(Stinchcombe 1968: 103-18, また,Harsanyi 1960; Ikenberry 1994; Jervis 2000: 97; Lieberson 1985も参照)。歴史的原因とはつまり,何らかの初期事象や初期過程が特定の帰結を生み出すと,その後は当初の事象・過程が生じていないときでも時間の経過とともにその帰結が再生産されることを意味する。

この歴史的原因の探求は,諸要因の定常的関係(invariant relationships)の探求という社会科学に典型的にみられる立場とは非常に異なる。この立場に立つ研究者は,ある環境に x が加わるときに y が生じるとすれば,x がなくなるときには y もなくなると想定する。スティンチコムいわく,「歴史主義的説明では……何らかの原因によってある時点に生じた結果が,その後の時点に生じた同じ結果の原因になることを説明する。この議論では,2つの要因の説明が必要になる。第1は,ある社会的パターンを生じさせる原因となった特定の状況であり,第2は,その社会的パターンの自己再生産を促す過程である」。

つまり,このような過程を分析するときには,過去に存在し,経路を特定の方向へと進行させた諸要素と,現行の経路の再生産メカニズムの両方が重要な分析対象になるのである。後者は一見ありふれているか,ほとんど表面に現れないか,少なくとも分析には関係ないようにみえる。この独特な説明のアプローチは,本章の最初で紹介したポリアの壺の例を引き合いに出すとわかりやすい。玉の取り出しを100回繰り返したときの玉の色の配分がなぜ赤96個,黒4

---

[23] このホーマンズの主張に関する議論についてはKnapp(1983: 43-45)を参照。

個になったのかを説明するには,どうすればよいだろうか。「99回までに赤と黒の割合が95対4だったので,つぎにまた赤を引く確率は95%以上である」というホーマンズ式の説明では不十分である。ここで重要なのは,その軌跡を定めた初期事象と,その軌跡を自己強化させたメカニズム(この例でいえば,特定の決定ルールに則った選択過程)なのである。したがって,歴史的因果関係が働いているところである事象を説明するには,相当の長期間を考察する必要がある。この論点は,第3章で詳細にとりあげる。

第3に,経路依存論はこれまであまり批判されることのなかった社会的帰結の機能主義的説明に反論を加える。つねに明確に言及されるわけではないが,機能主義的説明は社会科学に幅広く普及している。その例としては,個々のアクターの政治的行動における選択を合理的なものととらえる議論や,社会問題に対する集合的反応をある程度効率的なものととらえる議論があげられる(Keohane 1984; Shepsle 1986; Weingast and Marshall 1988)。

機能主義的議論では,帰結X(制度・政策・組織など)が存在するのはそれがYという機能を果たすからである,という考え方をする。目的意識のあるアクターが住む世界では,たしかに制度のもたらす結果はその制度の生成と持続の原因に関係があるといえるかもしれない。しかし,正のフィードバックの観点に立てば,ある制度の生成や持続が何か特定の目的に役立っているからであるという考え方をするのは危険である,ということになる。ある制度・政策・社会組織を機能主義的観点で考えることは,因果的仮説を導き出すのには役立つかもしれないが,その機能主義的説明は唯一の妥当な説明では決してない。別の結果が生じる可能性は十分にあっただろうし,実際には偶然に選ばれただけの選択が正のフィードバックによって継続したり,またある選択肢が当初の優位を失っても継続した,ということが考えられる。機能性を前提とした説明をするよりも,歴史に立ち戻る必要がある。このように経路依存の可能性を認識すれば,たとえそれが機能主義的主張の妥当性を検討することになるだけだとしても,歴史の考察が必要となる。第4章と第5章で説明するとおり,経路依存の考察は制度の起源・安定・変化に関する新たな仮説を展開する基礎となるであろう。

「資本主義の多様性」の議論はその一例である。比較政治経済学で近年注目

第 1 章　正のフィードバックと経路依存

されているこの研究テーマが問題とするのは，国際経済の相互依存が増大しつつあり，理論的には収束へと向かわせる圧力が生じているはずなのに，実際には各国の核となる制度構造は根本的な相違を維持しているという状況である（Soskice 1999; Hall 1999; Berger and Dore 1996; Hollingsworth and Boyer 1997）。しかし，これまでこの研究分野が行ってきたのは多様性を特定・記述することであり，多様性が生成・持続する理由を説明することではなかった。とはいえ，その後，制度補完性の役割を重視するピーター・ホールとデイヴィッド・ソスキスの議論は，この分野の研究の進展に大きく貢献している（Hall and Soskice 2001a）。彼らによれば，経済制度や組織のメリットは，ある種の制度や組織で成り立つ環境とうまく合致した場合に増大する〔ことで補完性が生まれ，多様性が生成・維持される〕。

　「資本主義の多様性」研究は，国によって均衡のあり方が異なることを説得力をもって説明しているが，その均衡がどのように生じるのかという問題は扱っていない。とはいえ，経路依存の観点に立てば，先進諸国の精巧な生産システムに正のフィードバックが生じた理由を容易に見てとることができる。つまり，新規参入の企業にとってだけでなく，（より根本的に）企業同士を結びつける重要な組織や制度にとっても初期費用が高かったからである。組織と，複数の組織の相互作用のあり方のパターン化を促す官民両方における公式・非公式の取り決めは，ノースが述べるとおり，密接に連結した制度的基盤をつくりだす。経済的・社会的組織と政治的制度（憲法上の取り決めと公共政策の枠組み）の両方は，これまで長期にわたって共進化してきた。また，調整効果も随所に見られる。調整効果とは，他者が選択すると期待される行動を踏まえて自らの行動を変えることを指す。企業は，直面する制度的基盤に対応した精巧な戦略を展開してきた。つまり，企業は複雑なシステムのなかで試行錯誤の学習を長期にわたって進めてきたのである。要するに，各国の経済システムは大いに経路依存的なのである。このような経済システムは，近年のグローバル化など大きな外生的衝撃を受けている文脈でも非常に弾力性が高いであろう。

　機能主義的説明の限界を浮き彫りにすることは，研究者を再び権力関係の分析に向かわせる。これが，経路依存の重要性を認識することで得られる最後の理論的収穫である。機能主義的議論は，特定のアクターが制度から得る利益が

何であるかという点から議論を始め，アクターの権力こそがその制度配置を生じさせた原因であると推論する。このような議論は，どのような道筋を経てその帰結にたどり着いたのかという重要なフィードバックの過程を無視しがちである（Hacker and Pierson 2002）。前述のとおり，経路依存の力学を視界に入れることで，これまであ︎ま︎り︎に︎も︎安易に権力関係で説明されてきた制度配置について別の説明を提示できるかもしれない。また，自己強化過程は時間の経過とともに権力配分の不均衡を増幅させると同時に，その不均衡を見えなくしてしまう可能性がある。これはすなわち，「静止画」的視点では重要な権力関係の要素を見過ごしてしまいかねないことを意味する。要するに，この両方の指摘は，現代社会科学において権力を扱うことの根深いむずかしさを示している。いうなれば，研究者は権力関係が働いていないのに働いているとみなしたり，その逆のことを行ったりする場合もある。

いくつかの留意点

ここまでの考察の多くは，以下の各章の議論の基礎である。そのため，ここでいったん議論を止め，これまでに展開してきた議論に対して向けられうるいくつかの反論を検討する。

古いワインを新しいボトルに入れただけ？　社会科学には歴史に着目してきた長い伝統がある。とりわけ，歴史の重視は，現実政治から生じる重要な問いへの答えを求めている研究者に顕著である。そのような研究では，タイミング，配列，重大局面といった論点が強調される。工業化と国家建設に関するアレクサンダー・ガーシェンクロンの研究や，政党システムの形成に関するリプセットとロッカンの研究は，歴史を重視した古典的な研究である（Gerschenkron 1962; Lipset and Rokkan 1967）。正のフィードバックや経路依存といった概念を政治学に組み込もうとするここまでの議論は，これまでずっと研究されてきたことをくり返しているだけなのかどうかは問われてしかるべきであろう。経路依存は古くからあった考え方を最新用語で表現しただけなのだろうか。

流行に翻弄されがちな社会科学者の注意を，これらの先行研究の洞察の深さと，それが現在においても重要であるという点に向けさせただけだったとしても，経路依存論は価値があるといえるだろう。しかし，その議論の価値がそれ

第1章　正のフィードバックと経路依存

にとどまらないことはいうまでもない。正のフィードバック過程の力学を視野に入れれば，なぜ特定の局面が重大になるのか，そしてその局面のどの側面が重大になるのか，なぜタイミングに着目することで政治の大部分を説明できるのかについての理解を大いに深めることができる。先行研究のほとんどは，この点について曖昧なままにしてきた。しかし，正のフィードバック特有の性質を踏まえれば，多くの政治過程を特徴づけている安定と変化の複雑な混合を理解できるようになる。繰り返しになるが，経路依存に関するアーサーの研究が画期的だったのは，彼が経路依存過程の特徴を描写しただけではなく，経路依存過程を生じさせうる諸条件を特定したからである。さらに，ノースの研究を踏まえて，この経路依存論を政治分析に応用する準備は整ったといえるだろう。それには，政治に多義性が内在していること，きわめて粘着性の高い制度が随所にあること，集合行為問題が頻発すること，政策決定権限を利用して権力関係の不均衡を増幅させる可能性があることなど，政治現象特有の性質に注意する必要がある。自己強化過程を考察することで，経路の分岐や社会的慣性の原因について，より明確な社会メカニズムの説明をともなった洞察に富む仮説を導き出すことができるだろう。

　経路依存論は叙述に過ぎないのか？　経路依存分析は，メカニズムの働きを特定することに細心の注意を払わなければ，なぜ生じたのかの説明ではなく，何が生じたのかの叙述になってしまう。キャサリーン・セーレンはこの点をうまく要約している。

> 特定の制度配置の「凍結」や「結晶化」に関する議論は……再生産メカニズムの働きを特定する補完的議論と明確に結びつかない限り，論点を明確にするどころか曖昧にしてしまう。あるパターンがなぜ持続するのか，またそれがどのように政治的優位を保ち続けるのかといった問いを説明しない議論は，不完全なものでしかない。……別の経路への切り替えを割高で不確実に満ちたものにしてしまう「埋没費用」や「既得権益」に関するスティンチコムの議論を引き合いに出す研究者もいる。しかし，このような言及は分析の出発点としては役立つが，それ自体が分析になるわけではない。つまり，これらの概念は引用するだけではなく，応用することが求められるのである。とりわけ，ある制度配置においてだれが既

得権益をもっているのか，その既得権益が時間の経過とともにいかに持続しているのか，そして，おそらくは，その制度の権益に浴しない者がどのように締め出されているのかを知る必要がある（Thelen 1999: 391）[24]。

セーレンが指摘するように，特定の経路や軌跡を強化するメカニズムを特定することが鍵である。それなしには，経路依存は安定について書いただけの単なる叙述に堕してしまう。

また，これらのメカニズムに着目すれば，環境による違いを説明するのに役立つだろう。ここまで政治の多くの側面が自己強化傾向を助長しうると論じてきたが，政治のすべての側面で正のフィードバックが生じるわけではない。マイケル・ハナンとジョン・フリーマンはこの点を「空間的・時間的分布のなかに混在するさまざまなタイプの帰結」ととらえ，つぎのように形容している（Hannan and Freeman 1989: 106）。長期間にわたる1つの帰結が分布のほとんどを占めている場合，その分布は「粗く」，その逆の場合には「細かい」。一般的に，経路依存過程で生じるのは細かい帰結の分布パターンよりも粗い帰結の分布パターンなのである。

具体例をあげてみよう。デイヴィッド・メイヒューはつぎのように述べている。政党再編成論は，アメリカでは過半数支持の「自然な」結果としてどちらかの政党が優位な立場を得るだろうと示唆するが，1900年以降，政党帰属意識で優位に立つ政党が大統領選挙で優位な立場に立つことはほとんどなかった（Mayhew 2002: 129f）。言い換えれば，大統領選挙の結果は「粗い」分布というよりも「細かい」分布なのである[25]。少なくともアメリカの文脈でいえば，大

---

[24] スティンチコムも同じような見解を述べている。いわく，「多くの組織形態が設立後にも構造的特異性を保持している理由を，公式的規制では変更できない『伝統』・『既得権益』・『習俗』についての同語反復的な議論に陥ることなく説明するのは，かなりむずかしい。だれが『伝統』を伝えるのか，なぜ伝えるのか，だれの『権益』が『既得』されるのか，どのような条件下で既得されるのか，どのような手段で既得されるのか，規制で変更できないのはだれの『習俗』か，変更できないのはなぜなのか。これらを特定することが問題である。そして，この問題こそが社会学理論の中心に位置している」(Stinchcombe 1965: 167)。

[25] このパターンが別の国でもつねに同じように見られるわけではないことは興味深い。一部の国々では「粗い」パターンであり，1つの政党の優位が長期的に続いている（Pempel 1990）。この分析を踏まえて，さまざまな政体に含まれるどの要因が選挙の勝利から正のフィードバックを生

第1章　正のフィードバックと経路依存

統領候補の当選可能性を高めるために新しい戦略や主張をかなり柔軟に採用できるという説明が妥当といえよう。大統領選挙に敗北した政党が次回の選挙で系統的に不利な立場に置かれることはあまりない。言い換えれば，大統領選挙には経路依存はあまり生じない。敗北した政党が不人気な政策の放棄と人気のある政策（与党が導入した政策も含む）の採用を比較的自由に行えることが，こうした帰結を生じさせる一因である。したがって，大統領選挙が細かい分布のパターンになりやすいのは，政策レジームが粗い分布のパターンになりがちだから（つまり，相当長期の安定性で特徴づけられるから）である（Huber and Stephens 2001; Hall and Soskice 2001a）。各党は成功した競争相手の政策に順応して選挙の競争力を維持できる。

経路依存が明確に現れる度合いには，社会のさまざまな側面で違いがあると考えるべきである。その違いは，ここまで論じてきた諸要因が存在するか否か，その社会が経路依存を相殺するような特徴を備えているかどうかに左右される。経路依存研究の近年の理論的発展のもっとも有望な点はまさにここにある。つまり，正のフィードバックを促進する状況について一連の命題を提示しているからである。メカニズムの識別は，同様の状況（あるいは異なる状況）における仮説を提示するのに役立つ。言い換えれば，移植可能な主張を展開するのに役立つのである。

偶発性と決定論　セーレンはまた，経路依存モデルは「あまりに偶発的であまりに決定論的」なモデルになりうる，とここでも妥当な懸念を提起している（Thelen 1999: 385）。つまり，前の時点や重大局面では選択肢は非常に開かれているのに，（重大局面を経過した）後の時点ではあまりにも閉ざされてしまうということに対する懸念である。重大局面における事象は非常に偶発的である一方で，それに続く「再生産メカニズム」については過度に静態的な世界観を経路依存論はもつと批判されてきた（Katznelson 2003; Schwartz n.d.）。もっとも顕著な例は，アーサーが論じたポリアの壺である。その過程は当初は完全に無作為である（最小の摂動があらゆる違いを生じさせうる）が，いずれ特定の均衡へと落ち着き，その後，停止する。正のフィードバック過程はすでに凍結

じさせるのか，どの要因が敗北した政党が競争的に適応することをむずかしくするのかといった問いに着目すれば，有益な知見を得られるだろう。

している社会的状況に対して、短い「区切り」の瞬間を生じさせているだけのように見える。

配列の初期段階の「開放性」・「随意性」と後期段階の「閉鎖性」・「強制性」の対比こそが経路依存過程の重要な特徴である (Mahoney 2001; Abbott 1997)。このような過程は、事前の段階では、複数の帰結のうちのどれかを生じさせるようにみえる。しかし、ひとたび特定の経路が定まれば、自己強化過程が定着・制度化しやすい。「重大局面」は変化しにくい政治発展の経路を生じさせるのである[26]。

経路依存過程の意味を過大に解釈しないことは重要であるが、経路依存過程の特徴を強調しておく必要がある。当初は相対的に「開放的」だったのに、ひとたび自己強化が始まれば、選択肢の幅が狭まっていく。このような特徴こそが、この種の過程を独特な過程にするとともに、時間的順序の違いが重要であるとの主張を裏付ける (Mahoney 2001)。しかし、これは最初の分岐点からは「どこにでも行ける」と言っているのではない。ここで主張しているのは、複数の選択肢が存在しうる（科学技術の経路依存に関する議論にみられるように研究者は2つの選択肢を指定することが多い）としたうえで、相対的に小さな要因が帰結をどれかの経路へと進ませる、という点である。さらにいえば、何らかの過程を経路依存過程であると主張する際に、ある経路へと進ませた要因が無作為で理論的根拠のないものであるといっているわけではない。このような局面をきわめて偶発的・無作為なものとして扱うこともあるが、なぜほかの経路ではなくてその特定の経路が選ばれたのかということを納得のいくように説明しようとすることのほうが一般的である。

一方で、このような説明が強調するのは、正のフィードバック過程によって、大規模で永続的な分岐が帰結において生ずるのに対し、その帰結の起源となっている事象や過程が「小さい」という点である。このような非線形過程を分析するときには、「大きい」結果が「大きい」原因によって生じると想定するこ

---

[26] 「重大局面」という言葉を用いる研究者は大規模で劇的な事象に焦点を当てるときもある。しかし、そのような事象の性質は経路依存力学を生み出すのに必要でもなければ十分でもない。実際のところ、しばしば「原因」の事象がその結果の事象に対して相対的に小さいように思えることこそが経路依存分析の要点である。特定の局面を重大にするものが正のフィードバック過程の引き金となる。

とはできない（Abbott 1988）。別のいい方もできる。現実とは異なる帰結が生じるまでの反実仮想をしたとすれば，現実とは異なる帰結を生じさせるのに要する変化の規模は，自己強化過程の後の時点よりも前の時点のほうがかなり小さくてすむだろう。アメリカの健康保険政策の発展に関するハッカーの分析はそのすぐれた一例である（Hacker 2002）。彼が議論するのは，アメリカがニューディール期に国民皆保険政策の導入に失敗したのは偶然だったという点ではない。実際，この帰結が生じうる根拠は十分にあった。そうではなく，この当初の展開が強力な正のフィードバックを生じさせ，それがその後の国民健康保険への移行をますますむずかしくする一連の民間アクター間の取り決めを制度化したという点を，ハッカーは論じているのである。このような自己強化過程の結果，別の経路があった場合を想定する反実仮想の事象の規模は1935年時点よりも2000年時点のほうがはるかに大きくなる。

　経路依存論は初期時点での超偶発性を想定しているというような意見や，世界を変化のないものととらえるといった意見は，私にとっては論点をずらした議論としか思えない。経路依存分析には，特定の選択肢が自己強化過程を経て永続的に「ロック・イン」するという意味合いは含まれていない。自己強化過程を識別することは，組織や制度のあり方が往々にして極端に持続的である理由を理解するのに役立つ。継続性こそが社会の顕著な特徴なので，これは重要な点である。社会状況は永久に凍結しうると力説したところで，それは全く信用できないし，そもそもそのような主張はしていない。変化は続くが，その変化は継続性を生んでいる再生産メカニズムを何かが侵食・浸食する限りにおいて生じる，限定的変化なのである。ダグラス・ノースはこの点をうまく要約している。「道筋を進むそのたびに複数の（政治的・経済的）選択肢が現れる。それが……現実の選択肢の幅を形成する。経路依存は頭で考える選択肢の幅を狭め，時間の経過とともに意思決定につながる。これは過去が未来を整然と予測するといった類いの不可避性の話ではない」（North 1990a: 98-99）。これまでなら選ぶことができた選択肢も，正のフィードバックが相当に進めば選べなくなっていく。既存の経路に対するコミットメントの蓄積はしばしば経路の変更をむずかしくし，新たな分岐点の形成を規定する。これこそが経路依存論の主張である。

4. 経路依存と政治学

　第2章と第5章で詳しく検討するが，経路依存研究における最近の興味深い展開は，厳密にいえば，経路依存過程の「下流」に着目することである。近年，マホニーとセーレンの両者が強調しているとおり，フィードバック・ループ（ないしは「再生産メカニズム」）の働きを特定することは，後々に大きな転換を生じさせるかもしれない事象や過程はどのようなものであるか，という点について考える際の手助けとなる（Thelen 1999, 2003; Mahoney 2001）。このような局面の原因は（往々にして事後的に）「外生的衝撃」に帰せられるのが普通である。しかし，既存の経路を再生産してきたあるメカニズムが，新しい条件によって崩壊・転覆したときにこそ，このような転換が起こることが多いと考えるべきであろう。したがって，再生産メカニズムを明確に理解することは，変化を分析する手段につながるのである。

　また同様に，歴史的配列の分析も，重大局面を経て生じる特定の制度化パターンの下流における帰結にわれわれの注意を向けさせるであろう。次章で論じるように，一定の選択肢が排除されることを研究者が重視するのは，その段階での帰結が永続的にロック・インするからではなく，経路依存過程のなかでの一定の選択肢の排除が歴史的配列のその後の選択点において異なる帰結を生じさせるからである。このように，安定と変化の論点について，経路依存論は「偶発性とその後のロック・イン」という単純な公式からうかがえる立場よりももっと複雑な立場に立っている。配列に自己強化力学が働くときには（絶対的ではなく）相対的な開放期と，その後の（絶対的・永続的ではなく）相対的な安定期が予測できる。

　ここまでの経路依存論への批判に対する私の見解は一貫している。つまり，経路依存を生じさせる独特なメカニズムを解明すること，これこそが社会の安定と変化の原因を理論化するにあたって実りある議論を展開する鍵なのである。これが，経済分析においてこれらのメカニズムに関する重要な論点をじっくり時間をかけて考察する理由であり，さらには経済的領域から政治的領域へとその分析を移すことの意義なのである。以下の各章では，重要な政治過程において働いているこのようなメカニズムの具体例を多く提示する。

第2章 タイミングと配列

　配列のなかで事象がいつ生じるのか。それはその事象がどのように生じるのかに影響を与える。

チャールズ・ティリー（Tilly 1984: 14）

　「事象や過程の時間的順序は帰結に重大な影響を与える」。社会科学の議論はこのようなかたちで表現されることがある。このような場合，事象や過程，つまり変数の「値」が何であるのかだけではなく，その変数の値が生じた時点についても知りたくなるものである。つまり，私たちは何がだけではなくいつの問題にも興味を示すものなのである。

　もちろん，著名な研究者の多くが時間的順序が説明の要点になりうることを長らく強調してきた。実際のところ，配列の役割について，なかには漠然とした主張もあるが，さまざまな研究者がかなり明確な主張を展開している。この章では，そのような主張を特徴づける方法をいくつか提示し，それが社会現象の識別と説明に大きな力を発揮していることを示したい。私は時間の経過とともに展開する過程を系統的に考察することこそが社会科学の中心であると考えているが，その主張は配列の重要性を正しく認識することにもとづいている。

　近年，いくつかの研究分野が，この問題の系統的な分析をさらに進めている。多くの歴史志向の研究者，とりわけ，アメリカ政治発展論の研究者は，個々の過程の結びつきが帰結に大いに影響を与える可能性があることを重視し，その可能性は個々の過程が展開するタイミングの違いに左右されると論じている。本章の第1節では，このようなタイミングと「結合（conjunctures）」に関する主張の有用性と理論的問題を考察する。第2節では，合理的選択分析で配列に

第2章 タイミングと配列

ついて提唱されている近年の議論を検討する。この分野は，集合的選択がなされる状況を設定するのに，配列が果たしている役割について興味深い理論的議論を展開してきたし，またその効果について説得力のある実証的証拠を示してきた。しかし，これまでの分析は議会のように高度に公式化された設定の限られた範囲にとどまることがほとんどであった。

政治発展論と合理的選択分析という2つの研究分野の成果は，全くの相互補完関係にある。合理的選択論者は，なぜ，どこで，どのように選択の時間的順序が帰結に大きな影響を与えるのかについて，明晰かつ的確な理論的議論を展開している。しかし，このような成果の代償として，理論で扱える範囲や実証できる範囲は非常に狭められてきた。これに対して，政治発展論は，合理的選択分析のような精緻さには欠けているが，歴史を明確に意識した過程への注意や，大規模な社会的・政治的力学を分析するための有益な視点を備えている。本章では，これらの両者の強みを組み合わせることが実際にできること，また，第1章での議論がその組み合わせの基礎になることを論じるつもりである。

さらに，これまでのタイミングと配列の議論のほとんどが，多くの場合は明確に自覚されないまま，自己強化過程・経路依存過程の議論に部分的にでも根ざしていたことを明らかにする。このような過程が働くときには，因果分析は必然的に歴史分析になる。つまり，事象や過程の順序が，帰結に決定的な影響を与える可能性が出てくるのである。また，歴史的配列という問題を明確に論じることで，前章で論じた正のフィードバック論と，分岐点や重大局面の「下流」の政治変動に関心を寄せる分析とがどのように結びつくのかが明らかになる。要するに，自己強化力学の特定は，タイミング，配列，歴史的過程の問題を考察するすぐれた出発点なのである。配列に注目することで，現実社会の重要な側面をさらに分析の俎上に載せることができ，さらにそれによって，歴史に着目する研究の主要な貢献が何であるのかが明確になるだろう。

1．タイミングと結合

タイミングや結合（とりわけ，政治の別個の要素や次元が時間の経過のなかで連結すること）の分析は，時間的順序を研究するための重要な出発点である。

2つの事象や過程が同一の歴史的瞬間に生じるとき，おそらくそれは，時間差があったときとは非常に異なる結果を生み出すだろう。ほかのすべての事象や過程の順序が同じでも，異なる結果を生み出す場合もある。ここから浮き彫りになるのは，相互作用効果が重要であることと，その相互作用効果が当該の事象や過程のタイミングの同時性に依存することである。

　タイミングが重要であるというのは，あるタイミングのほうがほかの何かのタイミングよりも重要であるということを意味する。「時間」という次元の働きによって，全く別々の複数の社会過程が結びつき，帰結に大きな影響を与える。2つの別個の時間的配列がある時点で1点に収束することで，帰結は大きく変化する。ロナルド・アミンザイドはこのような議論をつぎのように要約する。

>　ある事象の帰結や発展パターンを説明しようとする社会学の研究は，1つの軌跡よりも複数の軌跡を扱うのが一般的である。ほとんどの歴史社会学者は，1つの万能な過程しか存在しないという考え方を退け，互いに重複・交差する複数の過程が存在する余地を認めている。したがって，ある特定の帰結や発展パターンを説明するには独特な説明の論理が求められる。つまり，事象や帰結を，それぞれ独立した時間性をもった複数の軌跡の交差のなかに位置づけるという論理である。この論理は歴史社会学の多くの重要な研究にはっきりと見てとれる。……焦点が当てられるのは，一定の変数の存否や1つの過程の軌跡ではなく，どこかで連結するさまざまな長期的過程の時間的交差である（Aminzade 1992: 466-67）。

　カレン・オーレンとスティーヴン・スコウロネクは，この議論を時間的過程の研究の主題に位置づけている（Orren and Skowronek 1994, 2004）。彼らが重視するのは，さまざまな社会的領域が相互作用すること，その複数の領域の歴史的起源の違いと展開のタイミングの違いが相互作用の特徴を根本的にかたちづくること，そして，齟齬や不協和ひいては固有の力学がその相互作用を特徴づけていることである。複数の領域の「衝突」や「摩擦」（彼らの用語では，「併発（intercurrence）」）の研究こそが，政治発展論の中心であるというのが彼らの見解である。この見解によれば，「新旧の統治装置の併発ないしは同時

第2章 タイミングと配列

作用のなか，すなわち，相互調整を想定できないばかりか相互接触・侵害の問題を内在している当局の多様な規制のなかに，政治の歴史的構造の所在を突きとめる」(Orren and Skowronek 2004: chap. 3, 113) ことが必要になる。彼らが詳しく論じるとおり，アメリカ政治発展論の近年の多くの研究は，ある時期の政治的連合 (Skowronek 1993)，一連の法的原則 (Orren 1991)，青少年を対象とした司法制度のような一部の州のみに見られる制度 (Polsky 1989) など，前の時点で成立した政治的秩序の特定の要素と，その後の時点で成立したほかの制度的・組織的配置がうまくかみ合わないまま相互作用していくことを論じてきた。

これは刺激的な議論である。この種の結合や交差に注意を向けることが魅力的に見えるのは，それによって，社会科学の研究が世界の実際のあり方と，これまで以上に密接に結びつけることができるからである。歴史の結合点とタイミングに関する研究は，時間的過程と時間的順序の問題を対象にしていると同時に，社会変動の説明という，扱いにくいが重要な問題にも焦点を当てる。また，これと同じ程度に重要なこととして，複数の政治的領域が長期的に相互作用していくことを重視する彼らの視点は，大規模な社会過程への着目を促す。社会科学のなかで「歴史への転回」を主導してきた比較歴史社会学者にとって，このマクロの視野はかなり魅力的に見える (Mahoney and Rueschemeyer 2003)[1]。

しかし，ここには悩ましい問題も生じている。アリスティド・ゾルバーグは，労働者層の形成に関する議論のなかでつぎのように述べている。「第一次世界大戦を西洋史の大きな分水嶺のひとつとするのは歴史家のあいだでは自明の理であるが，社会科学者は，これを，理論構築を妨げる『誤差因子』として軽視してしまいがちである」(Zolberg 1986: 406)。労働者層を生み出す力学の相互作用に関係する複数の因果的過程と，世界戦争の発端と関係している因果的過

---

[1] シーダ・スコチポルの *States and Social Revolutions* は一般的に比較手法を用いる歴史社会学の一例と考えられているが，ここにも同じような主張が含まれている。「私の知る限り，革命の社会科学分析が，当初は別々に定められていた複数の過程がその後に結合して相互作用することに重きを置くことはほとんどない。しかし，おそらく革命の原因と革命の展開はどちらもそのようなかたちで理解する必要がある。もちろん，これが意味するのは，歴史に根ざして分析と説明をしなければならないということである」(Skocpol 1979: 320)。

程という2つの全く異なる過程は、どのようにしたら系統的に考えることができるのだろうか。

レイモン・アロンが提示する一例は、このような議論の立て方をよりいっそう深く考察し、その利点と問題点を明らかにするのに役立つ（Aron 1961: 16-17）[2]。ある男性が毎日同じ道を歩いていると想像してほしい。あるとき、重い瓦が建物から剝がれてその道に落ちてきたとする。この2つの事象（歩く男性と落ちてくる瓦）の起こるタイミングが違っていれば、観察される帰結は大きく異なるだろう。もしこの2つの流れが「結合」すれば、そこには不幸な結果が待ち受けている。

これを踏まえて、フリッツ・シャルプフは、結合点による説明は予測の能力を制限してしまうので、そのような説明の仕方は本質的に理論発展とは無関係であるとみなすべきだと論じる。「社会的・政治的相互作用に『クールノー効果』（無関係の複数の因果関係の連鎖が偶然に交差してしまうこと）が広く存在することを考えれば……十分な理論的根拠にもとづいて予測を立てても、間違ってしまうおそれがある」（Scharpf 1997: 49）。しかし、クールノー効果が実際に散見されても、比較歴史分析に関心を寄せる研究者の多くはこのような結論では満足しないだろう。

だからと言って、何か簡単な打開策があるかどうかははっきりしない。通常は無関係である配列が偶然のタイミングによってのみ結合するのであれば、そのような帰結を予測することは不可能だろう。さらには、その帰結に関する研究から、ほかの社会現象の理解に役立つ何かを導き出すことも不可能である。ピーター・ナップは、この点をつぎのように要約している。

> 回顧的分析（retrospective analysis）は複数の因果的配列をひとまとめにした結合の時点から議論を始めることができる。こうすれば、落ちてくる瓦に関する結合の問題は簡単に扱える。しかし、いずれにせよ、その因果連鎖が法則的規則性にもとづいているとすれば、背景的知識を踏まえた事象発生後でなければ、その帰結は予測できない。この場合、瓦と男性の衝突に関するモデルの構築は十分可

---

[2] 以下の数段落はこの論点を扱ったKnapp（1983）の議論に依拠している。また、Mahoney（2000）も参照のこと。

能である。衝突は決定づけられたものとして，モデルから導き出せる。しかし，アロンであればつぎのように述べるだろう。衝突発生以前にはこの2つの配列を同時に含むシステムは存在しなかったし，そのようなシステムを分析上構築しようとしても無駄なので，衝突は事後的に特定される。しかも，それは予測不可能なものでしかない。事後的に歴史モデルを構築することは，その結合が歴史上未曾有の帰結をはらんでいるときなどには大いに役立つかもしれない。しかし，そのようなモデルが何かほかの事象を予測できるようになるとは思えない（Knapp 1983: 46）。

「はじめはこれで，つぎはそれで，そのつぎはあれ，って感じでたまたまだったの。二度とそんなふうに起こると思わないけど」（Goldstone 1998: 833）。ジャック・ゴールドストーンはこのような説明を，〔幼児に話しかけるような〕「スース博士式」訳注1の説明であるとうまく表現している。

特定の帰結の「事後モデル」をつくりだすことが目標なのであれば，「クールノー効果」はそれほど深刻な問題にはならないかもしれない（とはいえ，このような単一事例の事後モデルの構築に関する方法論上の諸問題は，往々にして実感されているよりもむずかしい）。だが，一般的には，社会科学者はそのような目標はもちあわせていない。最低限，私たちはある社会現象から別の社会過程を解明するための何かを得たいと考える。「Xのような事象はどのような条件のもとで生じやすいのか，または生じにくいのか」といった問いに答えたいと考えるだろう。私たちの目標はスース博士式の説明では達成されないのである。

しかし，複数の領域の相互作用に関する主張を実証することは，対象を1つの時間と場所に限ってもむずかしい課題である。個々の社会的領域で生じうる相互作用に着目せよという健全な助言を述べるだけで終わらずに，その相互作用の分析から導き出せる一般命題を立証することはもっとむずかしい。個々の社会的領域に「衝突と摩擦」が生じうることは知っていたとしても，それはある国における異なった社会的配置で衝突と摩擦とが，いつ，どのようにして生

訳注1　スース博士（セオドア・スース・ガイゼル）はアメリカの有名な絵本作家。

じやすいのかを知ることとは別である[3]。

このような説明はきわめて明確であるし、ある特定の結合について説得力のある事後的解釈を生み出せるかもしれず、たしかに評価できる。しかし、これはまだスース博士の世界での話である。概して、複数の領域が偶然に収束したというかたちで結合を論じている限り、何か別の事例に適用できる議論を展開できるようになるとは思えない。ある領域での特定の展開が別の領域での展開となぜ系統的に連結しているのかを説明できなければ、結合に関する議論は限定的であって一般化できないだろう。たとえこのような連結を念頭に置いているとしても、われわれは、連結の時間的順序の違い（たとえば、Aの後にBが生じる、Aの前にBが生じる、AとBが同時に生じる、など）が帰結にどのような影響を与えるのかという何らかの命題を模索し続けるのである。この種の命題は、順序を扱う合理的選択分析に見出すことができるので、つぎにこれを検討することにする。

2．合理的選択分析における歴史的配列

歴史を重視する近年の研究のなかで、合理的選択アプローチは重要な位置を占めており、配列に関しても大きな理論的貢献をしている。合理的選択分析から得られた洞察は、政治過程の時間的順序を重視した仮説を構築するにあたって有益であり、検討に値する。しかし、本節では、ゲーム理論分析の条件にはかなり制限があるので、その枠組みで分析できる過程の種類も限られてしまうと論じる。ゲーム理論は、歴史過程研究の多くに対して、議論の「構成単位 (modules)」を提供するにすぎない。議論を展開するには、その構成単位を、異なる種類の社会的知識や研究手法にもとづいた別の構成単位と繋げる必要がある。

この合理的選択分析の研究課題の長所と短所は、前節で検討した結合に関する議論の強みと弱みと表裏一体の関係にある。つまり、これまで合理的選択論者は順序が、どのように、なぜ重要になりうるのかという問いについて明確か

---

[3] オーレンとスコウロネクの名誉のためにいえば、Orren and Skowronek (2004) はどのようにすればそれが可能になるのかを示すのに尽力している。

つ説得力のある主張を示し，その主張を明確な命題の発展に役立ててきたが，その成果の代償として，分析の考察対象となる順序の種類は著しく狭いのである。

ロバート・ベイツとその共著者たちは *Analytic Narratives* において，ある重要な政治的帰結について説得力のある説明を行うためにゲーム理論を用いている（Bates *et al.* 1998）。彼らは自分たちの研究を社会科学の「歴史への転回」の一端に位置づけることができると強調している。「ゲームは順序を明確に考慮に入れ，順序が帰結に与える意味合いを浮き彫りにする。ゲームは歴史の影響，不確実性の重要性，アクターによる操作や戦略の重要性とその限界を把握できるのである」（p. 18, 傍点は筆者追加）と述べている。

ゲーム理論が順序に大きな関心を払ってきたのは確かである。多くの非協力ゲームでは手番の順序によって結果が大きく左右される。「男女の闘い（battle of the sexes）」ゲーム（2人のアクターは別々のことをする選択よりも協力する選択を好むが，2つの協力する選択のうちどちらを優先するのかについては選好が異なる）はその一例である。このような，分配の要素を含むポジティブ・サム・ゲームは政治に幅広く見受けられ，多くの場合，ゲームの一番手が自分の優先する協力を選択するよう押しつけることができる。これはチキン・ゲームにおいても同じである。まさに，一番手は複数のナッシュ均衡をもつゲームであればいかなるゲームでも有利な立場にたてるのである（Scharpf 1997）。

この順序の役割をもっとも幅広く議論し，多くの成果をあげてきたのは，ケネス・アローの「投票のパラドックス」の分析（Arrow 1963）から派生した研究の一群である。これらの研究は社会的選択における順序を数理的に分析し，それを時間的順序に関する命題の強力な理論的根拠としている。集団が選択を行う多くの状況において決定的な多数派の選好が存在しないことを，投票のパラドックスの分析が明らかにしたことはよく知られている。表2-1は標準的な循環問題を示した表である。3人は，発言権は同じだが，3つの選択に対する選好順序は異なる。このような状況では結果は定まらない。むしろ，選択肢を検討する順序によって最終的帰結が定まる。つまり，「最終決定がその決定にいたるまでの経路から独立していること」（Arrow 1963: 120）を保証するような意思決定ルールは，たとえそれが必要最小限かつ公平なものであっても，

表2-1　標準的な循環問題

議員	選好順位		
	第1位	第2位	第3位
A	X	Y	Z
B	Z	X	Y
C	Y	Z	X

出所：Aldrich (1995: 38).
注：総当たり戦を行ない，それぞれ独立して誠実に投票する。(AとBでは) XはYに勝り，(AとCでは) YはZに勝り，(BとCでは) ZはXに勝る。結果は不明となる。

存在しないのである。さらに，ある「選択」が再検討される場合でも，それが行われる状況には不安定さが内在する。つまり，ある「勝ち残った」選択肢に対し，3人のうちの1人は，ほかの2人のうちの1人がより好む選択肢を提案する動機と能力をもつからである。集団の意思決定と制度の効果についての多くの合理的選択分析を活性化してきたのは，まさにこの循環問題である。

この分析をこれまでもっとも綿密に応用し，精密化してきたのは，議会などの高度に制度化した環境における議論である。合理的選択論者は，アジェンダのコントロールと意思決定手続きを規定する制度配置は，集合的選択に安定した帰結（構造誘発型均衡〔structure-induced equilibria〕）を生み出すのに重要な役割を担うと説得力をもって論じている（Shepsle and Weingast 1987; Shepsle 1986; Ferejohn, Fiorina, and McKelvey 1987）。そのような制度配置によって構造誘発型均衡が生じるのは，ルールが個々の法案の審議順序を形成するからである。それと同時に，ルールの構造はアジェンダ設定者に大きな権限を与える。法案の審議順序は最終的な帰結を決定づけるため，その順序を選択できるアジェンダ設定者が強大な権力を手にすることになる。

合理的選択論の順序に関する議論の強みと弱みは，この集合的意思決定過程の研究に現れている。合理的選択論の強みは，順序がしばしば大いに重要になるのはなぜかという問いを明確かつ厳密に分析し，その一連の理論的含意（重要な政治的環境において順序がどの程度構造化できるのか，どのような影響を及ぼすのかに関する含意）を示したことである。しかしその一方で，「アクター」の「手番」に関する射程は限られている。この視野の狭さは，歴史への転回をした合理的選択分析を基礎づけているゲーム理論全般にも見てとることが

できる。
　時間的配列を考察するためのゲーム理論の枠組みには大きな限界があるという点を明確にしておくことは重要である[4]。とりわけ検討すべき問題点は4つある。

1. ゲーム理論そのものは利得や選好について何も語らない。シャルプフが述べるとおり、「ゲーム理論それ自体は、帰結や『プレイヤー』による帰結の評価を割り出すことには役立たない。ゲームの記述に必要とされる実証的・理論的研究は、ゲーム構造の行列を作成する前に研究者自身が行っていなければならない」[5]。もちろん、このような実証的・理論的研究の論点に取り組むことこそが、ほとんどの比較歴史分析の関心の中心にある。
2. ゲーム理論は、集団としてある程度結束し、凝集性の高い「混成アクター（composite actors）」に着目しなければならない。ゲーム理論は戦略的相互作用を理論の中心に据えている。そのため、シャルプフが「準集団（quasi groups）」と名付けた一群（戦略的に行動しているひとまとまりの集団としてとらえることはできず、「その集団としての効用関数が、一部の構成員の行動によってほかの構成員も同じ行動をとるかどうかの可能性を変化させるという、相互依存の関係をもつ」集団）を理論に組み込むことは非常にむずかしい。有権者、自作農、デモ参加者、労働者などがこのような準集団に該当する。これらの集団が本書で論じる時間的配列を扱っている研究の多くで非常に重要なのは明らかである。
3. ゲームは非常に単純でなければならず、少ないアクターと選択肢しか扱わない。シャルプフが論じるように、「関与する独立プレイヤーの数と

---

[4] 以下の議論はフリッツ・シャルプフの洞察に満ちた評論に依拠している（Scharpf 1997）。彼は多くの社会科学の目的にゲーム理論を応用できると力強く説得力をもって主張している。別の有益な批判としてはMunck（2001）を参照。

[5] Scharpf（1997: 73）。ベイツとその共著者たちも別の論文のなかで同様の点を指摘している。「ゲーム理論家たちは自分たちのアプローチに完璧な政治人類学が求められていることを十分に意識していないことが多い。……ゲーム理論的説明には、諸個人が決定を下して政治的戦略を導き出した政治的・社会的環境の正確な特徴の詳細な知識が求められる」（Bates, de Figueiredo, and Weingast 1998: 628）。

そのプレイヤーがとりうる戦略の数がいくつか増加するだけで，ナッシュ均衡を突き止めるための複雑性は扱いきれないほどに急上昇する」。
4．配列を中断できない。合理的選択論モデルにおける配列とは，選好と利得が事前に定められた「混成アクター」の「手番」の順番を意味する。いうまでもないが，これは歴史的過程の範囲を著しく制限して描写したものである。十分に制御された配列を保つには時間を「圧縮」しなければならない。圧縮の方法としては，短期の時間的射程を考察する方法や，研究対象とした時期の背景条件の変化の範囲や規模を根本的に単純化する方法がある[6]。

ゲーム理論が社会科学に大きく貢献していることは事実であるが，歴史的過程を考察する際には，大きな限界がある。次節で論じるように，時間的配列に関する議論は「手番」の順序には還元できないことがほとんどである[7]。配列を合理的アクターの手番の順序に還元してしまうと，歴史的力学に関心を抱く研究者が事象や過程の時間的順序の分析においてもっとも重視しているものが見失われてしまう。彼らにとって配列とは，だれかが選択するものではなく，重要な社会的相互作用の展開によって与えられるものなのである。実際のところ，たとえば議会のアジェンダ設定者が配列を選択する場面の因果的物語は，時間的順序の話ではなく，制度構造と重要な戦略的アクターの資源・選好の話なのである。配列は，有力なアクターが自分の望むものをどのように手に入れるの

6　しかし，分析的叙述を用いて，特定の事象（や背景条件の変化）が戦略的相互作用に対してもつ意味合いを具体的に示すことはできる（Bates *et al.* 1998）。当該の事象は，初めのゲームの終点を示すものであり，利得構造が変化したつぎのゲームの起点になる。とはいえ，この比較静学（comparative statics）の枠組みは事象を説明に組み込む技法としては役立つかもしれないが，配列という論点を直接的に扱っているわけではない。
7　比較政治学で有名になっている配列分析の一種に対しておそらくゲーム理論は大きく貢献するだろう。つまり，民主主義への移行にかかわる順序の分析である（Przeworski 1991）。「移行論」が着目するのは相対的に短期の時間的射程とさまざまなアクターの戦略的相互作用である。移行過程の主な力学を把握できる限りにおいて，民主主義への移行における配列を扱うゲーム理論アプローチは多くのことを提示するだろう。しかし，はげしい論争が生じているのはまさにこの点である（Collier 1999; Kitschelt 2003）。このような分析が狭い時間的射程を用いることで大きな過ちが生じてしまう理由については，次章で論ずる。

かを明らかにするが，その配列自体は制度構造やアクターのもつ資源・選好などのほかの要因によって定められた論理的帰結にすぎないのである。

実際，アローの研究から発達したもののなかで成功を収めているのは，議会とその院内規則に着目した議論である。この事実は驚くようなことではない。そのような環境ではアクターの手番を考えることがしばしば大きな意味をもつからである。シャルプフ本人も述べているとおり，ゲーム理論の分析手法がもっとも威力を発揮するのは，

> 高い戦略的行動力をもつ少数のアクターのあいだで頻発している大いに構造化された相互作用，帰趨を大きく左右する状況，相対的に大きな衝突が行われていて，拘束力のある合意を形成することが一般的に不可能な利益配置においてである。したがって，非協力ゲーム理論が国際関係論……立法過程での相互作用の研究……寡占企業の相互作用の研究においてもっとも根づいている一方，社会科学のほかの多くの分野では，その適用についてかなり懐疑的であるのは驚くようなことではない（Scharpf 1997: 105）[8]。

本書で考察する議論，すなわち，長期的過程を扱うことが多く，準集団がかかわり，その事象の役割を分析対象とするような議論に対して，内容を歪めたり質を落とすことなく，その議論の大部分をゲーム理論の言葉で言い換えるのはむずかしい。競合する集団間の相互作用を分析する場合でも，このような議論では，そもそもほかの集団が舞台に現れる前にある集団がすでに自分たちの立場を確立できていたことに着目することが多い。配列論はたとえば，先に出現したプレイヤーが，その後に別のプレイヤー（たとえば形態の異なる組織）が出現する可能性をどのように排除するのか，という問題を重視している。これに対して，ゲーム理論の研究者は，一般的にプレイヤーの存在を所与のものとみなしたうえで，その複数のプレイヤーの戦略的相互作用に着目する[9]。

---

[8] シャルプフは特定の帰結がナッシュ均衡に相当するか否かを知ることができれば，その帰結の安定性（その帰結が唯一生じうる帰結ではなかったとしても）に対する期待に影響を与えられると考え，ゲーム理論はほかの文脈では予測を立てられなくても説明には役立つかもしれないと述べている。

[9] この違いの重要性を指摘してくれたキャサリーン・セーレンに感謝します。

シャルプフは，本章で論じる時間的配列について，より現実重視の立場を採用している。すなわち，ゲーム理論がもっとも役立つのは，ある特定の「構成単位」の構築においてであり，説得力のある説明を提示するにはその構成単位とほかの枠組みをつなぎ合わせる必要があると彼は論じる（Scharpf 1997: 31-34）。「分析的叙述（analytic narratives）とマクロ構造分析」は「相互補完的な説明アプローチである」と述べるベイツたちも同様の立場にあるようだが，つぎのように述べている点ではさらに大きな野心を抱いているようである。いわく，分析的叙述は「マクロで歴史的な力を特定の政治的帰結へと……変換するメカニズムに着目する。このようなメカニズムを発見し，細部にわたって分析することにより，分析的叙述は構造的説明に貢献できる」。そうだとしても，ゲーム理論が検討できるのは一部のメカニズム，ひいては，かなりきびしい条件下でのメカニズムだけである。この点は強調しておくべきだろう。

ゲーム理論でできることとできないことの区別にもっと着目する必要がある。また，ゲーム理論だけでは十分に分析できない問題を論じるために，どうすればもっともうまくゲーム理論とほかの理論的手法を組み合わせることができるかという点を検討する必要がある[10]。次節で論じるとおり，配列に関する合理的選択論の重要な洞察は，さらに幅広い現象へと拡張できる可能性が高い。ゲーム理論の長所と，よりいっそうマクロな現象や歴史的過程に関するオーレンとスコウロネクの議論との両方を組み合わせることは，実際に可能なのである。

3．経路依存論における配列

ここまで見てきたゲーム理論を採用した議論はどのように活用できるだろうか。アローの分析の基本的論理と，合理的選択論者が導き出した制度構造に関

---

[10] シャルプフのバランスのとれた議論とMorrow（1994）で提示される議論を比較してほしい。ジェイムズ・モローは政治学者に対して詳細かつ見事にゲーム理論を紹介したあとで「ゲーム理論の短所」という節で結論を論じている。しかし，彼にとって，その結論が意味するのはゲーム理論家のあいだで活発な論争が繰り広げられている「最先端」の論点（たとえば，限定合理性）を浮き彫りにすることだけのようだ。社会科学者が追い求めたいと思っているいくつかの問題に関して，ゲーム理論があまり役立たないこと，ないしは，綿密に考察するためにほかの議論とつなぎ合わせなければならないことを論じる必要性を，彼は感じていないようである。

する洞察に立ち返れば,その答えが見えてくる。つまり,上記の「構造誘発型均衡」の議論は,第1章で論じた経路依存メカニズムの一形態なのである。彼らはある制度のルールのもとでは,選択の順序の各段階はそれぞれ不可逆になると論じているのである。前の段階で選ばれた選択がその後の段階の選択肢から抜け落ちることをルールは規定する。たとえば,委員会投票ルールは二者択一の選択を求め,選ばれなかったほうの選択肢を放棄すると規定している。不可逆性という特徴がなければ,安定した帰結はなく,循環が生じてしまう。配列が重要なのは,このような不可逆性が存在するからなのである。

しかし,この重要な研究成果は,合理的選択論でよく扱われる分析対象よりもかなり幅広い社会現象に拡張できる。経路依存に関する研究は,このような不可逆性が多様な社会的文脈で生じうることを明らかにしている。これによって,議会の「アクター」の「手番」の議論から,複数の選択肢が出現する時間的順序と,その時間的順序が一定の可能性を事前に排除するとともに別の可能性を増幅させることについての議論へと,視野を大きく広げることが可能になる。比較歴史分析は,このような不可逆性に関する議論を民主化 (Collier and Collier 1991; Collier 1999),工業化 (Gerschenkron 1962; Kurth 1979),国家建設 (Ertman 1997; Shefter 1977),福祉国家の発展 (Pierson 1994; Huber and Stephens 2001) などの大規模な社会変動に応用することが多い。配列が重要になるのは,議会における集合的選択(すなわち戦略的アクターの手番)だけではない。ある時点で切り捨てられた選択肢が時間の経過とともに自己強化によってますます到達不可能になっていく,いかなる社会的・政治的過程においても配列は重要であろう。「選択肢」の「選択」(すなわち「アクター」の「手番」)の順序だけではなく,社会的事象・過程の配列も,系統的に考えることができるのである。

第1章で論じたとおり,経路依存的配列の重要なメカニズムとして働いているのはある種の自己強化,つまり,ある種の正のフィードバック・ループである。特定の方向に向けた始めの数歩が,それと同じ経路に沿った動きを促すかもしれないし,「選ばれなかった道」は時間の経過とともに徐々に遠ざかり,手の届かないものになるかもしれない。初期段階の比較的小さな摂動が,このような過程に大きな影響を与えうる。配列の初期の事象や過程の影響は増幅し

3. 経路依存論における配列

やすく,後期の事象や過程の影響は縮小することが多い。すなわち,特定の事象や過程が,配列のなかでいつ生じるのかによって大きな違いが生じるのである。

配列に関する社会科学の議論の多く(おそらくほとんど)は,漠然と,あるいは無意識にではあっても,経路依存と自己強化に関連しているように思われる。この議論は,初期の展開がある特定の環境に深く埋め込まれていくと考え,それが社会的アクターの資源,インセンティブ構造,ひいては,その振る舞いを変化させ,その後の配列において生じる事象や過程のパターンまたは社会的意義を変化させると想定している。本節の残りの部分では,この問題を考察するために,配列を全く異なるかたちで扱う3種類の正のフィードバック論を検討する。第1の議論は,時間的順序にあまり重きを置かずに自己強化過程だけに焦点を当てている。第2の議論は,ある過程の時間的配列が帰結を規定するのは,最初期に生じた事象や過程が正のフィードバックの引き金になるからであると論じる。これはもっともよくみられる議論である。第3の議論は,下流効果に主に着目する配列の分析の枠内に,自己強化過程の分析を埋め込もうとする議論である。これらの議論が意味をもつのはそれぞれ特定の状況だけかもしれないが,全体を合わせることで,正のフィードバックの考え方を援用する配列の議論の射程が明らかになる。

(1) 正のフィードバック・ループを特定する

ある特定の関係性が時間の経過とともに徐々に埋め込まれていくことを明らかにするために,ひとつの発展軌跡に着目する場合がある。テリー・カールの *The Paradox of Plenty* はそのすぐれた一例であり,「産油国」が非常に問題の多い発展経路にどのようにロック・インされるのかについてすぐれた分析を行っている(Karl 1997)。カールは,石油が豊富に埋蔵されていることを発見した発展途上国はその後に特殊な自己強化的軌跡をたどり,その石油資源が利益集団の構造,さらには国家そのものをかたちづくると論じる。石油資源を得た発展途上国は豊富な資源と未熟な組織をあわせもつというのが,彼女の観察の中核である。その後の国家建設の過程を経て,産油国には固定化されたレント・シーキングのパターンをもつ政治体制が形成される。さらにカールは,こ

の制度化されたレント・シーキングのパターンは，両方の要素をあわせもつ点以外では全く異なる国々（ベネズエラ，イラン，ナイジェリア，アルジェリア，そして，これらの国々よりも度合いは低いがインドネシア）でも共通して見出すことができ，また持続性が非常に高いと論じている。この議論は正のフィードバック過程の強さを示している。

しかし，このカールの分析では時間的順序は全体の帰結にほとんど影響していないようである。

> 少なくとも3つの重大局面が……1973年の物価高騰以前の……意思決定パターンをかたちづくった。国際的石油企業が脆弱な国家で活動するようになったこと，歳入の主な財源として石油企業に法人税を課税したこと，石油のレントへの依存を強めるかまたは弱めることになった体制変動が生じたことの3つである。これらの重大局面は経路依存を生じさせた。すなわち，石油企業の参入が出発点になったのである。複数の重大局面が（ベネズエラのように）かなり離れて生じたところもあれば，一時的に重複したところもあった。……しかし，タイミングや配列のいかんにかかわらず，これら重大局面は3つとも生じていた。このような重大局面の制度的遺産が，産油国の政策立案者に共通する意思決定の論法を形づくるのである（Karl 1997: 197，傍点は筆者追加）。

カールは動態的な自己強化過程を追跡して時間を問題にする議論を立てているが，それはタイミングと配列が大きく関係するような議論ではない。産油国が豊富な石油資源を，いつ，どのように発見したのかはここでは全く重要ではない。つまり，この議論の大部分は，石油資源の発見そのものから論理的に導き出せるのである[11]。

---

11 とはいうものの，カールがこの経路依存論をさらに幅広い歴史的枠組みのなかに位置づけ，分析を豊かにしていることを述べておくべきだろう。彼女はノルウェーの事例を考察し，配列が重要であること（すなわち，当該の国家が長期的な国家建設を経験する以前と以後のどちらで石油資源を発見したのかが重要になること）を妥当なかたちで論じることができている。石油を先に発見すれば，石油資源に促されて国家建設が進み，カールがもっとも関心を抱いた政治的病理が生じる。それに対して，国家建設が先に進んでいれば，政治指導者たちは石油による好況にうまく対処し，ほかのほとんどの産油国が経験した破壊的な自己強化力学を回避できるかもしれない。しかし，こ

（2）自己強化の配列論

　歴史社会学と政治学の多くの研究は，タイミングと配列に関する主張をさらに明確なかたちで議論に組み込んでいる。そこでは，重大局面で形成された特定の配置を定着させる正のフィードバックに着目するのが一般的である。説明の中核は配列の問題にあり，鍵となる事象や過程の時間的順序が発展経路の道筋を規定すると論じる。

　政党によるパトロネージ〔物質的利益供与〕の国ごとの違いに関するマーティン・シェフターの古典的研究はそのすぐれた一例である（Shefter 1977）。彼は，政党がパトロネージを用いて支持基盤を固める度合いに大きな違いがあるという観察から議論を始め，共時的変数（たとえば，選挙区内の移民人口の規模）ではこの違いは説明できないと指摘する。むしろ，ここでは歴史的説明が求められると主張した。重要なのは，民主化当初の時期（政党がはじめて民衆の支持を必要とするようになった時期）における政治的選択である。この時期に政党がパトロネージにもとづく戦略をとるかどうかは，2つの条件に左右される。第1に，自明な条件として，政党はそもそもパトロネージを提供できる立場にある必要がある。この条件により，ヨーロッパの社会主義政党や第三世界の大部分に存在する民族主義政党は除外される。第2に，官僚機構の自律性を求める有力な党内連合がもはや存在しえないことである。シェフターによれば，ヨーロッパの「絶対主義」やアメリカの「進歩主義」に起源をもつこのような党内連合は，パトロネージという選択肢を排除して，ほかのよりいっそう政策志向型の戦略を採用するよう党に迫った。

　この特定の局面で生じたことが「重大」だったのは，その初期の動員形態が正のフィードバック過程を生み出したからである。いわく，「政党がはじめにどのようにして支持基盤を獲得したのかという経験の違いによって，その後に形成される特徴も異なる。つまり……これは，まずは政党組織の特徴に影響を与え，つぎに，その特徴を踏まえて，社会的支持基盤の維持のあり方に影響を

れは配列の考察に重要な問題を生じさせる。たとえば，リビアとノルウェーを比較した場合，国家の能力の違いがあまりにも大きく，時間的順序に着目したからといって説明能力が高まるかどうかは明白でないのである。

与え，さらには，党内でのパトロネージ政治の実践者とその敵対者との権力関係にまで影響を与えてしまう……『重大』な経験なのである」（Shefter 1977: 414-15）。有力な支持基盤がひとたび確立すれば，それを覆すことはきわめてむずかしくなる。それゆえに，官僚機構の自律性を唱える動きが民主化の始まりの前に生じるか，後に生じるかという問題，つまり，配列の問題が重要になるのである。各国の国家建設過程の違いは，この配列の違いに反映されている。

シェフターの議論は，重大局面における帰結の説明と，その帰結によって生じた自己強化効果および経路依存効果の両方に着目したものである。彼のパトロネージ政治の説明では，国家建設と民主化という2つの過程の生じるタイミングの違いが重視されている。官僚機構の自律性を構築しようとする動きが民主化の後に生じても，それでは「あまりにも遅い」ことになる。

序章で論じたトマス・アートマンの *The Birth of Leviathan* の議論も，配列を重視する研究の一例である（Ertman 1997）。彼は，国民の識字能力の普及以前に軍事競争を経験したヨーロッパ諸国は，その2つの過程の順序が逆の国々とは全く異なる持続的な国家構造を発展させたと主張した。シェフターの分析と同じように，アートマンは初期の帰結がその後に大きな影響を与えたのは，それが自己強化的な帰結だったからであると論じる。早い時代に軍事競争に見舞われた国々は徴税請負人制度に頼らざるをえず，それは制度と利益集団の稠密なネットワークを発展させる引き金となった。その後，君主は財源を早急に獲得する必要があったので，近代的な資金調達の形態へと切り替えることは事実上不可能になった。そのため，国民の識字能力が国家建設に与える影響は，識字能力が軍事競争の開始よりも遅い時期に普及した場合には，その逆の順序の場合と比べて非常に限られていた。

これらの2つの研究は，配列に関する多くの有力な議論のうちのたった2つにすぎない。これらの議論では，経路依存過程を重大局面とその後の長期持続的軌跡でとらえる。分析対象とした長期的帰結は，複数の重要な過程のタイミングの違い（アートマンの議論では軍事競争と識字能力，シェフターの議論では民主化と国家建設のタイミングの違い）に左右される。なぜなら，一方の過程に端を発する正のフィードバックが，その後に生じるもう一方の過程の帰結に決定的な影響を与えると考えるからである。時間の経過とともに展開する配

列の枠内で変数がいつ生じるのかを正しく認識できなければ，その変数の影響は予測できない。

（3）下流の力学：正のフィードバック論の埋め込み

　前述の議論は概して，正のフィードバックによって生じる制度化の過程を重視し，後の時点で生じた過程や事象はもし前の時点であればもっと影響を及ぼしていたかもしれないと論じる。このアプローチは「一番手」の優位に関するゲーム理論の主張と類似している。何が一番乗りになろうとも，それは制度化のパターンにもっとも大きな影響を与え，（動員や国家建設など）その後の事象の展開はその重大局面で定められた範囲内に制約されてしまう。

　第1章で論じたとおり，この種の主張は平衡状態が突発的な変動によって断続的に区切られる世界（断続平衡）を想定していると批判されている（Thelen 1999, 2003）。実際のところ，このような社会過程の描写は，とりわけ体制形成や国家建設パターンなど非常にマクロな現象を分析対象にするときには，おおむね的確といえるだろう。しかし，自己強化の永続（ひとたび1つの経路が選ばれたらその経路が無限に続くこと）という考え方にもとづいて配列を論じる必要はない。つまり，特定の経路に必然的に「ロック・イン」することを暗黙の前提にしなくても，配列は意味をもつかもしれないと考えることは十分に可能なのである。配列の前の時点で生じた事象は帰結と軌跡に影響を与えるが，それは必然的に同一方向への運動の継続を促すわけではないからである。軌跡は，何か別の方向への反応を促す場となるがゆえに，重要になる場合もある。

　しかし，これは「歴史は重要である」というおおざっぱな主張に回帰してしまうおそれもある。どのようにすれば，事象や過程の時間的順序の違いによる影響のあり方をよりいっそう系統的に考えることができるだろうか。ジェイムズ・マホニーは「事象配列（event sequences）」と彼が名付けるものにもとづいた議論を，比較歴史研究に広く見出せると論じている（Mahoney 2001）。その基本的な考え方はつぎのようなものである。特定の局面での事象や帰結は「因果的に連結した事象連鎖の引き金を引くかもしれない。その事象連鎖はひとたび作動すれば，当初にその連鎖の引き金を引いた制度から独立して進行していく。この事象のつながりは，もとをたどれば重大局面までさかのぼるが，

最終的には当初の重大局面とは全くかけ離れた帰結につながるかもしれない」。さらに、「事象配列」の議論は「連鎖を作動させる複数の事象が互いに明確に連結しているときにもっとも効力を発揮する。これをアンドリュー・アボットは『内在的論理（inherent logic）』と名付けている」[12]。この論理のもとでは a が b を生じさせ、b が c を生じさせ、c が……と続く。

とはいうものの、このような「論理」はどのように特定できるだろうか。「事象配列」に言及し始めると、それは途端にカオス理論のように聴こえてくる。すなわち、経路依存を「次から次へと面倒なことが起こる」ような変化ととらえるポール・デイヴィッドのあまり感心できない（彼らしくない）通俗的な描写に似てくるのである（David 1985: 332）。ゴールドストーンに言わせれば、「スース博士式」の説明のようだということになるだろう。これに対してマホニーは、区別すべき2種類の過程を区別していない。その1つが、長期間をかけて生じる緊密に結びついた因果的連結、すなわち、「事象連鎖」である。この議論は「事象 a が生じれば、b が生じる可能性が高い。b があれば、その後に c が続くと期待できる」というかたちをとる。この場合、連鎖全体が展開し終えるまでには相当の時間を要する。したがって、事象連鎖に関する議論は、過程を考察する必要性を示すとともに、長期の社会過程を検討する際に非常に重要になる（この点については第3章で論じる）。とはいえ、産油国に関するカールの議論と同じように、この議論は配列に関する議論ではない。時間的順序の違いが帰結を左右するとの主張にもとづいていないからである。そのため、私は事象連鎖の議論と事象配列の議論を区別して考えたいと思う。事象配列とは、同一の事象や過程の時間的順序の違いによって生じる帰結が異なることを意味する。

事象配列に議論を集中させると、話題は再び正のフィードバック過程に立ち返ってしまう。しかし、ここで話題にするのはフィードバック過程の下流であり、よりいっそう動態的である。なぜ正のフィードバックが問題となるのか、

---

[12] Collier and Collier (1991) と比較してほしい。彼らはつぎのように述べている。「重大局面とその後の再生産メカニズムで説明される継続期とのあいだには往々にして相当の時間差がある。重大局面が激しい政治的反応・再反応を生じさせる分岐的事象である限り、その遺産の結晶化は必ずしもすぐに生じるわけではない。むしろ、遺産の結晶化は反応・再反応に相当する介在的段階を経て生じる」(p. 37)。

再びアローの分析を例に説明しよう。アローは,一巡目で勝利した提案がその後も自動的に勝利し続けるという理由から,提案の順序が重要なのであると論じたわけではない。むしろ,はじめの段階で「勝ち残った提案」は,後の段階で現れる対案に負けてしまうかもしれない。だが,この対案も早い段階で別の選択肢とともに提示されていたら負けていたかもしれない。このような場合,アジェンダ設定者は,初期の提案がその後の好ましい提案や修正に負けないような投票の順序を選択できる。

　初期の重大局面によって自己強化的軌跡が生じるが,その軌跡は,その後の「下流」で生じるさまざまな挑戦にさらされやすい。歴史的過程の分析に置き換えると,このようにいえるだろう。すなわち,選択肢が出現する順序は最終的帰結に重要な影響を与えるかもしれないが,その帰結は,重大局面で生じた初期の結果や初期の軌跡とはかけ離れているかもしれないのである。グレゴリー・ルーバートの戦間期ヨーロッパの研究は,この種の事象配列論の明確な一例である (Luebbert 1991)。彼はひとつの歴史的過程のさまざまな段階において連合形成が可能だった政治空間に焦点を当て,第一次世界大戦以前に自由主義ではなかった事例では,社会民主主義ないしはファシズムがその後の選択肢になったと論じた。ルーバートによれば,この文脈では「自営農民との連合形成が決定的に重要だった」という。連合形成の選択肢は,

> 社会主義運動が農村の階級闘争に関与していたか否かに依存していた。社会主義者が政治的に,また労働現場において農業労働者を組織しようとした際には,自営農民をファシストの側に追いやってしまった。社会主義者が農業労働者を組織化するかどうかは,彼ら農業労働者が政治的にその意志があるか,または以前に別の運動によって組織されたことがあったかどうか,によって決まった。以前に組織化されていない場合,社会主義者は民主主義的競合の論理,すなわち短期間での支持基盤の最大化を達成することはできなかった (Luebbert 1991: 10-11,傍点は筆者追加)。

　このルーバートの議論では,第一次世界大戦以前に結成された政治連合は「ロック・イン」しなかった。むしろ,戦後の混乱の余波でファシズムか社会

民主主義に道を譲ることになったのである。しかし，それまでのとり込み方のパターンはきわめて重要だった。というのも，多くの事例において，社会民主主義者の重要な戦略的選択のひとつ（「農業労働者の組織化」）が選択肢の一覧から排除されてしまったからである。皮肉なことに，社会民主主義者は配列の前の段階でその選択を選べなかったときのほうがうまく事を運ぶことができたのである。結局，連合形成の経路依存過程をきっかけにして始まった下流の力学がもたらしたのは社会民主主義であり，ファシズムではなかった。

　ルーバートの議論と同じように，ルース・ベリンス・コリアーとデヴィッド・コリアーも，これまで安定していた配置が別の配置にとって代わるとしても，そこに配列の前の段階の重要性がうかがえることを指摘している。彼らが分析に用いたラテンアメリカの一部の事例では，エリートが当初の重大局面で労働者の政治参加を回避でき，代わりに，コリアーらが「国家編入（state incorporation）」と名付ける特定の政治体制が形成された。しかし，労働者の政治参加を永続的に阻止するのは不可能だったため，「国家編入は実際にはその後のよりいっそう大きな政治対立の機会をもたらした。これが生じたのにはいくつかの理由があった。労働組合の法的規制の多くが，その後の民主主義体制のもとでの労働者の支持獲得競争とともに破綻したこと，そして，労働者と労働組合がどの政党に帰属するのか決まらないまま国家に編入されたので，その後の時期に別のアクターが労働者と労働組合を動員することが可能になったということなどである」(Collier and Collier 1991: 9)。ここでも，重大局面から続く当初の制度化パターンは凍結していない。過程の下流において労働者の政治化が生じた場合，それは初期の労働者の編入をもたらしたものとは全く異なる状況で生じ，全く異なる帰結をもたらした。

　コリアーらによるラテンアメリカの体制力学に関する包括的分析は，配列のさまざまな類型について明確な議論を展開し，本章で私が強調したい論点の多くを浮き彫りにしてくれる。*Shaping the Political Arena* は，重大局面で定められた社会関係と制度が時間の経過とともに，どのように再生産していくのかを論じる有力な議論として引用されることが多いが，彼らの経路依存の議論は，それよりもずっと微細で動態的である。彼らは安定した制度化を問題としているのではない。いわく，「国家編入の経験は8カ国すべてで強い政治的反動を

もたらした。ほとんどの場合，編入政策を実施した政治体制はそのような反動によって崩壊にいたった」(Collier and Collier 1991: 8)。事実，著者たちは国内政治への労働者の編入という共通の重大局面に端を発する配列を複数割り出している。「重大局面の遺産が体制を安定化・制度化させた場合もあれば，安定パターンを阻止・軽減させる政治力学を生じさせた場合もあった」(p. 34)。ある特定の関係が正のフィードバックを通じて制度化され，時間が経過してもその当初の定着形態が継続していく事例もあるし，当初は定着していても結局は持続しない事例もある。ほかにも，はじめの時期に定着に失敗し，その後に不安定が続くことになった事例もある。このように，経路依存過程の研究では，重大局面からかなり離れた「下流」の展開に着目することは全く可能なのである。そのような研究は，自己強化過程の最終的崩壊に主に関心を寄せる場合もあれば，特定の事例である定着パターンが生じそこなったことの長期的含意を浮き彫りにしようとする場合もある[13]。

　なぜ歴史は重要なのか。どのようにして歴史は重要になるのか。正のフィードバックと配列に関する議論にもとづいてこの問いに答えることができる。ここまで示してきたような経路依存的配列を論じる研究ではいずれも，歴史的配列が重要になる。それは当初の過程が長期にわたって帰結に大きな影響を与える固有の組織形態や制度配置を生み出し，その後の事象や過程の帰結を変化させるからである。このすべての過程においては，何が生じるかだけではなく，いつ生じるかが重要になる。事象や過程のなかには「あまりに早く」生じるものもあれば，「あまりに遅く」生じるものもある。時間的順序の問題を扱わなければ，重要な政治的帰結の多くは説明できないのである。

4．配列論の固有の特徴

　分析アプローチが異なれば，照らし出される社会的現実の側面も異なってく

13　この最後の指摘については，比較政治学者が配列分析を行うのにとりわけ有益なものである。Huber and Stephens (2001)，Luebbert (1991)，Collier and Collier (1991) などで実践されている比較歴史分析は，反実仮想だけに頼るのではなく，実際に生じたさまざまな配列を考察できる機会があることを示している (Mahoney and Rueschemeyer 2003)。

る。これが本書の主張の鍵である。時間的過程を重視することで，別の観点では見落とされがちな社会の一側面を認識し解明できるようになる。このような理由から，経路依存的配列の分析を特徴づける2つの大きな主題を明確にしておくことは重要である。その主題は，政治空間（political space）に着目する議論と，社会的容量（social capacities）の進化に関する議論である。この2つの議論は両立不可能というわけではないし，実際に多くの研究者が両方を組み合わせているが，タイミングと配列の重視の仕方は異なっている。また，同様に重要なこととして，この2つの議論はいずれも，時間に着目して分析することでよりいっそう理解しやすくなる社会の根本的側面とはどのようなものかを明らかにしてくれる。

(1)「政治空間」の「充満」

経路依存的配列に関する議論の多くは，ある限定された「政治空間」を占有するために競合する社会的アクターに着目している。このような競争にみられる相対性という特徴が配列に大きな意味を与える。政治空間をめぐる争いの勝敗は，それぞれのアクターが自由に利用できる資源だけに左右されるわけではない。むしろ，競合相手のもつ資源の規模との相対的な違いが重要なのである。競争の初期の優位によって自己強化が生じるのであれば，タイミングの違いは大きな意味をもつだろう。経路依存が生じやすい文脈では，初期に優位な立場を確立できた集団は，その立場を永続的に保持できるかもしれない。遅れてやってきたアクターは，その環境の資源（たとえば支持者になりうる人びと）がすでにほかの動員パターンにコミットしているのを目にすることだろう。実際のところ，「遅刻」はよりいっそう深刻な影響をもたらすのかもしれない。たとえば，ジャレド・ダイアモンドによる，ヨーロッパ人とアメリカ先住民の最初の衝突に関する生き生きとした描写は，政治的競争の相対性について，多くのことを率直に物語っている。彼はヨーロッパ人が有利な地理的・生態的特徴をもっていたことで優位に立てたことを強調しているが，これは「遅すぎること」の帰結が深刻かつ永続的であることを示している（Diamond 1997）。このような議論は，国家間競争の研究者のあいだでも広くみられる。たとえば，ペリー・アンダーソンは西ヨーロッパの有力な絶対主義諸国の陰で進んだ東ヨー

ロッパの絶対主義の発展について，同じような議論を立てている（Anderson 1974）。

比較政治学でよくみられるこの種の経路依存的配列論は，つぎのようなかたちをとる。まず，あるアクターが影響力のある地位に最初に登場する。彼はその立場を利用して特定の「政治空間」に対する影響力を定着させようとする。つぎに，遅れてやってきた挑戦者は，非常に不利な立場に置かれてしまう。このような挑戦者（政党・利益集団・社会運動組織）は，もし最初に登場していたら強い影響力を発揮できたかもしれないのに，である。このように，時間的配列は長期にわたる政治的帰結を説明するのに重要である。ヨーロッパ政治研究の分野では，亀裂構造の永続や政党システムの凍結を論じたシーモア・リプセットとシュタイン・ロッカンの議論や，公的権威が利益団体と官僚のあいだでどのように配分されているかを各国で比較したコリン・クラウチの分析はその古典に含まれるだろう（Lipset and Rokkan 1967; Crouch 1986）。

キャサリーン・セーレンは比較歴史分析に「『政治空間』という比喩が……何度も何度も登場する」と指摘しつつ，その比喩には警戒する必要があると強調している（Thelen 1999, 2000）。「既得権益」や政治空間の「充満」に関する主張はただ断言すればよいというものではなく，立証する必要がある。また，一番乗りが成功の保証にはならないというのも確かに事実である。セーレンは，最終的には成功を収めなかった一番乗りの例をいくつかとりあげて，つぎのように論じている。「一番乗りであることがいつ重要になるのかを理解するには，発展していく組織形態と，その組織形態が出現する政治的・経済的文脈との『適合』，とりわけ，文脈が……正のフィードバックを……どれだけ促進するのか，それとも阻害するのかの分析が重要である」（Thelen 2000: 103）。

これは正鵠を射た指摘である。ある文脈の特徴が自己強化過程を促進ないしは阻害するか否かを考察することで，「組織Aが成功を収めたのは特定の文脈と『適合』したからである」といった主張の厳格さを高めることができる。前章で論じたとおり，社会過程の正のフィードバックを論じる先行研究は，何を分析したらいいのかに関して重要な提案をしている。それは，たとえばつぎのような問いを立てることである。複数の組織案のなかでどの組織の初期費用が高かったのか，それとも低かったのか。はじめに成功を収めた組織は相当の政

第2章 タイミングと配列

治的権限を行使できたのか，もし行使できていたとしたら，その権限をどのように効率的に活用して自分の集団の資源を増大させたり，競争相手の勢力伸張を阻止できたのだろうか。ある集団・政策・制度の当初の成功を受け，ほかのアクターは自らの行動をそれらに適応させるような大きな圧力を受けるのだろうか。このような次元の論点には相当の多様性があり，これらを特定することで一番乗りの強みを持続させうる文脈について精緻かつ検証可能な主張を展開する余地は広がっていく。

　ある種の環境のもとで正のフィードバックが生じやすいとしても，どの集団もその機会を活用できるわけではないのは明らかである。言い換えれば，第1章の議論からうかがえるとおり，経路依存過程の起点の事象は全く偶発的に生じるわけではない。そこには選択可能な選択肢がわずかに（たとえば2つのみ）存在するだけかもしれない。進化論の言い回しにならえば，収まることができる生態学的適所（ecological niches）で繁栄できるのでなければ，一番乗りであることは重要ではないのである。

　しかしそれでも，集団が政治空間に参入し，勢力伸張するときの配列が重要になると考えることが重要な場合もある。ここでは，私の類推の文化的レパートリーがスポーツに偏っていることを認めたうえで，スポーツから一例をあげてみたい。プロの団体スポーツが商業的に成功するかどうかは，数年かかったとしてもすべての参加チームに優勝の機会があると幅広く認知されるかどうかにかかっている。しかし，このような「柔和な人びとは幸いである。その人たちは地を受け継ぐ」訳注2という筋書の妥当性を維持するには，強いチームがもっと強くなってしまう傾向（強いチームほど多額の収益を得て，優秀な選手と優秀なコーチを獲得してしまう傾向）を相殺することを意識的・精力的に試みる必要がある。多くのプロの団体スポーツには，ある程度の負のフィードバックを強制するルールが定められている。敗れたチームに新人獲得の優先権を与えること，資金の乏しい団体を助成するために収益の共有を導入すること，個々の団体が選手に払う年俸額に上限を設けることなどである。そしてもちろん，加盟権を失うなどの破滅的な失敗に見舞われることなく存続できることが

訳注2　聖書（マタイの福音書第5章）にある言葉。

保証されている。このような強力な相殺措置があったとしても,実際には何らかの平衡状態を生み出すには不十分なことが多い。

もちろん,政治にはこのような補償的・相殺的ルールは一般的には存在しない。それどころか,ここまで論じてきたとおり,「一番に到着すること」でしばしば相当の優位が得られると考えられる。集合行為の初期費用はしばしば非常に高額であり,それは大きな参入障壁となる。しかしながら,この最低限の参入の閾値を上回りさえすれば,組織の維持・拡張はより簡単になる。幅広い支持を獲得できない組織に所属することが重大な障害になるのであれば,諸個人は集合行為の過程を進むにしたがって調整していくだろう。何か現実には存在しない選択肢を支持しているアクターでさえも,既存の集団がある一定の規模に達すれば,その集団に所属(ないしは少なくとも順応)する傾向を示すことになるだろう[14]。おそらくもっとも重要なのは,政治的資源の臨界質量に到達したアクターは,潜在的競争相手に対する自分たちの組織的優位を拡大するように,ゲームのルール(公式な制度)を操作して資源(公共政策)を再配分することを可能にするかもしれないという点である。政治の世界では,有力なアクターがルールを作成するのが典型的であり,有力なアクターは「平等」を求めるインセンティブをもっていないのが一般的である。つまり,団体スポーツの世界で生じていることは政治の世界では望むべくもないのである(Moe 2003)。

このように,政治空間に関する議論では,政治の舞台の初期の勝者と「敗者」の動態的関係や,初期の争いの敗者が直面するかもしれない制約の検討が可能となる。合理的選択論者は,アローの循環問題の分析を踏まえて,この論点を「選択眼(heresthetics)」(Riker 1986)[訳注3]の問題として扱うことが多い。「敗者」が勝者の連合を分裂させ,これまでの周辺的立場から脱出するには,新しい争点の次元をつくりだせるくらいの創造性が必要となる(Shepsle 2003)。この論点も重要であるが,当初の敗北によって生じるフィードバック効果を検

---

14 投票者・政治家・利益集団の適応期待によって,さまざまな選挙ルールに直面する政党組織のあいだにどのように淘汰過程が生じるかを論じたすぐれた分析としてはCox (1997) を参照。

訳注3 「選択(heresy,ギリシャ語のhairesis)」と「審美眼(aesthetics)」を合わせたウィリアム・ライカーの造語。循環が生じる可能性をとらえて自分に有利に働くように政治的争点を操作することを指す。

討することで,敗者が特定の環境で突きつけられる苦境についてさらに詳細な説明を行うことが可能になる。この種の枠組みにもとづいた近年の実証分析は,なぜ選択眼的手番(herestheic moves)が効果を発揮しないときもあるのかという問いに対する答えを明らかにしている。さらに,このような研究は,当初の敗者が後々の経路で勢力伸張の機会(往々にしてかなりの制約がある機会)を得られるかもしれない状況を左右する一連の要因を明らかにする(Hacker 2002; Thelen 2004)。

アクターが限られた政治空間をめぐって競争し,ある集団がひとたびその空間を占有すれば,その集団をそこから追い出すことはむずかしくなるという考え方は,確固たる理論的根拠にもとづいている。多くの政治的文脈の垣根を越えて,組織が大いに持続しているという実証的証拠(たとえば,政党システムや利益代表構造の持続)は,組織の成功によって頻繁に正のフィードバックが生じやすいという見解を裏付けている。これまでの議論では,当初の優位の立場を持続しやすくするような過程は十分には説明されてこなかった。このような説明は,経路依存メカニズムを理解することから得ることができる。比較政治学には,限られた政治空間をめぐる競争を扱った議論が数多く存在する。メカニズムの働きを特定するためにそのような議論を「ひもといて」みれば,本章で論じてきたような過程にもとづいた議論を見出せるだろう。それらは,政治空間をめぐって競争する政治的競争者がいつ登場するのかに影響を与える事象や過程のタイミングの違いが非常に重要であることを指摘している。

(2) 社会的容量の発展

経路依存的配列論の第2の主題は,多くの歴史的過程において社会的容量の発展が中心的な役割を担っていることに着目する。社会的な営みで利用できる資源(物質的・技術的・組織的・理念的資源)の蓄積は,長期的にみれば劇的に変化している[15]。しかし,その変化は短期的には非常にゆっくりと生じてい

---

[15] この点はスコウロネクが *The Politics Presidents Make* のなかで用いた「趨勢的時間(secular time)」という概念に近いと私は考えている。ある種の大統領や優位な体制が周期的に現れるという議論は,「大統領が政策を実行するときに用いる資源がアメリカ史の推移のなかで劇的に変化してきた」こと,すなわち趨勢的時間をも同時に認めなければならない。「その変化は,組織化が進むとともに密度を増している政治的領域の発展と並行して進んでいる。アメリカ史のなかで徐々に

るように見えるので，共時的分析では往々にして無視されてしまう（この点は第3章でさらに詳しく論じる）。また，ゆっくりと生じる変化は「社会学的」変数に関するものなので，歴史志向の研究者の視界からも外れてしまうかもしれない。研究者が便利な仮説を求めて経済学に傾倒するようになってからは，この傾向がとくに強まっている。さらに，社会的容量の発展過程への着目は懐疑的にみられていた。というのも，この過程は政治的近代化の概念や，進歩，収束，決定論などの単純な観念と関連づけられることが多かったからである。しかし，人類史上のある時点では稀少ないしは利用不可能かもしれない資源が，別の時点では幅広く利用できるかもしれないということは，社会発展の厳然たる事実である。

このような社会的容量の発展に関する研究は，自己強化過程の分析と組み合わせることで，配列の重要な次元を特定するための有力な視点を与えてくれる。このような分析においては特定の争点や特定の衝突が社会にいつ出現するのかが重要になるが，それには2つの理由がある。第1に，アクターがある時点で利用できる資源の違いはそのアクターの反応のレパートリーを決定づける一因になるからである。第2に，ひとたび何らかの反応を選べば，そこから政治力学を特定の長期的経路にのせる自己強化力学が生じるかもしれないからである[16]。たとえば，アートマンの議論の場合，識字能力の漸進的拡大が重要な歴史的要因になる。この識字能力という社会的容量の漸進的普及を背景にして，国家建設が生じた時期の違いが国家建設という営為を長期的にかたちづくったのである。

この議論において，社会条件の歴史的転換という概念と自己強化過程の役割の両方が重要な役割を果たしている点に注意してほしい。正のフィードバック

有力かつ独立した立場を得るようになったのは大統領職だけではない。大統領職を取り巻く制度や利益もそれに並行して同じような立場を得るようになったのである」（Skowronek 1993: 30-31）。

[16] ここでも Stinchcombe（1965）はこれと同じことをかなり昔に述べている。「特定の歴史的時期になされる組織的発明はその時点で利用できる社会的技術に左右される。社会的に実現可能な組織形態で効率的に達成できる目的をもった組織はまさにそれが実現可能になった時期に出現する傾向にある。その後，その組織は社会的に実現可能な組織形態で効率的に機能するし，その組織形態は制度化しやすい。この両方の理由によって組織の基本構造は相対的に安定したままでとどまる傾向にある」（p. 153）。

過程が生じていなければ，時間の経過にともなう社会条件の変化は，単に現在の政治過程の一部に組み込まれるだけであろう。自己強化力学がなければ，限られた識字能力という文脈で初期の国家建設が生じたという事実は持続的な影響をもたなくなってしまう。

このように，正のフィードバックをともなう配列の議論は，政治空間や社会的容量の歴史的発展に関する議論として展開されることがしばしばである。多くの研究はこの2つの主題を組み合わせている。アレクサンダー・ガーシェンクロンの工業化の古典的研究や，ジェイムズ・カースの製品のライフサイクルの論考はそのすぐれた一例である（Gerschenkron 1962; Kurth 1979）[17]。どちらの研究も，限られた政治空間での競争という文脈において相対的なパワーの大小が重要であると強調している。新興国家の将来性を考察する際には，非常に優位な立場にある先発工業諸国が形成する文脈のなかで後発工業諸国が行動していることを認識しなければならない。また，その一方で，ガーシェンクロンとカースはどちらも，歴史的局面が違えば経済的将来性も異なるということを重視している。つまり，後発工業諸国は先発工業諸国とは異なる社会的容量のもとで行動するというのである。ガーシェンクロンの分析では，後期工業化過程を特徴づけるのは，有力工業諸国がすでに存在しているシステムのなかで後発工業諸国が必死に「キャッチアップ」しようとしていること，後発工業諸国が先発工業諸国から先端技術を取り入れるときもあること，経済成長に必要となる工業部門が時間の経過とともに大きく転換したこと（たとえば，イギリスの綿花・織物産業からドイツの鉄鋼・鉄道産業への転換）の3つすべてであるとされている。

また，これとはかなり異なる例をあげることもできる。健康保険制度の発展に関するカナダ・イギリス・アメリカの比較研究において，ジェイコブ・ハッカーは権力関係の進化と社会的容量の発展の両方の経路依存的配列を重視している（Hacker 1998）。ハッカーは比較歴史研究の理論的・方法論的論点を注意深く踏まえたうえで，福祉政策の発展の配列の違いが国家間の相違を生じさ

---

17 カースの刺激的な分析では2つの配列が相互作用している。つまり，さまざまな歴史的時期に生じる製品そのものの配列と，前の生産者から後の生産者へと続いていくそれぞれの製品のライフサイクルの枠内での配列との相互作用を論じている。

> 先進国の国民健康保険制度の形成を，特定の政治的・社会的要因の配置によって生じた一時点の事象としてとらえるべきではない。むしろ，配列の違いが最終的帰結を大きく決定づける歴史的過程の一端であると認識すべきである。この配列に関する3つの問題が各国の経路の決定にとりわけ重要な役割を果たしている。すなわち，医師主導の民間保険に国民の相当部分が加入する前に，政府が国民健康保険法の立法化に失敗したか，初期の公的保険が民間保険に加入しなかった部分の国民を対象にしているか，……医療が全国に公平に提供される前に医療産業が確立したか，である。アメリカのように，これらの3つがすべて当てはまる国々は，国民健康保険の導入にあたって事実上動かすことのできない政治的障壁に突き当たってしまう（Hacker 1998: 127-28）。

　医師主導の民間保険の定着は，国民健康保険に対する有力な反対勢力を生み出し，20世紀全体を通じて，医療技術の向上と健康保険に対する考え方の変化が国民所得に占める医療費の割合を大きく増加させた。そして，成熟した「医療産業複合体」には巨額の資金がかかわっているため，医療費の公的資金支出への切り替えはこれまで以上にむずかしくなった。このような点から考えて，アメリカでの国民皆保険制度の樹立という抜本的改革を提唱する者たちが近年突き当たったのは，分断化された政治制度がもたらす障壁だけではなかった（Steinmo and Watts 1995）。根本的なことをいえば，このような改革者は登場するのがあまりにも遅すぎたのである。

5．結論：社会過程の時間的配列を考察するということ

　ティリーが述べるとおり，事象がいつ生じるのかは，その事象がどのように生じるのかに影響を与えると考えられる。社会科学が時間的配列について展開してきたさまざまな議論を検討することは非常に有益である。配列に関する議論は広くみられるが，配列が十分に吟味されたためしはほとんどない。この時間的順序の分析は「歴史は重要である」という主張の中心に位置しているが，

第2章　タイミングと配列

　因果関係にとって重要な配列が，どこで，いつ，どのように影響を及ぼすのかに研究者がさらに明確に着目するようになれば，時間的順序の分析はさらに説得力をもつようになり，今後の理論蓄積の基礎となるだろう。実際のところ，社会科学者はさまざまな重要な問題に対して配列が重要であることをこれまでも指摘してきた。しかし，そのような研究の多くは，配列が重要になるメカニズムを明確にしないか，もしくは自分たちの議論の広がりを不必要に制限してきた。

　本章では，自己強化過程に関する議論は，厳密さと射程の広さを兼ね備えた分析の視座を与えてくれると論じてきた。この議論は主に合理的選択論の伝統にもとづいている。アローの議論から派生した一連の研究は，順序がどのように，なぜ重要になるのかをもっとも明確に論じ，不可逆性の存在と時間的順序の重要性とのつながりを考察するための基礎を与えてくれる。もちろん，正のフィードバック過程に関する近年の研究の中心にあるのは，ミクロ経済学の分析道具を応用する研究である。この分野は社会科学の歴史的配列に関する議論の基礎であると思われる。実際のところ，経路依存が社会科学者に与える幅広い含意をおそらくだれよりも考察しているのは，経済史家のダグラス・ノースである。

　自己強化力学を検討することで，タイミングと配列の問題を具体化し，個々の歴史的過程の相互作用を分析できるようになる。本章で展開した研究課題とオーレンとスコウロネクが提唱した研究課題は，この点で類似している。どちらの議論も，政治的帰結は自己強化メカニズムによって「粘着」，つまり持続しうるという主張を共有しているのである。しかし，このような議論を展開したからといって，政治状況が本質的に凍結していると述べているわけではない。深く埋め込まれることになるのは，政治状況ではなく，社会関係の特定の側面なのである。それゆえ，長々とした配列のなかで定着や制度化がいつ生じるのか，その定着や制度化によって埋め込まれた側面が社会的文脈のほかの流動的な諸要素とどのように相互作用するのかという問題が大いに重要になる（Jervis 1997: chap. 4）。複数の過程の連結を特定し，その過程のタイミングの違いによって生じる帰結の違いを考察する手段として，配列が役に立つのはまさにここである。おのおのの領域に特殊性があるからこそ，事例間の相対的なタ

5. 結論：社会過程の時間的配列を考察するということ

イミングの違いが重大な分岐を生じさせるのである。たとえば，アートマンは識字能力の普及と国家間競争の高まりのタイミングの違いを強調し，シェフターは民主化と国家建設のタイミングの違いを強調している。

　さらに，経路依存的配列に関する議論の多くは，工業化，民主化，国家建設などの広範かつ長大な社会変容にも焦点を当てている。このような配列の分析の場合，現代社会科学のほとんどの研究が対象にしている社会的行動よりも，さらに長い時間的射程を包含するマクロの歴史的過程に着目する必要がある。このマクロの歴史的過程という論点は第3章の主題である。もちろん，経路依存的配列論はよりミクロの現象にも応用できるし，特定の集合行為過程や特定の公共政策の研究に役立たせることもできる。しかし，それよりもむしろ，経路依存的配列への着目は，長い時間尺度で生じる社会過程や，異なる時間尺度で進行する複数の過程の相互作用をともなう社会過程に研究者の関心を引き寄せるのに，きわめて役に立つのである（Abbott 1990: 144-46）。

　このような議論をよりいっそう系統的に活用すれば，配列にもとづく説明はさらに大きく前進するだろう。もちろん，これはこれまでの研究が成し遂げてきたことを過小評価するものではない。むしろ，その逆である。配列を論じる歴史志向の実証研究は，磐石な知的伝統に立脚することができる。総じていえば，歴史的過程の社会的重要性は所与の時点の特定の「変数」の特定の「値」へと簡単に還元できるといった主張の根拠を，かなり効果的に切り崩すことができるのである。また，正のフィードバックに関する理論研究の進展は，政治において配列の効果がいつ，いかなるときに見出せるかをめぐって，研究者がいまや有益な議論を展開できる状況にあることを示している。

第3章 長期的過程

　その瞬間が重要なのかどうかを問わねばならない。政治学の大部分は政治ジャーナリズムに端を発している。そして，政治ジャーナリズムと同じように，「ここ」や「いま」を過度に重視しがちであり，より長い時間的尺度での動きを見過ごしてしまいがちである。過程の把握はそれほど容易ではない。しかし，過程こそが重要なのであるという公理にこそ，政治学の研究は依拠しなければならない。

エドワード・カーマインズ，ジェイムズ・スティムソン
(Carmines and Stimson 1989)

　政治とは堅い板に強くゆっくりと穴を穿つようなものだ。

マックス・ウェーバー

　第2章までの議論の趣旨は，歴史家のフェルナン・ブローデルの言葉として有名な長期的持続（long durée）への配慮を忘れないでいること，であった。重要な社会過程の多くは長い時間，ときにはきわめて長い時間をかけて展開する。このことは現代社会科学，とりわけ，個人の戦略的行動を中心に据えて社会現象に関する問いと答えを組み立てる研究分野にとっては悩ましい事実である。とりわけ，経済学と政治学のほとんどの研究者は時間的射程を狭く想定するようになり，説明対象と説明手段のどちらにおいても，直近の事象に焦点を絞るようになっている。すなわち，時間的に隣接していて急速に展開する原因と結果を探るようになっているのである。この過程で多くのものが見失われている（Goldstone 1998; Kitschelt 2003）。全く視界に入らないものや，視界に入っていてもしばしば誤解されているものにも，重要なことが含まれているのである。

第3章　長期的過程

　以下にあげる自然科学の4つの事例は，この議論の出発点として役立つであろう。第1は，竜巻である。竜巻などの暴風を説明するときには，暴風は比較的速く成長し，暴風そのものは短期間しか続かないと説明されるのが一般的である。これは「速・速」の事例に相当する。つまり，因果的過程が短期間で展開し，短期間で結果にいたるということである。

　第2に，地震に対する説明は竜巻の説明とは異なる。結果（地震）は竜巻と同じようにほんの数秒という非常に短い期間で生じるが，そこで提示される説明や根拠は，きわめて長期間に及ぶ断層への圧力の蓄積という，非常に緩慢に推移する過程にもとづいているのが典型的である。ここでは，地震の直前の数日や数週間に生じた事象に焦点を絞った説明は考えられない。事象の引き金を引いたのは些細な圧力の蓄積なのである。結果は「速い」が，その結果にいたる因果的過程は非常に緩慢に推移し，長期間に及ぶ。

　第3は，隕石など生態系に破壊的な影響を与える事象である。隕石は6500万年前に地球に衝突し，気候変動と大量絶滅の引き金になったとされている。おそらく「速・遅」の事例として扱うのが標準的だろう。ここでは，原因（隕石の衝突）は短期間に生じ，その後に結果（気候変動と絶滅）がゆっくりと展開していく。恐竜がいなくなった後の生態学的適所がなければ不可能だった大型哺乳類の進化を対象にすれば，結果はさらに「緩慢に推移する」といえる。

　最後は，地球温暖化である。二酸化炭素の排出と地球の気温上昇を結びつけるモデルは，たとえ明日，二酸化炭素排出の増加が止まっても，つぎの世紀には気温が著しく上昇してしまうだろうということを提示している。二酸化炭素の排出の増加分はすでに「パイプラインにある」。すなわち，その増加分は海洋に蓄積し，徐々に空気中へと放出されていくのである（Stevens 2000）。そのため，主要な要因が働くまでにかなりの時間差が生じ，結果（地球の気温上昇）は緩慢に推移する。また因果的過程（排出レベルの漸進的増大）そのものも，地震と同じように緩慢に推移していく。したがって，地球温暖化は，長期間の因果的過程（排出の増大）と長期間の帰結（気温の上昇）の事例に相当する。

　表3-1に示したとおり，これらの説明の「時間構造」はさまざまである。結果を生み出すと考えられる因果的過程は短期間で進行するときもあれば，進

表3-1　因果的説明の時間的射程

		結果の時間的射程	
		短	長
原因の時間的射程	短	I (竜巻)	II (隕石／大量絶滅)
	長	III (地震)	IV (地球温暖化)

行しないときもある。結果も同じようにさまざまであり，非常に短い期間のうちに雲散霧消してしまうときもあれば，長期間を経なければ完全に効果を発揮しないときもある。これらはいずれも，1つの変数ないしは複数の変数の束の「時間的射程(タイム・ホライゾン)」と呼ぶことができるだろう。時間的射程とはつまり，変数に何らかの意味のある変化が生じる期間に相当する（Abbott 1988）。さまざまな説明の原因と結果の時間的射程の多様性を大まかに把握するために，それぞれの説明形態を4つの象限に分けることができる。それぞれの象限に，ここまでにあげた自然科学の事例が1つずつ収まるという構図である。

しかし，本章の後半で詳細に検討するように，どの時間構造をあてはめるかの決定は，研究者がどのように問題を設定するかに左右されるということも強調しておきたい。たとえば，隕石の事例では，恐竜の絶滅を分析対象にするか，それとも大型哺乳類の進化を分析対象にするかによって，結果の継続時間は変化する。また，隕石の衝突そのものを因果的過程として扱えば，過程は非常に急速に展開するということになる。あるいは，当該の隕石が宇宙の特定の座標に特定の瞬間にどのように到達するのかを説明する必要性を感じるのであれば，因果的過程はさらに長期間に及ぶことになる。ある特定の過程を論じようとする研究者は，自分が扱っている問題の解明に対して，ここであげた時間構造のうちどれがより有益で妥当であるのかを考えるであろう。因果的説明の時間構造はさまざまであり，その構造が異なれば，分析者が着目する現象も異なるというのがこの議論の鍵である。

ここで時間構造の多様性を強調したのは，現在の政治学の多くの研究が第I象限にあわせて議論しているように思えるからである。因果的過程も結果も，

第3章　長期的過程

もっぱら短期間に展開するものとして描写されるのが典型的である。この種の枠組みで適切に説明できることも多いが，その時間構造に沿って説明すれば必然的にほとんどの政治過程（ないしはもっとも興味深い政治過程）をもっともうまく理解できるようになるという根拠はない。むしろ，多くの場合，第Ⅱ象限，第Ⅲ象限，第Ⅳ象限の現象の一例として扱える社会的力学を検討するために，時間的視野を拡大したいと思うだろう。本章の第1節では，長期間にわたって漸進的に生じる因果的過程を論じ，なぜ一定の原因が緩慢に推移していくのかについて，いくつかの理由を社会科学の研究例を踏まえて検討する。第2節では，これと同じ論点を長期的結果について考察する。第3節では，表3-1で示した単純な枠組みにはとどまらない論点へと議論を移す。ここでは原因の起点と結果の起点に大きな時間差が生じうる2種類の過程に焦点を当てる。

　この議論全体を通して，長期的に進行するさまざまな過程を類別し整理することに重点をおく。この過程の類型化は，将来の研究において，理論的説明に長期的過程を組み込むための基礎を与えてくれる。いうなれば，長期的過程の類型化は，実証研究の指針（問いと仮説のよりどころ）を与えてくれるのである。さらに，これは長期的過程を考察するときに直面する固有の方法論的課題を浮き彫りにすることにも役立つ。最後に，長期的過程の類型を特定することによって，現実的問題に焦点を当てた個々の研究をつなぎ，社会科学におけるさまざまな学派の重要な橋渡しとなるかもしれない。それによって，さまざまな分野が同じような因果的過程の着想に頼っていること（Hall 2003）や，説明の組み立てや評価において同様の分析手法に頼っていること（Pierson and Skocpol 2002）が明らかになるだろう。本章の最後の節では，現在の社会科学の多くの研究が第Ⅰ象限に引き寄せられている理由を簡潔に論じ，そのような偏重の主な代償を手短に述べて議論を締めくくる。

1．緩慢に推移する因果的過程

　社会過程の速度はさまざまである。アンドリュー・アボットが述べるとおり，「複数の事象が同等の因果的重要性を備えているからといって，つねに発生に

1. 緩慢に推移する因果的過程

同一の時間を要するとは限らない」(Abbott 1988: 174)。本節では，長期間にわたって展開する因果的効力に焦点を当てる。緩慢に推移する過程といえる因果的過程には少なくとも3つの類型がある。すなわち，要因が累積していく場合，閾値効果をともなう場合，長期間の因果連鎖の展開を要する場合，の3つである。以下では，それぞれの類型について検討する。

(1) 累積的原因

　緩慢に推移する因果的過程のもっとも簡潔な類型は，「漸増的」または「累積的」過程と名付けることができる。この過程では，変数の変化は継続して進むが，その速度はきわめて緩やかである。科学技術の変化の諸側面はこの一例である。たとえば，ダニエル・ベルのポスト工業化の分析は，緩慢に進む科学技術の転換を重要な政治変動の原因とみなしている (Bell 1974)。この論点は近年の比較政治経済学の重要な研究でも援用されている (Iversen and Wren 1998; Iversen 2001)。また，ロバート・パットナムは，過去半世紀にわたって徐々に普及していったアメリカの大衆文化の一側面であるテレビに着目して，アメリカにおける社会関係資本の低下を説明している (Putnam 2000)。彼は，テレビが徐々に普及していくまでの過程と，十分に普及した時期に成長した世代がその前の世代に徐々に入れ替わっていくまでの過程という2つの累積的過程が，社会関係資本の変化を生じさせたと論じている。また，相対的な価格の変化は，経済の累積的過程の重要な一面である。この過程も，非常に緩やかに進むが，きわめて大きな政治的帰結をもたらすときがある (Rogowski 1989; North 1990a)。

　しかし，ここで累積的原因として私が思い描いているのは「社会学的」原因である。すなわち，長期間にわたって劇的に変化するが，非常にゆっくりとした速度で進行する重要な社会的条件である。人口統計に関する諸側面はその主な一例である。たとえば，移住，郊外居住，識字率 (Deutsche 1961; Rokkan 1974; Ertman 1997)，言語とそれに関連する国民性の概念 (Gellner 1983)，基本的な文化観 (Tarrow 1992) などの重要な社会的変数は，いずれも非常に緩慢に変化するのが一般的である。

　政治学者は，このような社会学的な累積的過程を，政党帰属意識などに見ら

れる有権者の長期的変化と結びつけて考えることが多い。たとえば，V. O. キーは「趨勢的再編（secular realignment）」という概念を導入している。ここでの趨勢的再編とは「複数の大統領選挙に広く影響を及ぼすが，個々の選挙の投票で影響を与える個別の要因とは関係がないと考えられる要因によって生じる支持政党の切り替え」（Key 1959: 199）の動きを意味する。エドワード・カーマインズとジェイムズ・スティムソンが論じるとおり，この趨勢的再編を促すのは「政党連合ごとの支持者の出生率の違い，地域間の移住パターン，経済・科学技術上の変容などの非政治的要因」（Carmines and Stimson 1989: 143）である。

　現在の政治学者がこの種の過程を軽視し，それが結果に与える潜在的影響を無視していることは否定しがたい。短期間の時間的射程を考察する研究者は，このような漸増的・累積的変数を本質的に定数としてとらえてしまいがちである。しかし，このような漸増的・累積的要因が研究者の「レーダー画面」に映っていれば，定量的研究にせよ，定性的研究にせよ，さらに長い時間的射程を考察する研究にその要因を取り入れることが可能になる。このことを踏まえれば，累積的原因の潜在的影響に着目する理論的枠組みを検討することは非常に重要なのである。

（2）閾値効果

　理論に裏打ちされた過程への配慮は，緩慢に推移する因果的過程の第2の類型である閾値効果をともなう過程において，さらに重要になる。要因の漸増的・累積的効力がもたらす結果は，漸進的変化でない場合が多い。むしろ，その効力の影響は，大きな変化の引き金を引くある種の臨界レベルに達するまでは小さいままである。本章の冒頭で述べた地震の例は，この種の過程の明確な一例である。また，雪崩が生じるまでの過程も自然科学における有名な一例である。これはゆっくりと圧力が蓄積し，ひとたびある臨界レベルに達すると急速に「状態変化」が生じる事象のことを指している。

　この説明の仕方は，ジャック・ゴールドストーンが革命に関する比較分析で提示した議論に当てはまる（Goldstone 1991）。その議論では，緩慢に推移する要因（人口の変化）こそが，急速に展開した結果（革命）の主要な原因とされ

ている。彼は，この議論を展開するにあたって，社会科学者はこの種の構造に即した説明に強い偏見をもっていることが多いと述べている。「歴史的因果関係について単線的な見方に囚われた研究者は……人口増加の役割を見過ごしている。人口の増加は徐々に進むのであって，その規模はきわめて大きいというわけではなかった。それに対して，革命や反乱という事象は大規模かつ突発的に生じる。これまでとは異なる説明が求められるように思われるのは，まさにこのような性質があるからである」（p.32）[1]。

また，急速に生じた結果を説明しようとするときでさえも，このような緩慢に推移する変数がきわめて重要になりうる可能性を排除する理由はない。閾値モデルが多分に道理にかなっているということは，理論家の議論からもわかる。このようなモデルはすでに，利益集団（たとえば，Baumgartner and Jones 1993）と緩やかな社会運動組織（McAdam 1982）に着目する分析や，言語共同体といった集合形態に着目する分析（Laitin 1998）など，集合行為の理論研究では有力な説明方法となっている（Granovetter 1978; Marwell and Oliver 1993）。さらに一般的には，閾値の力学は，アクターが二者択一の選択を下さなければならない状況や，一方のアクターの選択がもう一方のアクターの選択に対する予測に左右される状況にも広く見出されるだろう。

しかし，マーク・グラノヴェッターの古典的論文における議論の範囲は，これよりも限定されている。彼が着目していたのは，諸個人の選好の多様性とその結果として生じる，ある行動に対する各個人の閾値の違いであった（たとえば，「私のほかにも q 人が一緒に参加するのならデモに繰り出そう」）。この議論の要点は，諸個人の閾値の多様性を考慮すれば，たった1人のアクターの閾

---

1 ゴールドストーンは，人口の変化などの緩慢に推移する過程がしばしば非常に大きな影響を与えると考えられる別の理由についても述べている。いわく，人口の増加は「周辺的集団（新たな土地の獲得を模索している農民や，新たなエリートの立場を得ようとしているエリートの家系の子息など，ある種の境界条件に面している集団）にとりわけ非線形的な効果を発揮する」（Goldstone 1991: 33）。これは，フレッド・ハーシュが「場所取り競争」（貴重な財の利用可能性が本質的につねに一定にとどまる環境での競争）と名付けた社会過程の一例である（Hirsch 1977）。椅子とりゲームの椅子の数が一定のままならば，ほんのちょっとのプレイヤーの増加だけでも社会学的力学は劇的に変化するかもしれない。ゴールドストーンは，人口に関する議論のなかでつぎのように述べている。「総人口の増加は人口全体の増加よりも辺境の人口（すなわち，相対的に希少な資源をめぐって競争する集団の人口）の増加をもたらす」（Goldstone 1991: 33）。

第3章　長期的過程

値が少しでも変化すれば集合行為に大きな変化をもたらすというモデルを組み立てることも可能だということである。これに対して私が着目するのは，集合的閾値である。集合的閾値とは，社会的変数がひとたび特定のレベルに達するとそれが引き金になって大きな効果が生じることを意味する。つまり，多くの社会過程には，非線形性をもたらす境界点，またはティッピングポイント[訳注1]が存在するというのが，この議論の鍵である（Schelling 1978）。グラノヴェターが想定している諸個人の多様な選好の相互作用もこの過程と関連しているかもしれないが，つねに関連しているわけではないのである。

　ダグラス・マックアダムの *Political Process and the Development of Black Insurgency, 1930-1970* は集合行為の閾値分析のすぐれた一例である（McAdam 1982）。閾値ないしは「臨界質量」に関する議論を提示する研究者の多くとは異なり，マックアダムは，ティッピングポイントを生じさせる力学よりも，その力学にいたるまでのあまり劇的ではない過程に関心を寄せる。とりわけ彼は，緩慢に推移する大規模な過程が黒人動員の成功の前提条件となっていたことを重視する。

> 1955年から1956年のモンゴメリー・バス・ボイコット事件と……1954年のブラウン事件の最高裁判決は…画期的出来事である。しかし，それだけを選び出してしまうと……その後の暴動の見通しをかたちづくる趨勢として，それらの出来事ほど劇的ではないものの最終的には大きな意味をもつことになる歴史的趨勢が曖昧になってしまう。とりわけ重要なのは，政治的支配層が黒人の抵抗運動から打撃を受けやすくなった一方で，黒人が支配層に対する異議申し立てに乗り出す制度上の保護を得るようになった1933年から1954年までのいくつかの広範な歴史的過程である。1954年の判決やモンゴメリー・バス・ボイコット事件などのその後の出来事は，そのような過程の劇的な頂点だったにすぎない（もちろんそれ自体が些細な出来事というわけではない）（p. 3）。

マックアダムは，1925年以後の四半世紀に及ぶ綿花経済の衰退を中心に分析し

訳注1　あるアイディアや行動が一気に広がる閾値。

ている。綿花経済の衰退は，黒人暴動を抑えようとする勢力を弱体化させただけではなく，長く抑圧されてきたマイノリティーの組織力を向上させる移住パターン（たとえば，黒人教会，大学，全米黒人地位向上協会〔NAACP〕南部支部の大幅な拡大）を生み出した。このような相互に連結した漸進的な社会過程こそが，一連の引き金となった出来事発生の機を熟させる条件をつくりだしたのである。

閾値に着目した議論は，これまでとくに集合行為研究において顕著であったが，この種の力学は，緩慢に推移する社会的変数が，確立した制度的・組織的環境において働くときにも幅広く見出すことができると考えられる。第2章までにおいて論じたとおり，すでに確立した社会的配置の多くは，強い慣性を示しやすい。このような持続傾向があることは，圧力がすぐに効果を発揮するのではなく，しばしば一定期間蓄積していくことを意味する。しかし，ある種の臨界レベルに達すれば，アクターは自分の選択やほかのアクターの行動に対する予測を再検討するかもしれない。そうなれば，変化は比較的早く生じるだろう。さらに，ひとつの制度の変化は別の制度の変化を促すかもしれない（Baumgartner and Jones 1993）。このような急速な変化の力学は，グラノヴェッターやトーマス・シェリングが明確にした力学と類似している。しかし，ここで重視されているのは，分岐過程の引き金やその後の展開ではなく，長期的に緩慢に推移する圧力の蓄積なのである。

第2章までにおいてとりあげてきた経路依存過程や自己強化過程がいずれも閾値モデルにもとづいていることは，強調されてしかるべきである。閾値モデルとは，相対的に小さな動きを経て，ある種の臨界レベルを上回れば，それが引き金になってよりいっそう劇的（非線形的）な変化が生じるというモデルである。しかし，閾値論と経路依存論という2つの議論は，別々に扱うことが重要である。というのも，経路依存過程はマックアダムのモデルが示すような圧力の長期的蓄積と必ずしも関係するわけではないからである。経路依存過程をもちだしてきても，正のフィードバックを生じさせる要因の時間的射程については何もわからない。この問題についてはまた後で立ち返ることにする。

閾値効果に関する主張は，たとえば，先進諸国における福祉国家の出現をある政党による長期的支配から説明する，エヴェリン・フーバーとジョン・ステ

ィーヴンズの分析で重要な役割を果たしている（Huber and Stephens 2001）。たとえば，スカンジナヴィア諸国で社会民主主義政党が覇権を確立した原因を明らかにするとき，彼らは，1回の選挙結果だけでは，すでに十分に制度化された配置に大きな効果をもたらすことなどはありそうもないと強調する一方で，長期間に及ぶ選挙の勝利はアクターの期待の転換などの大きな変化をもたらすと論じている。アクターはある時点で新しい状況を認識し始め，その新しい環境に適応するために自分の政策選好を調整する。これにより，アクター間の期待の調整が進み，新しい体制が強化されていく。

閾値効果の議論は，アメリカの選挙政治研究の主題のひとつである政党再編成論でも重視されている（Burnham 1970; Brady 1988）。デイヴィッド・メイヒューはその議論をつぎのようにまとめている。

> ウォルター・バーナムの説明を手短にいえば，最後に生じた政党再編以降ずっと政治の「圧力」や「歪み」が蓄積し，その蓄積が「発火点」や「沸点」まで上昇すると，そこに到達した時点で「引き金となる事象」によって政党再編が新たに生じるということである。……さらに厳密にいえば，「長期的な慣性と突発的な変化とのあいだに動態的あるいは弁証法的な分極」が存在しているのである。……通常，アメリカの制度は「現在の『標準的』な政策以外は十分に策定できない」傾向にある。「国民の政治的要求は，ある種の沸点に達するまでは一貫して無視されがちで，ひいては，集約されない傾向がある」（Mayhew 2002: 17-18, バーナムの議論の引用はBurnham 1970から）。

ここでは，メイヒューが，このようなアメリカの選挙政治の説明にかなり批判的であり，再編成論が想定するよりも短期的過程は重要であると主張していることを強調しておきたい。いわく，「圧力蓄積モデルの類いは……政治的問題について何の正当な理由もないままに過去へとさかのぼって説明してしまいがちである」（Mayhew 2000: 24, また，Bartels 1998も参照のこと）。そのような圧力の漸進的蓄積を実証的に示す必要があること，そして短期的過程のほうが発火点を生じさせるのに適している可能性も考慮に入れる必要があることを，彼は的確に指摘している。

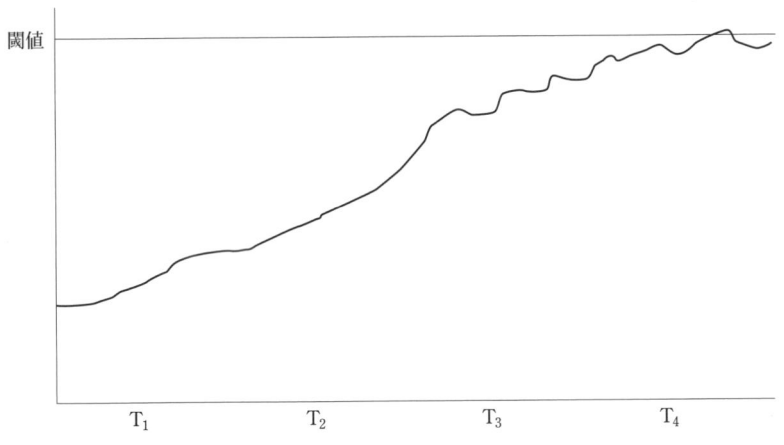

図3-1　基本的な閾値モデル

また，閾値効果に関する議論は，社会過程について過度に決定論的な全体像を提示してしまうおそれがある。マックアダムが論じるとおり，沸点や閾値に言及することは「運動の発生が……水が沸騰するまでの過程と類似していて，水の沸騰と同じくらいに否応もなく避けがたい」（McAdam 1982: 9）ことをうかがわせてしまう。しかし，このモデルは，長期的過程と短期的過程の組み合わせ方において実はかなり緻密である。図3-1では，社会運動を生じさせる閾値レベルへと徐々に近づいている社会的変数（たとえば不利な立場にある集団の組織的資源）の動きを示している。時点 T_1 から T_3 にかけては，多少の揺らぎはあるものの，緩慢に推移する過程を経て，結果の引き金となる閾値レベルへと向かう漸増傾向を見出すことができる。時点 T_4 で閾値レベルに近づくにつれて，境界線を上回る揺らぎが事象の引き金を引く可能性が徐々に高まっていく。研究者はこのような揺らぎの原因を，本質的に無作為のものとして扱うこともできる（Macy 1990）し，その説明に努めることもできる。マックアダムが黒人暴動の研究で説明しようとしたのは，まさにこの揺らぎである。いずれにせよ，時点 T_4 の揺らぎの原因は，その時点で揺らぎが大きな影響をもつことになる文脈を生み出したそれまでの長期的過程の分析と組み合わせなければ分析できない。この点にこの種の閾値モデルの特徴がある。

ある文脈での閾値の役割を主張するときには，細心の注意を払って議論を立

てなければならない。しかし，メイヒューのような批判的な研究者でさえも，このような議論が長期的時間への着目を必要とする社会的現実のモデルとして妥当なときもあることを認めている。この点において，メイヒューの見解は多くの理論的研究や，社会運動，制度変化，体制崩壊に関する多くの実証的研究と共通しているのである。

(3) 因果連鎖

　私たちは，因果的過程をxがyを直接的に生み出すという直線的連結で考えてしまいがちである。しかし，前章で述べたとおり，「xから$a \cdot b \cdot c$の配列を経てyを生み出す」(Mahoney 2000)というかたちをとることも多い。$a \cdot b \cdot c$のそれぞれの展開に時間を要するとすれば，xとyのあいだには相当の時間差が生じることになる。ルース・ベリンス・コリアーとデヴィッド・コリアーはラテンアメリカの労働者の政治参加についてこのような議論を提示し，国家による編入に関する結果は長期に及ぶ一連の重要な展開を反映して生じたと論じている (Collier and Collier 1991)。序章でもとりあげたとおり，ダニエル・カーペンターは因果連鎖論を効果的に用いてアメリカの官僚機構の自律性の起源を説明している (Carpenter 2001)。これらの長期的かつ多段階的な因果的過程の主張は，国家建設 (Flora 1999a, 1999b) や民主化 (Luebbert 1991; Collier 1999) の研究でも使われることが多い。

　この点に関して，ドゥエーン・スワンクの議論はとりわけ有益である (Swank 2001)。政治制度が福祉国家の縮小に与える影響を分析するにあたって，彼は，制度が断片化していると社会計画の削減幅は小さくなるといった旧来の見解を批判する。この旧来の見解は，制度の断片化によって現状維持の支持者が利用できる拒否点が増加し，それが社会政策の変更を制約するということを想定している。スワンクはそれが正しいことを認めつつも，その制度の断片化によって生じる長期的かつ間接的な効果の因果連鎖は，別の方向にも働いていると述べる。制度の断片化は，初期の福祉国家の拡大を制限するだけではなく，社会的多様性を補強し，包括的な利益集団の成長を阻害し，福祉の普遍主義に対する文化的コミットメントを弱める。このような長期的効果はいずれも福祉国家への反対勢力を強化し，福祉国家の支持者を弱体化させた。要するにスワ

ンクは,制度の断片化のもっとも重要な効果の多くは間接的・長期的なものであると論じているのである。多くの研究者は,制度の効果を分析する一方でそれ以外の変数を定数とみなしてしまっている。そのため,ほかの変数の値そのものが制度構造の長期的帰結の一端であるということを見過ごしてしまった。それゆえに,第Ⅰ象限による分析は,制度構造が福祉国家の現代政治に与える影響を系統的に誤って解釈してしまいがちなのである。

福祉国家の縮小とその原因を分析した際に,私はこれと同じような因果連鎖を提示したことがある (Pierson 1994)。保守政権が福祉国家に与える影響を測るには,福祉計画の規模を削減しようとする政権の直接的な試み(「プログラムの縮小」)を考察するだけでは不十分である。むしろ,その政権の一連の改革(税収の縮小など)が,その後の配列のなかで福祉計画の削減を促す因果連鎖の引き金になる可能性(「システムの縮小」)を考慮に入れる必要がある。この場合,保守政権が福祉国家に与えた影響は,政権の座を去ってから10年やそれ以上経ってから現れてくるだろう。

因果連鎖論は,重要な政治的選択の出発点と主要な制度的・政策的・組織的帰結とのあいだに何らかの時間差があるときに用いられるのが通例である。この議論はとりわけ,政治行動に複数の帰結が存在し,主要な長期的帰結が意図したとおりの政治行動の結果としてではなく副産物として生じたという状況を分析する際に大いに役に立つ。このような状況では,研究者はもっとも直近の,極端に目立つ,意図したとおりの帰結に着目することで分析を誤りやすい (Jervis 1997)。しかし,保守政権の財政削減構想に関する前述の私の分析が示すとおり,因果連鎖論であれば,一連の時間的展開のなかでしか働かない意図的だが間接的な戦略にも着目できるかもしれない。

因果連鎖では論じにくい問題もいくつかある。因果連鎖の連結力の強さ (Mahoney〔2000〕のいうところの連鎖の「緊密な結合」)を明らかにすることは,この議論の鍵となる課題である。しかし,連結があまりに多くの段階から成り立っているときや,いずれかの段階での連結の確率がそれほど高くないときには,因果連鎖論の説得力は途端に低下してしまう (Fearon 1996; Lieberson 1997)。連鎖が3つの連結部分で成り立っていて,そのそれぞれの連結の確率が80%だったとしても,その連鎖全体が成立する確率は50%を下回ってしま

う。したがって，この議論が説得力をもつのは，連鎖の連結の数が非常に少なく，そのそれぞれの連結力がきわめて強いと考えられる有力な理論的・実証的根拠があるときに限られる。

また，前述の隕石の例からもわかるように，因果連鎖にもとづく議論は無限後退問題にも突き当たってしまう。連鎖には前の時点に位置する連結部分がつねに存在する。そうであれば，さらに前，さらに前の段階へと無限にさかのぼってしまうことをどのようにして回避できるだろうか。この問題は，パスカルがクレオパトラの鼻の問題として扱ったことで有名である。その妥当な答えとして3つの回避方法があげられる。第1に，研究者は，自分の分析に用いた複数の事例が何らかの意味をもって分岐し始める時点，つまり，「重大局面」で因果連鎖を断ち切ることができる (Mahoney 2001: 7-8)。これは，たとえばコリアーらが用いた戦略である。第2に，連結の確認がむずかしくなった時点で因果連鎖を断ち切ることができる。連結部分のある程度緊密な結合を論証できるかどうかに因果連鎖論の説得力がかかっているのであれば，その連結をしっかりと確証することができなくなった箇所で連鎖が途切れるというのも，道理にかなっている。

第3の回避方法は，研究者の理論的関心にもとづいて因果の鎖の両端を定めることである。おそらくこれがもっとも有益な方法であろう。たとえば，人口統計に関心を寄せる社会学者は，政治学者が関心を抱く長期的過程と部分的に重複する長期的過程を扱うかもしれない。しかし，両者はいくらか異なる因果連鎖を考察することになるだろう。たとえば，以下のような状況を考えてほしい。近年，イランでは人口の急増とともに社会が大いに混迷している。人口増加が引き金になって学校の過密化や大量の若年失業者，そしてこれらと関連するさまざまな問題が生じている (Hoodfar and Assadpour 2000)。この人口増加の一因は，1979年の革命後に採用された人口増加政策にあった。この社会問題への対応策として抜本的な政策転換がなされた。現在，イランは家族計画や産児制限の奨励策をイスラーム諸国のなかでもっとも包括的に導入している (Aghajanian and Merhyar 1999)。この例の一連の展開には，政治学者と人口学者のどちらも大いに関心を寄せる長期間の因果連鎖がかかわっている。しかし，人口学者であれば，人口の急増そのもの（あるいは近年の出生率の急落）が連

鎖の終点になるだろうし，ほかの何らかの社会学的変数（たとえば，当初の人口増加政策に対する社会的反応）が起点になるだろう。それに対して，政治学者にとって連鎖の起点ないしは終点はいずれも政治現象である可能性がもっとも高い（たとえば，起点としては革命や人口増加政策，終点としては社会不安や家族計画政策）。因果的説明の時間構造が研究者の知的関心や基本的な理論的枠組み次第で大きく変わることが，この例からわかる。検討すべき帰結の状況，分析で用いる時間的枠組み，考察対象とする仮説は，まさにこの理論的枠組みの違いによってかたちづくられるのである。

因果的過程に関する3つの議論（累積的過程，閾値効果，因果連鎖）はいずれも，研究者に第Ⅰ象限から離れることを促す。どの議論もそれぞれ固有の研究手法の課題を提起する。これらの議論はいずれも，研究者が長期的過程の重要性を研究設計と研究手法で認めているときにのみ視界に入るだろう。それぞれの過程が広範囲の社会現象を特徴づけていると考える理論的根拠は十分にある。しかし，これは物語の一部分にすぎない。結果の考察へと議論を移せば，そこでも相当の時間的多様性を目の当たりにすることになる。

2．緩慢に推移する結果

緩慢に推移する結果とは，長期間に及ぶ結果，すなわち，長期間を経なければ従属変数に意味のある変化が生じない過程のことである。社会科学者が大きな関心を示す結果は，長い時間をかけて展開することが多い。緩慢に推移する結果に関する社会科学の議論は，前述の累積的・漸増的原因の議論と非常に類似している。緩慢に累積していく原因があったのと同じように，緩慢に累積していく結果もある。たとえば，第1節で論じた緩慢に推移する何らかの社会学的変数を説明したいと思えば，累積的結果を考察することになるだろう。何らかの変数（たとえば出生率）に変化が生じるとすれば，それが人口に与える影響は，長期間を経なければ具体化しないだろう。

同様に，政治的帰結が緩慢に推移する累積的構造をもつときもあるだろう。これはたとえば，交替メカニズムが主要な因果メカニズムになるときに当てはまることが多い。個人の政党帰属意識には相当の慣性があるため，たとえば環

第3章 長期的過程

境に変化が生じたときなどには，その変化は新規の有権者にもっとも大きく影響を与えることが普通である。それゆえ，政党再編成は政治的世代がきわめて漸進的に交替すること（高齢者が亡くなり，旧来の帰属意識をもたない若者が高齢者にとって代わること）によって生じることが多い。たとえば，世代交代に関する議論は，特定の世代が永続的な帰結をともなう刺激を受けやすいことに焦点を当てる（Mannheim 1952; Putnam 2000）。緩慢に推移する結果は，人口全体に占める世代間の分布の時間的変化に由来するのである。

この交替メカニズムはさまざまな文脈に応用できる。このことから，なぜ政治的帰結の多くが非常に緩慢に推移するのかについての主な理由がうかがえる。政治エリートの場合を考えてほしい。エリートの座にある者が挑戦者からその座を守ることを可能にする資源をもっているとすれば，エリートの構成の変化は緩慢に推移する交替過程を経て生じることが多い。たとえば，アメリカの連邦議会の場合，在職者はきわめて有利な立場にあり，現職議員の落選はほとんど起こらない。ここでは選挙の当落よりも交替こそが，エリートの再構成の主要なメカニズムになる。つまり，ある政治家が引退するか死去すると，その時点の社会環境によりよく適合した政治家がその人物を引き継ぐのである。したがって，たとえば，1960年以降の東北部の共和党穏健派や南部の民主党諸派の凋落といった特定の政治家層の命運は，数十年を経なければ大きくは変わらないかもしれない。

ここまで使用してきた用語からわかるとおり，このような議論は進化過程の理論に根ざしているといえるだろう（Spruyt 1994; Nelson 1995; Kahler 1999）。この理論は長期間にわたって展開する淘汰メカニズムを前提としている。企業，政治家，国民国家は，さまざまな目標を追求し，その目標のためにさまざまな戦略を用いるが，社会科学者は，長期的にある特定の目標を追求して特定の戦略を用いる者のほうが生き残る可能性が高いと論じることが多い。同じような分析は社会学にも広く見出せる。とりわけ，組織生態論の研究分野で盛んに論じられている。かなり大規模な個体群の生死の長期的パターンに着目する組織生態論は，固有の方法論的・理論的戦略を発展させるにいたっている（Hannan and Freeman 1989; Carroll and Hannan 2000）。

累積的結果は公共政策の発展にも顕著に現れている（Rose and Davies 1994）。

たとえば，所得移転支出は，前の時点の政策的選択を起点として徐々に緩慢に進行した結果である（Steuerle and Kawai 1996）。この分析は最近の政治経済分析の多くにとって示唆に富んでいる。というのも，1975年以後の歳出の増加の大部分は，多額の資金を投入する新しい政策を導入したことよりも，政策的コミットメントに遅れが生じたことを反映しているからである。年金政策の事例を考えてほしい[2]。公的年金は社会保障関係歳出のおよそ40％に相当し，先進福祉国家が抱えている予算圧力と深く関係している。この政策領域では，政策の立法化と，その政策による支出の影響の具体化とのあいだにはしばしば非常に長い期間の時間差が生じる。拠出型年金の場合，その政策的選択が完全に歳出に反映されるようになるのは約70年（新しいルールのもとで働き手となった者が年金受給者の世代になるまでにかかる期間）を要するだろう。

　公共政策の帰結がどれほど累積的で緩慢に推移する結果であるかを認識しなければ，分析の判断を誤ることになる。また，政策変更がすぐに歳出レベルに変換される（つまり，迅速に展開する結果である）という前提に立ってしまうと，時間的射程を誤って短くした因果的説明を構築してしまいかねない。とりわけ，歳出の上昇から推論した政策変更の原因を，その変化よりも後に生じた社会的展開（たとえばグローバル化）に求めてしまいかねない。

　前述のエリートの交替と同じように，公共政策の結果が緩慢に推移するのは，そこに交替メカニズムが働いているからである。新しいルールのもとで一生を過ごすことになるのは，もちろんその政策変更後に労働市場に参入した者だけなのである。そのため，そのような新しい労働者が年金受給者としてそれ以前の労働者にとって代わるまでは，新しい政策が歳出に与える影響は完全には具体化しないのである。この過程は，交替メカニズムにもとづいているが，同じメカニズムにもとづくほかの議論の多くとは異なり，「適合性」を決定づける「淘汰メカニズム」を応用しているわけではないので，進化過程ではない。むしろ，前述の世代交代の議論と同じように，世代ごとに異なる刺激にさらされるという点を強調している。これによって，同世代が年をとるにつれて大きな社会的効果が生まれるかもしれないのである。緩慢に推移する結果の分析とし

---

[2] この議論はPierson（2000）にもとづいている。また，Huber and Stephens（2001）も参照。

第3章　長期的過程

図3-2　さまざまな社会科学的説明における時間的射程

```
              帰結の時間的射程
         短                 長
      ┌─────────┬─────────┐
      │         │         │
   短 │    I    │   II    │
      │         │ 累積的効果 │
原因の │         │         │
時間的├─────────┼─────────┤
射程  │         │         │
      │   III   │   IV    │
   長 │  閾値，  │ 累積的原因│
      │ 因果連鎖 │         │
      │         │         │
      └─────────┴─────────┘
```

て，世代交代にもとづく場合は，競争的淘汰にもとづく場合とは全く異なる理論的・方法論的戦略が求められる。たとえば，この違いは，社会関係資本と世代交代に関するロバート・パットナムの研究と，組織生態学に関するマイケル・ハナンたちの研究の違いに見出すことができる。

　図3-2は，ここまでの議論を表3-1の枠組みに重ね合わせた図である。自然科学と同じように，社会科学者が関心を寄せるすべての過程が第I象限にうまく対応するわけではないことがわかる。長期の時間的射程を備えた原因と帰結は数多く存在する。因果連鎖論と閾値論では，長期の時間的射程をもつ独立変数が用いられる。累積的効果論はその定義上，長期の時間的射程の従属変数を用いる。累積的原因論は，閾値論とは異なり，（緩慢に推移する）xの小さな変化が（緩慢に推移する）yの小さな変化を生じさせるという線形的変化が関係してくる。そのため，この議論は原因と結果の両方の時間的射程が長期間に及ぶことを示しているのである。

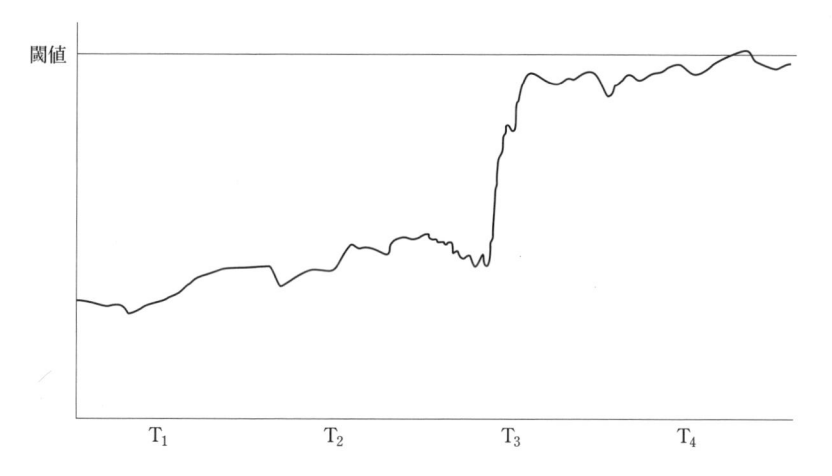

図3-3 構造的原因を有する閾値モデル

3. 時間的射程を超えて

　非常に漸進的にしか変化しない諸要因の役割を考慮するには長期の時間に着目する必要があるかもしれない，ということをここまでの各節で強調してきた。要するに，社会科学者はブローデル流の長期的持続の視点をもつ必要があるということである。しかし，短期間に着目することで見過ごされてしまう社会過程の側面はほかにもある。すなわち，原因の発端と主要な結果の発生が時期的にかなり離れているという側面である。この時間的分離は，構造的説明と経路依存的説明という比較歴史分析における2種類の主要な分析視角において顕著である。

(1) 構造決定論

　構造論は，長期的結果に関する議論のなかでも特筆すべきものである。この議論は，ある広範な構造の存在あるいは構造間の関係性の存在にもとづき，構造とその結果として生じる帰結との因果的連結を主張しているが，タイミングの論点に対しては不可知論の立場に立つのが一般的である（Rueschemeyer, Stephens, and Stephens 1992; Skocpol 1979）。この説明では，引き金となる事象

は本質的に無作為あるいは偶発的に生じ，それが中心的な因果的過程につながると考えられている。この点では前述の閾値論と類似しているが，圧力の漸進的蓄積にもとづく必要がないという点では閾値論とは異なる。言い換えれば，原因も結果も緩慢に推移する必要はないのである。しかし，それでも，帰結は主要な原因が発生してから時期的にかなり経ってから生じる点では，共通している。

この2つの議論の違いは，図3-1と図3-3を比べることで明らかになるだろう。構造的要因を含む閾値モデルを示した図3-3では，時点T_3で構造的原因（たとえば新しい制度の生成や新しい連合の形成）が生じている。この構造的原因は現状維持に対する圧力をさらに高いレベル（主要な政治変動の閾値レベルに非常に近いレベル）へと押し上げる。この時点から何らかの事象が引き金になって結果が生じるまで（図3-3では時点T_4まで）はすぐである。

バリントン・ムーアの独裁制と民主主義の起源に関する研究は，この構造的説明の典型である（Moore 1966）。彼は各国で異なる体制を生じやすくするマクロの社会的変数に着目し，構造的変数がある値に達すると，各国は遅かれ早かれ一定の体制に関する結果にいたると考えた。ムーアにとっては，過程の引き金となる事象は本質的には表面的なものでしかないので，基本的な因果的過程から目をそらしてはいけないというのである。

この社会過程の構造的説明は「吸収マルコフ連鎖（absorbing Markov chains）」の一例として定式化できる。その論理は以下のようなものである。ある所与の期間において，ある状態（Xs）はいくらかの確率で別の状態（Ys）へと変化するだろう（Stinchcombe 1974; Elster 1983）。この過程は前述の因果連鎖過程とは異なる。マルコフ連鎖では，一続きの過程の連結による変化ではなく，1つだけの状態変化（$x \rightarrow y$）が生じることが多い。さらに，マルコフ連鎖の場合，ある期間のうちに状態変化が生じるかどうかは確率によって決まる。実際のところ，短期間のうちに変化が生じる確率はかなり低く，ある特定の時点で事象がどのような状態であるのかを知ることはむずかしい。しかし，平衡状態（アトラクター）はYとして存在する。XsはYsへと変わるが，YsはXsには変わらない。長期的にみれば，このシステムは1つの帰結へと収束するのである。

チャールズ・キャメロンは，比喩を用いてこの吸収マルコフ連鎖を説明する。カエルが池にあるスイレンの葉から葉に跳び移ろうとするが，そのうち1つの葉には接着剤が塗ってあるという状況を思い描いてほしい (Cameron 2000)。この比喩では，接着剤を塗ったスイレンの葉にいつカエルがくっついてしまうのかは知ることができないし，くっつくまでにはかなりの時間を要するかもしれない。しかし，その最終的帰結は完全に決まっている。また，Ys が決して Xs には変化しないといった強い主張はそれが自明であるため，この議論では必要ない。$x \rightarrow y$ の変化確率が $y \rightarrow x$ の変化確率よりもかなり高いとすれば，最終的にはほぼすべてが Ys で構成された母集団となるであろう。

　これはかなり人為的な構造のように思えるかもしれないが，社会科学者がしばしば因果的過程について立てている議論や，立てたいと思っている議論の一端をうまくとらえている (Lieberson 1985)。たとえば，アダム・プシェヴォルスキーとフェルナンド・リモンギは，この種の議論にもとづいて民主化を分析している (Przeworski and Limongi 1997)。彼らはひとたび国家が一定の経済発展レベルに達すれば，権威主義政権が民主主義政権に変化する確率はかなり高くなるが，その逆方向の変化の機会はかなり低くなると論じた。この場合，時間の経過とともに経済的閾値レベルを上回る権威主義政権は徐々に少なくなると期待できる。しかし，この構造的変数は特定の移行のタイミングを説明することはないだろう。

　この種の過程は，主要な因果的過程と最終的結果とのあいだに相当の時間差が生じる可能性があることを示している。ここでは吸収マルコフ連鎖の力学を生じさせる構造こそが「原因」になる。連鎖が展開し終えるまでにはいくらかの時間を要し，さまざまな思いがけない事象がその展開のテンポと経路に作用する。しかし，最終的結果はそのような事象には左右されない。時間的射程を短くした分析では，表面的な現象に没頭してしまい，より深くて根本的な原因は見過ごされてしまうかもしれないというのが，この議論の核となる洞察である。

（2）経路依存過程または正のフィードバック過程

　第2章までにおいて論じたとおり，重大局面での帰結が経路依存過程を促す

第3章 長期的過程

という主張は，社会科学で頻繁にいわれることである。このような過程では，たとえ当初同じような条件下にあったとしても，時間の経過とともに著しく分岐した結果へといたる。ここでは，かなり小さな変化がフィードバック・ループを誘発し，当初の変化の方向性を補強していくと考えられている。たとえば，集合行為はさらなる集合行為を可能にするように期待と資源を変化させる。同様に，制度化はアクター間の調整問題の解決を促し，さらなる制度化をもたらすだろう[3]。

経路依存の因果的説明は固有の時間構造を用いる。その時間構造では，アーサー・スティンチコムが命名した「歴史的因果関係」の役割を重視し，ある時点の事象や過程によって生じた力学がその当初の事象や過程が再発しなくても再生産・自己強化していくと考える（Stinchcombe 1968）。したがって，説明したい帰結は重大局面や「歴史的原因」から時期的にかなり離れて生じる。というのも，自己強化過程が展開し終えるまでには相当の時間を要するからである。この種の議論は緩慢に推移する原因に関する議論の一種として分類すること（自己強化過程が最終的結果の原因の一端になると考えること）もできるだろう[4]。しかし，時間的分離をともなう長期的過程として扱ったほうが，歴史的因果関係に関する要点を強調できる。すなわち，1回きりしか生じず，最終的結果が生じるずっと前に効果を失っていたとしても，ある事象や過程が帰結に重要な影響を与えることがあるという点である（Lieberson 1985）。

本章で論じてきた長期的過程の多くと同じように，経路依存過程が政治のさまざまな側面で見られることは理論的にも予測できる。政治的動員，制度における「ゲームのルール」，さらには市民の政治に対する基本的思考方法のパターンになぜ自己強化力学が生じることが多いのかについては，第2章まですでに検討した。この種の構造にもとづく議論は，いまや比較歴史研究の分野に幅広く見出せる。たとえば，設立初期の政党の動員パターンの影響に関するマーティン・シェフターの議論，経済制度の制度的基礎に関するダグラス・ノー

---

[3] このことは，経路依存過程や正のフィードバック過程を表3-1や図3-2で紹介した次元には簡単には還元できない別の理由をうかがわせる。重大局面以後の過程でフィードバック・ループが中心的な役割を果たすようになるにつれて，原因と結果を明確に線引きすることは不可能になる。むしろ，そこでは一連の要因が相互補強している状態になる。

[4] 表3-2の時間的射程の分類での経路依存過程の位置づけはここから説明できる。

スの分析，近代的イデオロギーの出現に関するロバート・ワズノーの説明などの基礎となっている（Shefter 1977; North 1990a; Wuthnow 1989）。

アメリカ政治における「争点の進化」を扱ったカーマインズとスティムソンの議論は全く異なる環境を論じているが，その分析構造はこれまでの議論と類似している（Carmines and Stimson 1989）。彼らは戦後のアメリカ政治に生じた重大な変化を説明しようとする。その変化とは，二大政党（とその支持者）の「争点環境」について，人種問題をめぐってさまざまな考え方をもつ党員を内部に抱えていた環境から，人種問題をめぐって党内に同質的な考え方をもつ党員が集まったことで，それが両党のさらなる分極化を促した環境へと転換したことである。彼らは，あまりに急速な「地震」型の変化でこの結果を説明しようとする再編成論を批判し，人種問題をめぐる政党間の相違の発端をつくりだした重大局面の選挙（とくに1964年選挙および1968年選挙）を重視し，その時期以後の長期にわたる大衆レベルとエリート・レベルの両方での政党間の支持者獲得の違いが当初の選挙での違いを増幅させたと論じた。彼らが説明しようとした政治的帰結は，長期的に展開していったのである。「争点の分極化が増大しただけで過程が終了したわけではなかった。それは時間の経過とともに変化を増幅させる過程のはじまりにすぎなかった」（Carmines and Stimson 1989: 157）[5]。

このように，社会過程のなかには，緩慢に推移するために長期間に及ぶものもあれば，主要な原因と結果のあいだに相当の時間的分離があるために長期間に及ぶものもある。いずれにせよ，相当の長期間を考慮に入れて分析しなければ，過程全体を見渡すことはできないだろう。表3-2は，さまざまな長期的過程についてのここまでの議論を要約したものである。表では，長期の時間的射程をもつ因果的過程，長期の時間的射程をもつ帰結，主要な原因と最終的結果との重大な時間的分離といった特徴のうち，少なくとも1つを備えている社会過程を列挙した[6]。本章でこれまで検討してきた研究からもわかるとおり，表

---

[5] カーマインズとスティムソンは，時間の経過とともに政党間の違いが増大していくことについて世代交代と正のフィードバックを重視している。したがって，彼らはこの長期的帰結を説明するときに累積的帰結論と経路依存論を組み合わせていたことになる。

[6] また，表3-2は，長期の時間的射程の説明を論理的に必要とする過程の特徴を示していることを強調しておくべきだろう。表にあげた議論のもつその他の特徴は，長期的過程への着目を必要と

表 3-2　長期的過程の分類

分類	時間的射程	時間的分離	研究例
累積的原因	**長**（原因）・**長**（結果）	×	Key; Putnam
因果連鎖	**長**（原因）・短（結果）	×	Collier and Collier; Swank
閾値効果	**長**（原因）・短（結果）	×	Burnham; Goldstone; McAdam
累積的帰結	短（原因）・**長**（結果）	×	Spruyt: Steurle and Kawai
構造的効果 （マルコフ連鎖）	短（原因）・短（結果）	○	Moore; Przeworski and Limongi
経路依存 （正のフィードバック）	（「歴史的原因」に関しては）短・（自己強化過程に関しては）**長**	（「歴史的原因」に関しては）○	Ertman; Shefter; Carmines and Stimson

注：ゴチックは，長期間の分析の必要性が論理的に示唆されることを意味する。

3-2で分類したさまざまな過程は，研究者が長く関心を寄せてきた諸問題の解明に用いることができるし，また実際にこれまでにも用いられてきた。

4．政治を第Ⅰ象限に押し込めるということ

社会現象を研究するのに，研究者はどれくらいの長さの時間的射程を用いるべきなのか。この問いには正解はない。答えは，分析者が取り組みたいと思っている問題，研究対象の領域に働いていると思われるもっとも重要な過程の性質に対する想定，そして，分析手法の利用可能性に関する判断によって変わる。デイヴィッド・レイクとロバート・パウエルが論じるとおり，「分析手法の選択はその性質上，特定の説明形態をほかの説明形態よりも優位に置く。実際のところ，ある問題に取り組むのに何が有益な方法なのかをめぐる賭けの対象なのである」（Lake and Powell 1999: 16）。

現在，社会科学者の多くは第Ⅰ象限に大枚を賭けている[7]。第Ⅰ象限にどれだ

するかもしれないし，そうはならないかもしれない。たとえば，経路依存論の場合，正のフィードバックの引き金となる初期事象（重大局面）を説明するのに緩慢に推移する原因に頼る必要はない。しかし，実際の研究例では，そのような原因にもとづいて説明されることが多い。

[7] 社会過程の鍵となる時間的次元は表3-1で提示した単純な類型には還元できないと前に述べたが，相当の長期間にわたって展開する過程を考察するために設計されたわけではない研究を分類す

4. 政治を第Ⅰ象限に押し込めるということ

表3-3 政治学の主要雑誌掲載論文（1996～2000年）における時間的射程（%）

雑誌名（論文数）	Ⅰ	Ⅱ	Ⅲ	Ⅳ	混合	分類不可
American Political Science Review ($n=197$)	51.8	4.1	4.1	8.1	2.0	30.0
American Journal of Political Science ($n=258$)	56.6	3.1	0.0	10.5	2.7	27.1
Comparative Politics ($n=98$)	49.0	11.2	11.2	9.2	14.3	5.1
World Politics ($n=78$)	24.4	6.4	14.1	21.8	11.6	21.8
合計 $n=631$	49.9	5.1	4.8	10.9	5.4	23.4

け重きを置いているのかは表3-3から見てとることができる。この表では1966年から2000年にかけて4つの主要な政治学雑誌（*American Political Science Review, American Journal of Political Science, Comparative Politics, World Politics*）に掲載された論文を象限ごとに分けた[8]。主な原因と結果を短期間か長期間かで判別できる明確な実証的議論を展開している論文のうちの3分の2は、第Ⅰ象限に分類できる。

第Ⅰ象限の研究の価値が低いと言いたいのではない。むしろ、賭けを分散させることに有力な根拠があると思うのである。時間的射程の選択は分析に大きな影響を与える。この選択は、分析に用いる理論や手法の種類、働いていると思われる因果の効力の種類、ひいては、そもそも特定しようと思っている結果の種類に大きな変化を促す。社会科学者の視野はおおよそ第Ⅰ象限に限られているので、社会現象の大部分は「レーダー画面」の視界には全く入らない。

政治学者は何のためらいもなくつねに第Ⅰ象限に着目してきたわけではなかった。1950年代から1970年代にかけて比較政治学を活気づけていたのは、まさに本章で論じてきた大規模な長期的過程の考察とかかわる近代化と国家建設の問題だった（Deutsch 1961; Huntington 1968; Nordlinger 1968; Flora 1999a）。よく

るための便利な略式的基準として「第Ⅰ象限」を用いた。
8 すべての論文のうち1/4以下は特定の因果的議論に焦点を当てていないので分類不可能である（たとえば、政治思想、返答論文、統計的手法に関する論文、書評論文）。さらに、5%は1つの象限だけには分類できないような「混合事例」である。概して、複数の独立変数と従属変数についてそれぞれ別々の時間的射程を用いていることが理由である。論文の評価には相当の解釈の余地があるので、この集計結果は分類の決定版というよりも全体の傾向を示唆するものとして見てほしい。データの詳細を知りたい場合は、筆者に連絡していただきたい。このデータの編纂・評価に協力してくれたFiona Barkerに感謝します。

第3章　長期的過程

知られているとおり，近代化論（あるいは少なくともそれを誇張した議論）の大部分が批判されたのは，結局のところ，あらゆる国の政治が西洋民主主義のモデルへと収束していくことをうかがわせる独りよがりな機能主義的・目的論的な論調を帯びていたからだった。しかし，この近代化論の瓦解はまさに赤ん坊をお風呂の水と一緒に流してしまうことにほかならない。つまり，比較政治学は望ましくない機能主義と目的論を放棄した（とはいえ，それが合理的選択論という新たな装いで復活したことは皮肉である）が，それと一緒に，社会的・政治的変動の長期的過程を考慮に入れるというもっとも重要な取り組みをも放棄してしまったのである。

　本章で検討した数々の研究例が示すように，大規模な長期的過程への視点はマクロ比較歴史研究が頑丈な足場を築いてきた分野（民主化，革命，福祉国家の発展などの研究）にまだ生きている。しかし，最近の多くの傾向が比較政治学における短期的過程の重視を進めているようである。そのひとつが，重回帰モデルを用いた統計分析の普及である。とはいえ，この定量的分析手法と，長期間に及ぶ緩慢に推移する社会の特徴に着目することとが両立しないわけではないことは強調されるべきである。長期的要因の役割の特定に定量的分析が役立つときもある。たとえば，構造的議論のなかには多事例（large-N）の統計分析を容易に組み込めるものもあるし，うまく設計された定量的分析であれば，閾値効果の検証も可能である。だが，やはり実際には，高い相関関係を示すために「深い」説明よりも「浅い」（時間的に近接していて同語反復じみている）説明を優先することがしばしば見受けられる（Rueschemeyer, Stephens, and Stephens 1992; Lieberson 1997; Kitschelt 2003）。

　これよりも根本的な問題がある。本章で概説してきた長期的過程の多く（閾値論や多段階の因果連鎖論など）は，理論が長期的過程に着目するよう研究を方向づけない限りは，定量的研究のなかにうまく組み込むことができないのである。つまるところ，仮説の射程だけではなく，実際の研究での分析手法の用い方も問題になる（Jepperson 1996）。現代社会科学の大部分は，まさにこれと正反対の方向に進んでいる。とりわけ，ヤン・エルスターは「距離が離れれば作用することはありえない」というデイヴィッド・ヒュームの主張を踏まえて，因果分析は「局所的」原因の特定に励むべきだと強く論じている。つまり，ミ

クロであればあるほどすぐれているというのである（Elster 1983, Hedstrom and Swedberg 1998）。エルスターは，説明対象となる結果に対し，時間的にできる限り近い原因を提示することこそが社会メカニズムの特定を促すと考えている。「メカニズムには二重の役割がある。第1に，メカニズムは大から小へ，分子から原子へ，社会から個人へと分析を進めることを可能にする。さらに重要なこととして，第2に，メカニズムは説明項と被説明項の時間差を縮める。メカニズムは継続・隣接する因果連鎖ないしは意図的な連結を提供するのである」（Elster 1983: 24）。とはいえ，ここでいくつか強調しておかなければならないことがある。現在にいたるまでの，因果的連結を隣接する連鎖として分析したいと考えることは妥当ではあるが，それは選択肢のひとつにすぎない。またそれは，陳腐な主張や同語反復じみた主張で終わってしまう可能性もある。そして，社会過程の重要な側面を因果的議論の外に押し出すという代償を払ってまでして，そのような方向へと進むべきではない。

　第I象限の説明への方向転換を（少なくとも政治学者にとって）さらに大きく促したのは，合理的選択分析が普及するようになったことだろう。第2章で論じたとおり，諸個人の選択（あるいは戦略的アクターとして扱われる社会的集合体）から分析を始めることは，研究のさまざまな側面（時間という重要な一面も含む）を切り捨てることを要求する。ゲーム理論的アプローチが，そのモデルの前提の妥当性を損なうことなく，（選好の社会的集計が行われるまでに）空間や時間を拡大することは容易ではない[9]。

　合理的選択論，ひいてはゲーム理論は，長期的過程の考察と全く相容れないわけではない（North 1990a; Axelrod 1997）。たとえば，「比較静学」はこのような問題に取り組むためのひとつの手段である。比較静学であれば，ゲーム理論モデルにさまざまなパラメーターを取り入れ，ひとつの構造的変数（たとえば人口の世代分布）に大きな変化が生じたときには何が生じるのかといった問いに取り組むことが可能になる（Weingast 1998）。しかし，この手法はたしかに役立つが，せいぜい部分的な解決にしかならないように思われる。本章で論じ

---

[9] たとえば，Elster（2000）はゲーム理論をマクロ歴史現象に応用した*Analytic Narratives*（Bates, *et al* 1998）が空間や時間を拡大していることを強く批判している。また，Elster（1989），Scharpf（1998），Munck（2001）もこれと関連する論考を行っている。

第3章　長期的過程

てきた長期的過程のほんの一部しか，しかも，かなり限定的にしか扱えないように思えるのである。もちろん，ここまでの議論からわかるとおり，研究者は始めからそのように認識しておく必要があるだろう。アクターの戦略的行動に着目する合理的選択論の理論的心象は，長期的過程を考えるにあたってもっとも有望とはいえないかもしれない。

　また，これほど直接的ではないが，合理的選択論は，比較政治学の分析で時間的射程の圧縮を助長するかもしれない。このアプローチを用いる研究者は一般に経済学から着想を得ている。この志向の違いが研究を進めるにあたって大きな違いを生じさせるようだ。実際のところ，研究者の基本的な理論的心象と，選び出した仮説とのあいだには，密接なつながりがあるように思える。緩慢に推移する大規模な過程の因果的説明として位置づけられる主張の多くが社会学的説明であることは，ここまでの議論ですでに論じた。つまり，緩慢に推移する過程のなかに，たとえ合理的選択論に組み込める過程があったとしても，それは一般的に合理的選択論者が探し求めているような仮説とは一致しないのである。

　第I象限に引き寄せられるのは，定量的研究や合理的選択論だけに限ったことではない。定性的研究者も，意識して別の可能性を考察しようとしない限り，第I象限の重力に引き寄せられてしまう。いくらか異なる文脈での記述ではあるが，ディートリッヒ・ルシェマイヤーらはこの問題の要点を以下のようにまとめている。

> ある社会における変化を研究するということは，観察対象とした時期に変化が生じていなかったその社会の構造的特徴を定数として位置づけていることを意味する。過程志向の歴史研究が，（ただの叙述であることを克服し，理論的・説明的内容を備えていたとしても）しばしば自由な意思決定の役割を重視し，歴史的アクターの選択を制約する構造的要因の役割を（所与のものとして扱って）軽視してしまいがちなのは，このような理由からである（Rueschemeyer *et al.* 1992: 32-33）。

比較対象の事例を追加すれば，ルシェマイヤーたちが懸念した構造的要因とか

かわる盲点を克服できるかもしれない。しかし，別の事例を加えるだけではなく，個々の各事例を長期にわたって扱わない限り，緩慢に推移する因果的過程の影響を特定できるとは思えない。前述のとおり，この問題は民主主義への移行に関する近年の多くの研究が抱えているようだ。ゲーム理論に立脚していない議論でさえも，きわめて主意主義的な説明や同語反復じみた説明を展開していることが多いのである（Kitschelt 2003）。

比較歴史分析は長期的過程の把握に長けていることが多い。これは本章で引用したさまざまな研究例からわかることである。比較歴史分析は長期間を考察するのが一般的であるが，それと同じように重要なのは，その種の時間的射程を視野に入れた仮説に着目する理論的伝統を踏まえて議論を進めていることである。この伝統はマルクスやウェーバーといった碩学の研究にまでさかのぼることができる。しかし，ほかの方法論と同じように，長期間経過しなければ認識できない原因と結果が存在する可能性があることを研究者が意識しない限り，比較歴史分析であってもそのような原因と結果を見過ごしてしまいかねない[10]。また，カーペンターの研究などが明らかにしているとおり，緩慢に推移する過程を考察するにあたって，少数の事例研究と定量的手法を併用して相乗効果を得られる可能性は高いと思われる。

アメリカの世論と選挙の研究に長期的観点を導入しようとするカーマインズとスティムソンの見解をとりあげてみたい。彼らの結論は本章の核心をうまく要約しているので，長文ではあるが，引用する価値がある。

> 進化過程には漸進的・累積的な変化が期待される。その変化はいかなる時点においても大した影響もないように思えるくらいわずかな変化であるが，長期間を経て，大規模な変形を生じさせる可能性がある。これはまさに私たちがここまで見てきたことである。……この議論の証拠を別の観点から考えてみよう。約50年に及ぶ系統的運動パターンの観点ではなく，ある期間ごとの輪切り（1年ごとの50

---

10 したがって，ここでの私の議論は，改良型の過程追跡こそが厳格な定性的分析の要諦であるといった近年の提案（Bennett and George 2004; Hall 2003）に対していくつかの難点を指摘していることになる。それは重要な提案である（終章であらためてとりあげる）が，もしその過程追跡が因果的過程の枠内のさらにミクロなメカニズムを考察することを意味するのであれば，それは期せずしてこれまで以上の時間短縮的説明を生み出してしまったといえるかもしれない。

第3章 長期的過程

の輪切り）の観点からとらえてみたい。同じ証拠をこのように分解すれば（すなわち，問いが「この過程はどれくらいの変化を生じさせているか？」から「特定の年に特定の変数に生じた観察上の変化の原因を当該の過程にどれくらい求めることができるか？」へとわずかに変化したとすれば），賢明な研究者がそこから導き出す推論は著しく異なるだろう。どこか所与の年に特筆すべき結果が生じている事例は少ない。統計的に有意な事例はごくわずかしかない。……このような観点に立てば，「人種構成の変化がきわめて重要になったのは1960年代中頃の数年のことであってそれ以前でもそれ以後でもない」，「人種問題という争点はその時期の前後ではなく，まさにその当時においてのみ重要だった」と結論づけてしまいかねない。実際，アメリカの大衆の政治行動に関する文献はそのように結論づけてきた。この結論は断面分析の証拠の解釈としては適切といえるのだろうが，現実の解釈としては大いに見誤っていると思う（Carmines and Stimson 1989: 196）。

　研究が第Ⅰ象限に集中してしまうと，大きな代償を払うことになる。重要な社会的帰結が学術的注目を受けなくなるということもありうるし，主要な社会的要因が長期にわたる影響力をもっているというだけで政治の因果的説明に現れなくなるということもありうる。むしろ，引き金として働く要因（結果に時期的に近接しているが，その影響力は相対的に低い要因）に原因を求めてしまうことになる。

　「引き金」となる要因と「それよりも深い」長期的原因を合わせて分析することは，一見すると対立している説明が実は相互補完の関係にあるかもしれないことを窺わせる。別々の象限の研究を組み合わせることにはかなりの利点があるといえるだろう。第Ⅰ象限の分析は，触媒として作用する企業家(アントレプレナー)^{訳注2}，つまり，タイミングや特定の帰結に影響を与えるアクター間の戦略的相互作用に着目する。それに対して，長期間の考察は，彼らが置かれた状況，つまりアクターとその選好および利得構造を生み出す状況を明らかにする。たとえば，民主主義への移行に関する研究は，さまざまな象限をうまく組み合わせる機会を与えてくれる。チャールズ・ティリーが述べるように，エリート取引モデル

訳注2　集合行為論において，集団を組織し公共財を提供する指導者を指す用語。「政治的企業家」と呼ぶ場合もある。

にもとづく研究（O'Donnell and Schmitter 1986; Przeworski 1991）は「民主主義への移行が瞬間的に生じたのではないかと思えるくらいにテンポを加速させた。協定のギアを入れてすぐに発進するといったように」（Tilly 1995: 365）。第Ⅰ象限の枠外にある研究であれば，エリート・アクターの誕生や動員の度合いなどの諸要因に由来する交渉の制約について考察することによって，このような移行研究に必要とされる深みを与えることができる（Collier 1999; Rueschemeyer, Stephens, and Stephens 1992）。実際，すでに多くの研究者が，「移行論」の短期間の枠組みと民主化パターンへの構造的・長期的影響とを組み合わせる見通しを模索し始めている（Huntington 1991; Haggard and Kaufman 1995; Mahoney 2003: 159-63; Mahoney and Snyder 1999）。

しかし，別々の時間的枠組みを踏まえた説明が競合してしまうこともある。研究者が結果の展開の遅さを十分に認識できていなかったために，その結果の性質を誤解してしまうこともあるし，ある瞬間の相関関係に着目したために因果関係の連鎖を誤解してしまうこともある。スワンクやカーペンターの研究が示すとおり，ある原因から結果までの長期の因果的過程が働いているはずのところで分析者が短期の因果効果を重視し，原因と結果を倒錯してしまうことすらありうる。一般的にいえば，所与の瞬間に最大の政治的資源をもっているように思えるアクターこそが，その瞬間に観察された結果の原因であると推論してしまうのがその理由である（Hacker and Pierson 2002）。次章では，この問題をさらに系統的にとりあげる。というのも，この種の機能的議論が，制度配置を説明しようとする研究にこれまで幅広く見受けられてきたからである。

ここまで論じてきた可能性はいずれも，長期間を扱う社会分析の貢献の大きさを示している。スティンチコムが述べているとおり，「マクロ社会学は長期間の社会学でなければならない」（Stinchcombe 1997: 406）。理論形成と実証分析のどちらにおいても，大規模な長期的過程の重要性に注意を払い続けることが求められるのである。

第4章 制度設計の限界

　　人びとは制度というものに思いがけなく遭遇する。それは人間が行動した結果であって，何ら人間が設計したことの結果ではない。……どこへ向かおうとしているのか知らないときほど人間は高く登ることはないとクロムウェルは述べているが，同様に，何の変化も意図しないところで社会というものに最大の革命が起こりうるということは根拠のあることなのである。

　　　　　　　　　　　　　　　　　　　　　　　　Adam Ferguson,
　　　　　　　　"An Essay on the History of Civil Society"(p. 122)

　　人びとはたしかに民主主義を建̇設̇する。……（しかし）建̇設̇という言葉は，青写真や大工といった誤解を招く連想を抱かせる。ここ数百年における民主主義体制の形成や変化は，目的をもって家屋を建設するというよりは，街全体がじわじわと進化する様子に似ているからである。

　　　　　　　　　　　　　　　　　　　　チャールズ・ティリー（Tilly 1995）

　現在では，制度が，社会科学の多くの理論構築と説明の核心に位置づけられるようになった。研究者はさまざまな観点から説得力のある研究を行い，その過程で制度配置が政治的・社会的帰結にきわめて大きな意味をもつことを強調し，解明してきた（Hall and Taylor 1996）。しかしそれに比べ，制度そのものを重要な説明の対象として扱う研究はほとんど進んでいない。制度の起源や変化の由来は曖昧なままなのである。デイヴィッド・クレプスが述べるとおり，制度の効果に関するすぐれた経済学の文献は「その制度がどこからやって来たのかという問いには答えないままである。……制度がどのように発生して進化するのかについての理論があれば，それは所与の制度の文脈で生じる均衡点に

第4章 制度設計の限界

ついての理論よりも多くの知識を与えてくれただろう」（Kreps 1990: 530）。現在では，このクレップスの言葉は折にふれて繰り返されるようになっている（Bates, Figueiredo, and Weingast 1998: 604-5; Carey 2000: 738; Weingast 2002: 601）。社会学的観点や歴史的観点に立つ研究者だけではなく，合理的選択論の観点をとる研究者も制度の起源と変化の由来に関する議論を展開し始めている。しかし，この重要な論点をめぐる理論的研究はせいぜい粗雑なものにとどまることが多い。

そこで，本章と次章では，制度の起源と変化の由来に関する問題をとりあげ，この現代社会理論と実証社会科学の中核にある論点を，制度化の時間的過程という視点からどのように解明できるかを考察する。ここでの議論は，成文化した政治的争議のルールとして定義できる，公式な政治制度の考察に限定する。ジョン・キャリーはこのような公式な制度を「羊皮紙に書かれた制度（parchment institutions）」と名付けている（Carey 2000）[1]。そして，ここでは，（1）公式な制度の選択を決めるのは何か，（2）ひとたびつくりだされた制度が時間の経過とともにどのように変化していくのかを決めるのは何か，という問いを中心に検討を進めていく。

この2つの問いは完全に分離可能な問いとして扱われるのが普通であるが，このことは多くを物語っている。本章でとりあげる合理主義アプローチから制度配置を説明する議論は，もっぱら第1の問いに焦点を絞り，アクター中心機能主義と名付けられる枠組みを一般的に用いている。個人や集団としてのアクターによる政治制度の選択に着目し，アクターが特定の制度設計から得られると期待できる利得に言及して説明をつくりあげる。しかし実際には，現存する制度配置からさかのぼって考察し，既存の制度配置がどのように合理的に選択

---

[1] したがって，規範（Jepperson 1991）などの非公式制度や，政治的争議を司る包括的ルールに組み込まれた公共政策（Pierson 1993）などの個別のルールは，この議論から除外する。以下では何か特別に言及しない限りは「制度」を公式政治制度の意味でのみ用いる。この議論の大部分はほかの種類の制度にも応用できる議論を展開することと大きく関係するだろうし，この議論の核心（制度選択だけではなく制度発展も考慮する必要があり，機能主義的な主張に懐疑的な視線を向ける必要があるという議論）の応用範囲は広いだろう。しかし，特定の種類の制度に焦点を絞った分析を行うときには，制度選択と制度変更を生じさせるメカニズムについて別々の主張を展開することが求められる。すべての種類の「制度」を包含しようと試みる議論は過剰な一般化を招くおそれがあるし，公式な制度に関する研究の多くの特徴を必然的に曖昧にしてしまう。

されたのか（あるいは合理的に選択できたのか）を説明しようとすることがほとんどである。このように，制度選択の瞬間に着目し，制度設計者の行動と，制度配置から予期される帰結とを結びつける分析は，制度の起源について重要な洞察を与えてくれる。しかし，これだけをとりあげてしまうと，良くても不完全な議論に終わってしまうし，悪いときには深刻な誤解を招きかねない。動画を静止画に還元してしまうと，公式な制度がかたちづくられるまでの過程や，一貫して変化し続ける社会的環境のなかでの制度の維持や変化の仕方についての重要な側面が見失われてしまうおそれがある。

　本章と次章では，制度選択から制度発展への分析視角の転換を論じる。制度選択の理論は，その理論にもとづいて評価するとしても，さらに広い論点を含めた考察を行わない限り，非常に大きな問題を抱えることになる。制度の発展を探求することで，アクター中心機能主義では無視されがちなさまざまな根本的問題が浮かび上がる。たとえば，制度設計からは予測されなかった帰結の含意，ときに急速にしばしば予測不可能に進行する社会的環境の変化が制度に与える影響，制度を変化させる学習や競争の圧力，そして，時間の経過とともに累積して制度を維持させうる原因を含む制度の弾性の要因，といった問題を扱うことができる。このような，時間の経過とともに進む制度発展に関するさまざまな問題を考察することで，政治的アクターの合理的な設計選択にもっぱら焦点を絞って「制度を説明する」アプローチの洞察が，それがいかなるアプローチであっても，必然的に部分的なものでしかないことが明らかになる。これまで合理的選択論が強い関心を示してきた制度の起源に関する理論は，私たちが本当に知りたいと望んでいるもの，すなわち，制度発展の理論の重要な一部分にすぎないのである。

　本章の議論は3つの節から構成される。第1節では，公式制度に関するこれまでの研究の多くに顕著に見出せる，合理的設計論について概説する。第2節と第3節では，政治的アクターの合理的選択に着目した分析が，制度が現在の形状をとることになった理由を理解するにあたって私たちの分析の視野を狭めてしまうと考えられる根拠を詳細に考察する。まず，第2節では，制度の機能と有力な政治的アクターの選好とのあいだには相当の隔たりが生じやすいと考えたほうがよい理由に焦点を当てる。第3節では，合理的選択論者が，時間の

第4章 制度設計の限界

経過とともに機能的な制度配置を生じさせる原因とみなすことが多い2つの「改良メカニズム」（学習と競争）の限界を考察する。本節の議論は第5章の基礎となる。第5章では，制度発展の理解についてさまざまな問題をとりあげる。

1. 政治制度の合理的設計

　政治制度の合理的選択に関する理論構築の仕方としてもっとも顕著なものを，アクター中心機能主義と名付けることができる。すなわち，特定の制度が存在するのはその制度の創作者の利益に役立つと期待できるから，という主張である。このアプローチを検討するまえに2つの点を明確にしておく必要がある。第1に，ここでアクター中心という言葉を用いるのは，アクター中心機能主義と社会機能主義を区別するためである。社会機能主義は，特定の制度 X が存在するのは，その制度がある種の社会的問題に対する反応として有効だからという主張である。特定の制度配置の説明を「機能主義的」説明であるとする主張の意図するところが曖昧になるのを防ぐために，この2つの議論は明確に区別する必要がある。

　社会機能主義の議論は，合理的選択論ではあまり見られない。一般的に，合理的選択モデルは，アクターが他者の利益に関心を寄せることに対して懐疑的だからである（Calvert 1995; Knight 1992; Miller 2000）[2]。さらに，合理的選択論では，特定の制度が，有力なアクターにとっては機能しているかもしれないが，社会全体にとっては機能不全を起こしているかもしれないと強調されることもある（Miller 2000; Bates 1990; North 1990a）。

　本節での議論との関連でさらに重要なことは，社会機能主義に関する議論はアクター中心機能主義で提示される制度発展メカニズムとはかなり異なるメカニズムにもとづいているという点である[3]。とりわけ，社会機能主義は時間の経

---

[2] しかし，有力なアクターの利益とほかの社会的アクターの利益が比較的両立しうるときもある。たとえば，侵略者の侵入を十分に阻止できるくらいの有力な国家に発展させることは，制度設計者と社会のほとんどの人びととの利益の両方に資するといえるだろうし，高度経済成長を達成することは，集中的恩恵と拡散的恩恵の両方であるといえるだろう。実際のところ，アクター中心機能主義の議論の多くは，社会的に望ましい特徴をもった制度的帰結を重視しているように思える。

[3] この2つの機能主義の論調は，かなり異なる社会過程に焦点を当てているにもかかわらず，制

1. 政治制度の合理的設計

過とともに制度の有効性を「淘汰」する環境的圧力を重視し,制度によって意図された効果よりも現実の効果に着目する。本章で後述するとおり,制度の合理的選択論による説明もこのような議論を展開することがある（たとえば,Weingast 2002: 33）。このような議論は,機能主義の種類と制度選択の原因の両方で違いがあることをうかがわせる。実際のところ,合理的選択論者は時間の経過とともに制度がどのように変化していくのかに着目し,制度発展についてかなり独特な理論を構築している。そのため,この議論については本章の後半であらためて論じることとする。

アクター中心機能主義に関して曖昧にされがちなもうひとつの点は,意図と結果のどちらに着目するのか,という点である。すなわち,ある制度が存在しているのはそれが設計者の利益に実際に役立つからと論じるのか,それとも,その制度が選択されたのは設計者が利益になるだろうと考えたからと論じるのか,この2つの考え方は混同されることが多い（Wendt 2001）。後述するとおり,この違いは,制度に期待されている効果と,実際に生じる効果とのあいだに相当の乖離があると予測できる場合にはきわめて重要である。この2つはいつも明確に区別できるわけではないが,設計者の合理的選択に着目するアクター中心機能主義は,制度によって実際に生じる効果よりも期待されている効果を重視する。しかし,採用された制度が予想とは異なる効果を発揮したときにどのようなことが生じやすいのかという論点に対しては,このようなモデルはたいていだんまりを決め込むのである。

アクター中心機能主義は,合理的選択論の議論の出発点であるだけでなく,あらゆる制度選択研究の議論の出発点でもある。自分たちの利益につながると信じてアクターが制度を選択するという観点から議論を始めることは,理にかなっている。もちろん,多くの社会科学者が制度の役割をどのように認識していったのかを考えれば,制度の起源と変化について,この合理的選択論の観点が広く普及していることはさらに容易に理解できる。これまでもっぱら制度の効果（とりわけ,制度配置が多種多様な調整問題や公共財問題をどのように解

度を説明するときにはしばしば混同されてしまう。このことを論じたすぐれた議論としてはWendt（2001）を参照。ウェントはこの2つの論調を「意図通り」の機能主義と「見えざる手」の機能主義と名付けている。

第4章　制度設計の限界

決しうるかという問題）に着目し，それを踏まえて制度選択の論点へと視点を移すようになった研究者が，制度構築者の利益から特定の制度の存在を説明できるか否かを問うようになったことは自然なことである。

　これまでの学術的関心は主に制度の効果に向けられており，制度が存在するにいたるまでの様相には向けられていなかった。しかし，アクター中心機能主義の考え方が，合理的選択論による制度分析の根底にあるといえる。たとえば，バリー・ワインガストは最近の合理的選択制度論の研究動向に関して，「なぜ制度が存在するのか，なぜ制度はある固有の形状をとっているのかを説明する合理的選択モデルの一群」を分析し，「簡潔にいえば，アクターは協力から得られる利益の保持を容易にするために制度をしばしば必要としているから，というのがその答えである」(Weingast 2002: 670) としている。そのような議論は，以下にあげる政治学の諸分野における有名な研究に見てとることができる。たとえば，国際レジームはイシュー・リンケージと監視コストの軽減を通じて協力を容易にする (Keohane 1984)。議会委員会は競合する法案の循環を阻止するのに役立つ (Shepsle 1986) だけではなく，法案審議の優先順位が異なる議員が「取引」で利益を得ることを可能にし (Weingast and Marshall 1988)，乏しい情報の流れを合理化する (Krehbiel 1991)。欧州司法裁判所はEU加盟諸国にとっての中立的な監視・執行機関となる (Garrett 1995)。議会の予算権限の拡大は，君主が大規模な軍事衝突の財源を調達するのに必要とされる信頼コミットメント・メカニズムを生み出す (North and Weingast 1989)，などである。制度の起源をどれだけ明確に検討するかは研究ごとに異なるが，いずれの場合も，制度の機能を記述することによって特定の制度配置の存在を説明しているという印象は否めない。

　アクター中心機能主義が主に依拠しているのは新制度経済学の見解，とりわけ，オリヴァー・ウィリアムソンの取引費用の議論である (Williamson 1975; Moe 1984)。特定の組織形態の発展は，合理的アクターが取引費用を減少させようとした結果として説明できるというのが，ウィリアムソンの主張である。より一般的にいえば，アクター中心機能主義はつぎのように論じる。帰結X（制度・政策・組織など）が存在するのは，設計者が，その帰結が機能Yに役立つと期待して設計したからである。

おそらく上記の議論は妥当であろう。アクターに目的意識があれば，制度の効果はその制度の発生・維持・変化の説明と何らかのかたちで（おそらく大きく）かかわるということは十分に考えられる（Keohane 1984）。実際，制度の効果と設計に関する合理的選択論の研究は，制度の機能について示唆に富む洞察を提供してきた。政治制度は，ばらばらなアクターの期待と行動の調整に役立ち（Carey 2000），監視機関やイシュー・リンケージ，信頼コミットメント・メカニズムをつくりだして協力のための交渉を促す（Keohane 1984; Weingast 2002）。このように，制度が「もたらす」重要なことを明確に理解することで，アクターがなぜゲームのルールの構築と再構築に相当の労力を注ぐのかを把握しやすくなる。

 しかし問題なのは，アクター中心機能主義が役立つにしても，それは分析の起点ではなく終点として役立つことのほうがあまりにも多いという点である。つまり，制度形成の問題そのものを検討するのではなく，既存の制度から議論を始めるだけなのである。そこでは，制度がある形状で存在するのは，その制度を設計したアクターにとってその形状が役に立つから，という発想が前提となっている。これを踏まえて，制度の特定の機能（一般的にいえば，ある種の集合的選択問題の解）を解明することこそが研究者の課題になる。

 ほどほどの独創力とほどほどに柔軟な分析道具がそろっていることを考えれば，この機能の解明はかなり取り組みやすい課題といえるだろう。合理的選択論者はまさにそのような分析道具を手にしており，事実上いかなる観察結果も機能主義的説明で折り合いをつけることは可能である（Green and Shapiro 1994）。もしそのような説明をすぐには用意できなくても，サイドペイメント〔補助的な便益〕を分析に組み込んだり（Lange 1993），ゲームのなかに別のゲームを「入れ子」にしたり（Tsebelis 1990）すれば，説明を構築できるだろう。しかし，制度が社会的アクターにとって何らかのかたちで「役に立っている」ことを論証する（ひいては推測する）ことと，その論証から制度の存在を説明できるという結論へと飛躍することは全く別物である。このように結論づけてしまうと，制度の出現と変化というもっとも悩ましい問題をはぐらかしてしまうことになる。重要なのは，分析の視点を制度の結果から制度の原因へと移したときにどうなるのか，という問題である。社会に実在する制度形態を説明す

るにあたって，その制度の効果に期待したアクターの願望にどれだけ重きを置くことができるのだろうか。また，アクター中心機能主義はどの程度妥当な議論なのだろうか。

2．アクター中心機能主義の射程と限界

　合理的制度設計論のもっとも簡潔なかたちは，目的意識をもち，効率の良さを重視するアクターが先を見通した意図的な選択によって制度を選択するという議論である。この議論に則れば，制度の効果は，制度の創作者の意図したものとしてみなされるべきであるし，ひいては，制度がその形状で存在している理由を説明するものと考えるべきということになる。しかし，このアプローチのすべての主要な要素は厳しく吟味されてしかるべきである。アクターは効率の良さを考え，先見の明があるかもしれないが，設計者の選好から制度の機能を導き出せないほどアクターの目標は多様かもしれない。あるいは，アクターはこの枠組みで示されるような意味のとおりに効率の良さを考えることはないかもしれない。ないしは，効率の良さを考えるかもしれないが，先見の明はないかもしれない。そして，おそらくもっとも重要なことは，実際にアクターが効率の良さを考えながら1つの目標をもっていて，先見の明があったとしても，制度は意図しない効果を発揮するかもしれない。最後に，アクターは設計を合理的に選択するかもしれないが，アクターを取り巻く社会環境の変化やアクターそのものの特徴の変化によって，制度選択以後のアクターと制度配置の適合状態は著しく損なわれるかもしれない。

　これらの指摘はいずれも，アクターの制度設計能力に限界がありうることを露呈し，理論的・実証的研究をさらに進めるための重要な論点を示している。また，設計者の選好と政治制度の機能のあいだには時間の経過とともに大きな齟齬ないしは隔たりが生じうると予測できる根拠をも示している。大きな隔たりが生じやすい限りにおいて，制度の起源から制度発展へと分析の視点を移す必要が出てくる。はじめに制度をつくりだした有力なアクターの選好から離れて制度が一人歩きをし始めたとき，長期的に何が生じるのか。私たちはこの問いを意識的に考察する必要がある。

2. アクター中心機能主義の射程と限界

(1) 限界 1：制度は多様な効果をもつ

ある制度配置はつねに多様な効果を発揮する[4]。たとえば，EU の司法審査権の拡大は，裁判官の権限拡大，加盟各国から欧州委員会へのアジェンダ設定権限の移譲，政策改革についての言説の変化，政策決定者の政策手段の変容，利益集団が伝統的に用いてきた政治的資源の価値の劇的な変化，などを同時に生じさせた。もっともあからさまに生じた帰結だけでもこれほど多くをあげることができる。また，アメリカ連邦議会における権力構造の集権化は，政権党の優位，キャリアの長い議員の権力拡大，大統領に対する制度としての議会の強化，などを同時に生じさせるかもしれない (Schickler 2001)。政治学者であれば，重要な制度配置から生じる顕著な帰結の一覧表（往々にして冗長な一覧表）を書き出すのにそれほど苦労しないだろう。これらの帰結がその制度を制定した者にとって非常に重要であることは，一覧表を見れば一目瞭然である。

制度の効果の多様性は，制度設計と制度発展の研究を複雑にする。効果の多様性は，制度選択にかかわったアクターの動機の多様性を反映していることが多い (Schickler 2001)。エリック・シックラーが論じているとおり，多くの場合，制度は 1 つの機能を動機にして設計されたわけではない。むしろ，制度の革新は，多種多様な理由からそれを支持していた改革者の連合体が利用する「公共輸送機関」になぞらえることができるのである[5]。

シックラーが「分節化された多元主義 (disjointed pluralism)」と名付けたこの説明と，アクター中心機能主義は非常に類似している。ここでの制度設計者は特定の目標の達成に大いに関心を寄せているし，シックラー自身も議会制度に関するアクター中心機能主義的理論を大いに利用して，改革者の動機について議論を展開している。しかしシックラーは，改革者の動機が制度の帰結につながるかどうかは，相反することもあるさまざまな動機をもった多種多様な集団を公共輸送機関に乗せることができるか否かにかかっていると論じる。ここ

---

[4] この項の議論は，アメリカの連邦議会の制度発展を扱った Schickler (2001) に主に依拠している。

[5] シックラーは1889年から1980年までのアメリカ連邦議会の42の主要な制度革新を綿密に検討したが，1 つだけの制度の効果を有力な動機にして改革者たちが連合を形成した事例として特定できたのは 6 事例だけだった (Schickler 2001)。

では，派閥間の力関係や，連合形成を実現できる魅力的な政治的企業家の存否やその能力の違いが，大いに影響する。このような過程においては，制度の効果を1つだけ割り出し，そこからさかのぼって分析して，その制度の効果からそもそもの制度の発展を「説明」できるとする主張には信頼がおけない。

シックラーは1つの制度（アメリカ連邦議会）の内部ルールの設計という比較的限定された制度選択の問題に焦点を絞っている。アクターの多様性が効果の多様性を生じさせるという問題は，憲法起草においてはさらに深刻な問題になりやすい（Horowitz 2000, 2002）。憲法のような基本的な制度配置は必然的により多くの機能を内包しているし，そこには広範囲に及ぶアクターの交渉がつきものである。憲法は，シックラーが分析した院内規則よりももっとさまざまな要素が入り混じりやすい。憲法は，多種多様な集団のもつ，固有で，衝突しやすく，矛盾しうる利益を詰め込んだ公共輸送機関になりやすいのである。

（2）限界2：制度設計者は効率の良さを考えて行動しないかもしれない

効率の良さ〔道具としての使い勝手の良さ〕を考えた目標こそがもっぱら設計者の行動を突き動かすという共通の前提には，よりいっそう根本的な批判が向けられている。アクター中心機能主義では，アクターは制度のある特徴が固有の帰結を生じさせると期待して制度をつくりあげると考えられている。要するに，制度はアクターの目標の達成に役立たなければ意味をもたないとみなされている。

しかし，社会学の理論にはこの前提に反論を加える有力な議論があり，近年，この議論は社会学版の「新制度論」として確立している（Meyer and Rowan 1977; March and Olson 1989; Powell and DiMaggio 1991; Jepperson 2001）。その議論によれば，制度配置を構築するときのアクターの動機は，どうすれば効率的になるだろうかという考え方よりも，何が適切だろうかという考え方に求められるかもしれない，というのである[6]。ピーター・ホールとローズマリー・テイ

---

[6] 効率の良さ〔道具としての使い勝手の良さ〕を考えない行動とは，この文脈では何を意味するのか。まずはこれを明確にしておくことが重要だろう。ゲイリー・ミラーは，本書収録前に雑誌に掲載された本章の議論について，つぎのようにコメントしている。「最善の利己的計算の結果とはいえない精神異常的行動・神経症的行動・ホルモン由来の行動を引き合いに出さなくても（政治制度の）もっとも重要な経験的観察は説明できる」（Miller 2000: 537）。このコメントは，特定の環

2. アクター中心機能主義の射程と限界

ラーはこの議論をつぎのように要約している。

> 近代的組織で採用されてきた組織形態や手続きの多くは，それが何らかの先験的な「合理性」に即して直近の課題にもっとも効率的に取り組めるからという理由だけで採用されたわけではない。むしろ，その理由は……文化固有の慣習に求められるべきである。慣習は多くの社会で編み出された神話や儀礼に類するものであり，目的達成の効率性を増幅させるために必然的に組織に組み込まれたのではなく，文化的慣習一般の伝播とかかわる過程の結果として組織に溶け込んだのである（Hall and Taylor 1996: 946-47）。

たとえば，社会学者は，特定の制度の形状が非常に異なる文脈でも広く普及していることを重視してきた。彼らはアクターが効率性に焦点を絞っていることを明らかにするのではなく，アクターが自らの活動の正統化を必要としている点が，「制度的同型（institutional isomorphism）」に反映されると論じている。

これは仮想上の可能性の話ではない。制度帰結に関する文化的・空間的・時間的な側面での国家の「群生化（clustering）」が近年発見されるようになったことは，このような伝播過程が制度選択に重要な役割を果たしていることを示している。有力なアクターが現地の環境にあわせて最適な制度を選択しただけならば，このような一群が生じるとは予測しにくい。もしそうであれば，私たちが目にしている一群は機能的なものだけということになるだろう。すなわち，同じような有力なアクターが同じような要求をしている国々では，同じような制度が生まれるというわけである。しかし，アンドレ・ブレイズとルイ・マシコットは，世界各国の議会選挙を包括的にとりあげ，その国がイギリスの植民地だったか否か，その国が新旧どちらの大陸に存在するか，という2つの要因が，選挙システムやルールともっとも強い相関関係にあると論じている（Blais and Massicotte 1997）。伝播が制度選択に影響を与えていることは，このパター

境におけるアクターの行動の「意味」の支配的認識が，社会過程によって生じうることを重視する研究分野を大きく誤解している。これは洗練された包括的な研究分野であるし，ホルモンや精神異常を引き合いに出さなくても，純粋に効率の良さを考える推論の応用範囲に疑問を投げかけることは可能である。

第4章 制度設計の限界

ンから示すことができる。旧英国領の入植者が選挙システムを設定し，その選挙ルールの枠内で現地のエリートを養成することはありそうなことであり，それは植民地文化のなかでの制度選択を補強した。さらにブレイズとマシコットは，ラテンアメリカ諸国では比例代表制が多いと指摘する一方で，戦略的理由を過度に重視してその制度選択を説明してしまうことに疑問を投げかける。というのも，ラテンアメリカのどの国においても，有力なアクターのなかに，制度を設計したときに相対多数制（小選挙区制）の恩恵を受けない者がいたと論じることはむずかしいからである。むしろ，彼らは，南米諸国の憲法学者がヨーロッパで制度設計の養成を受け，自国の選挙システムの模範をヨーロッパに求めたという事実を明らかにしている。また，極端な分裂社会（おそらく「合理的」な憲法の設計を求めるインセンティブがもっとも強い文脈）での憲法の設計を論じるドナルド・ホロウィッツも，これと同じような結論に達している。「ほとんどの国は，ほとんどの時期において，紛争調停を明確に意図して新しい制度を導入するよりも，旧宗主国とかかわる制度や，そうでなければ自国になじみのある制度に固執してきた。どこかほかの国の民族紛争の経験から学習した国は非常に少ない」(Horowitz 2000: 261)。

　制度選択のタイミングのデータはまばらにしかないが，それでも何らかの時間的群生化の証拠も存在しているようだ[7]。制度設計の特定の理念がある時期に人気を博し，それが多様な環境に同じような制度を生じさせるということもある。たとえば，1949年に採用されたドイツの「混合型」選挙システム（1つの議院の選挙に小選挙区制と比例代表制を組み合わせたシステム）をとりあげてみる。この制度配置はこれまでほとんど存在していなかったが，近年，その類似型が日本，イタリア，ロシア，ブルガリア，メキシコ，ベネズエラ，ボリビア，フィリピン，ニュージーランドで採用されるようになった（Carey 2000: 741n）。国際的な助言が制度設計に少なからぬ役割を果たしている（それでもその役割は限られている）のと同じように，憲法の専門家は，ホロウィッツが名付けたように「条項の商人」として行動した。「祖国からかなり離れた土地

---

[7] この点や，本章と次章の議論全体は，長期間に及ぶ国家間の制度変化パターンを社会科学者が系統的に追跡できるような，理論に根ざした制度のデータベースを構築することが強く求められていることを浮き彫りにしている。

のシステムを設計するために招請された彼らは,自分たちがいつも使っている道具を与えたにすぎなかった。しかも,その道具は多かれ少なかれ同質的な社会で使うために発達したものだった」(Horowitz 2000: 269)。

要するに,特定の制度配置が採用されたのは,その配置が適切なものとして認識されたからであって,何らかの目的の手段としての効率の良さが考えられたからではないのである。もしそうであるならば,適切なものとして採用された制度配置は,その制度配置を選択した有力なアクターの観点からみれば(ひいてはほかのいかなるアクターの観点からみても)現地の文脈では全く機能しないものなのかもしれない。しかし,それでも,均衡点に達している(どのアクターも一方的に離反するインセンティブをもっていない)という最小定義的な意味では,そのような制度も機能的といえるかもしれない。そのように制度を定義してしまうと,すべての制度が機能主義的な制度ということになってしまう。しかしながら,文化の効果を重視する社会学者の主張が正しいと思われる分野においては,アクターが特定の制度の結果を最大化するためにその制度を選択したと論じることはできないのである。

この「適切性の論理」にもとづく行動がどの程度制度設計の動機になっているのかについては議論の余地がある。しかし少なくとも,このような過程を重視する研究者は,制度選択について豊富な理論を含む妥当な代替的説明を提示しているとはいえるだろう。効率の良さこそがもっぱら制度設計者の動機であるとする一般的な前提の妥当性に疑問を投げかける実証的データを,彼らはすでにかなり集めているのである(Jepperson 2001)。

(3) 限界3:制度設計者の時間的射程は短いかもしれない

アクターの時間的射程という問題は,制度設計を研究する者にとって中心的な論点である。政治家の時間的射程が往々にして短いのであれば,それは制度の起源と変化の理論に大きな意味をもつ。設計者の時間的射程が短く,かつその制度選択の短期的効果と長期的効果をはっきりと識別できる場合,機能的帰結を長期的に達成できるように制度を設計することはほとんどありえない。制度の長期的帰結は,短期の政治的理由によって下された行動の副産物として生じるといえるのかもしれない。

第4章　制度設計の限界

　現在のアメリカにおいて，統治にかかわる重要な制度的特徴である議会の委員会システムの進化は，このことを示す一例である。ケネス・シェプスリーは，ヘンリー・クレイとその支持者が直近の目標を推し進めるために，長期的帰結を考慮せずこのシステムを導入したと論じる。「クレイはこの制度的革新の長期的効果を予期していなかったし，ましてや望んでもいなかった。そのような効果は指導者の利己的行動の副産物だった。しかも，もっとも持続的で重要な副産物であった」（Shepsle 1989: 141）。この場合，システムの長期的機能は，そのシステムをつくりだしたアクターの目標には入っていなかった。同様に，制度形成の説明は，その制度の長期的効果の分析から導き出すことはできないのである。

　第1章で論じたとおり，これが特殊な事例ではないと考えられる根拠は十分にある[8]。主要な制度改革の効果は，長期間経過しなければ見えてこないことが多い。それに対して，多くの政治的アクター，とりわけ競争原理の働く民主主義体制における政治家は，自分の行動の短期的帰結にもっぱら関心があるように思える。つまり，長期的効果は全く考慮されていないかもしれないのである。このようなアクターが長期的帰結に注意を払うのは，一般的に，長期的帰結が政治問題化したときか，選挙という短期的洗礼をほとんど危惧しなくてよいときくらいのものである。

　しかしだからといって，政治的アクターの時間的射程がつねに短いと想定してしまうことは，政治的アクターの時間的射程は決して短くないと想定してしまうことと同じくらい道理に合わない。近年，多くの研究がこの時間的射程の問題に着目するようになっている。よくよく考えてみれば，アクターの時間的射程はつねにないしは通常は短いといった主張には，信頼がおけないというのがその理由である。少し考えれば，組織や政治的アクターがしばしば長期の時間的射程を気にかけていることはわかるし，実際にそのように考えなければ現代社会を理解できないだろう。たとえば，政府は民間資産を組織的に接収して

8　マーストリヒト条約をめぐるEU加盟諸国の交渉もこの一例である。目前に迫る選挙を考慮して，イギリスのジョン・メージャー首相は条約を根本から骨抜きにできる修正案を求めるよりも条約からの選択的離脱を主張した。このことを示す証拠は十分にある。しかし，当時，修正を選択するほうがイギリスの主権を保護できるということは明らかだった（Pierson 1996）。その後，選択的離脱という選択肢は1997年の労働党への政権交代とともに立ち消えた。

2. アクター中心機能主義の射程と限界

まで短期の歳入を最大化しようとはしないことが一般的である。議員は歳費の大幅な増額には賛成票を投じないことが通常である。利益集団はあたかも評判，すなわち長期的資産を気にしているかのように振舞うこと（Hansen 1991）が普通である。そして，利益集団は影響力を行使したいと思っている議員を欺いて未来の信頼を損なうことまではしないのが通例である。

では，なぜ政治に長い時間的射程をはっきりと見てとることができるのか。この問いを説明するためにさまざまな議論がなされてきた。アクターが，長い時間的射程をもつプリンシパル〔本人〕（投票者や利益集団）にとっての「エージェント」〔代理人〕であるならば，未来を正当に評価するインセンティブをもつかもしれない。また，「信頼コミットメント」（アクターが一定の構造の枠内で搾取的な行動をとらないと自らの手段を縛ること）のメカニズムを採用すれば，長期的配慮を踏まえた行動を促すかもしれない（North and Weingast 1989; Shepsle 1991; North 1993）。さらには，政治的アクターは「短命」かもしれないが，その行動の舞台となる組織は長期間にわたって存続し，そこでは短命なアクターの世代交代が部分的に重複しながら行われる（Soskice, Bates, and Epstein 1992; Bates and Shepsle 1997）。このようなアクターは，組織の拘束を遵守するかどうかで出世の道筋が変わってしまう状況にあることが多い。このような状況では，組織の設計のあり方は「組織内での出世の野心を制約に変換し，アクターの行動に永続的な規則性を生み出す」（Soskice, Bates, and Epstein 1992: 548）かもしれない。

しかし，政治における時間的射程を長期化しようとする試みは，往々にして徒労に終わってしまうだろう。上で述べた「時間的長期化」装置の性能は，アクターが，ほかのアクターが日和見的行動をとっているかどうかを適切に評価できるかどうか，また，造反者を従わせることができる力をもっているかどうかにかかっている。政治においては，このような監視行動は非常に困難である。第1章で論じたとおり，政治的環境では応責性の所在を見極めるのは非常にむずかしく，帰結そのものの計測もむずかしい。政治行動とその帰結にはしばしば大幅な時間差があり，その両方を連結する因果連鎖は複雑である。政治目標の複雑さ，行動と帰結をつなぎ合わせる連結の緩さと広さのために政治は多義性を内在しているのである。ある物事に失敗した「エージェント」の過失を確

第4章 制度設計の限界

認できるときでさえも,プリンシパルがエージェントの制裁を試みることはむずかしいかもしれない。政治における参加者（有権者や利益集団の構成員）の多くは,散発的に政治に関与しているにすぎない。投票という単純な手段に見られるように,参加者はおおざっぱな行動手段しかもたず,各人の行為は集約されたときにのみ影響力をもつが,彼らの行動の調整は困難ないしは不可能な状況に置かれている。

　このように,監視と制裁のむずかしさは,アクターの時間的射程を長期化するための措置を大きく制限してしまう。たとえば,政治の「信頼コミットメント」を分析するおよそ楽観的な合理的選択論の議論の多くが,比較的透明性の高い財政問題（財政赤字や金融政策）に焦点を当ててきたことは偶然ではない。このような領域では,パフォーマンスの指標は明確で,応責性をもつ対象も曖昧ではなく,行動を監視しやすい。このような問題も,もちろん重要であるが,ここまでの議論を踏まえれば,それは政治学が扱う問題としては決して典型的な論点ではないことを強調しておかなければならない。

　時間的射程を長期化するための措置の限界には,制度設計特有の問題に関するものもある。つまり,合理的選択論者が論じたメカニズムが日々の政治のなかに存在していても,制度形成の瞬間にはそのメカニズムは非常に弱いか,または全く存在しないのである（Horowitz 2000: 257）。新しい重要なルールが制定される瞬間においては,政治的意思決定者の行動を一定の型にはめるような制度化された文脈があることに頼ることはできない場合が多い（Elster, Offe, and Preuss 1998）。

　ここでの論点は,アクターの時間的射程がつねに短いという点ではなく,短いことが多いという点である。時間的射程が相対的に短いと考えられる場合には,制度設計の機能的説明は疑わしいものになる。この場合,制度の長期的効果は設計者の目標としてよりも副産物として扱ったほうが良いかもしれない。したがって,短期と長期の効果は区別する必要がある。アクターの時間的射程という問題は,制度の起源と変化の問題に大きな意味をもつ変数として扱うべきなのであり,それゆえに真摯な検討に値する研究対象とすべきなのである。

（4）限界4：制度は予期しない効果を発揮するかもしれない

　制度設計者が本当に1つの目標を追求し，効率の良さを考えて行動し，長い時間的射程を視野に入れていても，予期しない帰結が広く生じてしまうおそれがある。合理的設計論のいくつかの限界のなかでもっとも重要なのは，おそらくこの問題である。社会科学の実証研究にたずさわっている者であれば，もっとも聡明で効率の良さを第一に考えるアクターでさえも自分の行動のすべての帰結を適切に予測すると期待できないことは，だれもが知っている。制度が機能を果たさないのは，その制度の設計者が思いちがいをしていたからかもしれないのである。

　予期しない帰結は近代以降の時代において非常に大きな意味をもつ。時間の経過とともに工業社会は多様化し，それにともなってより多くの人びとが交流するようになった。ノーバート・エリアスはこの歴史的過程をつぎのように巧みに描写している。

> 人間の営みのネットワークは，複雑さ，広さ，結びつきを増していきやすい。ますます多くの集団，ますます多くの個人が身の安全や要求の充足を求めて相互に依存していく。その規模は理解の範囲を超えるほどだ。それはあたかも，見えない鎖で手足をつながれた人びとが，世界中で最初は1000人だったものが，100万人，そしてそれ以上といったように増えていくかのようである。これを統括している者もいなければ，鎖から外れている者もいない。こっちの道を進みたいと思う者もいれば，あっちの道を進みたいと思う者もいる。彼らはぶつかり合い，負かし負かされるが，それでも互いに鎖でつながれている（Elias 1956）。

　社会の複雑さが増すことの重要性を強調しておく必要がある。下される決定の数とそれに関与するアクターの数が増加するにつれて，アクター，組織，制度のあいだの相互依存の関係性は指数関数的に増大する。この複雑さの増大は2つの影響を生み出す。第1に，過剰負担の問題が生じる。より頻繁で，複雑な政治的活動ほど，意思決定者に対する要求は高くなる。この文脈においては，時間の制約，情報の乏しさ，代理人による意思決定の必要性が，意図しない効

果を助長するかもしれない（March and Olsen 1989; Simon 1957）。第 2 に，社会の複雑さの増大は相互作用効果を増大させる。新しい構想はしばしば，当初に意図していた以外の領域にも大きな影響を及ぼす。ギャレット・ハーディンも述べているとおり，「1 つのことだけを行うというのは不可能である」（Hardin 1963: 79-80）。むしろ，緊密に制度化した社会において多くのアクターがかかわる社会過程には，複雑なフィードバック・ループや重大な相互作用効果が日常的に生じると考えるべきなのである。このような環境では，意思決定者が自分の行動の意味合いをすべて完全に予想できることを望むべくもない（Jervis 1997）。

　また，社会的文脈はきわめて複雑というだけではない。経験から推論や判断を下す能力に個人差があることによって，系統的なバイアスが生じ，それが意見のもつれを助長してしまうのである[9]。バーバラ・レヴィットとジェイムズ・マーチはこのことをつぎのように簡潔にまとめている。

> だれもが完璧な統計学者というわけではない。……歴史上の事象を記録するとき，またその記録から推論を立てるときには系統的なバイアスが生じてしまう。人びとは現実に生じている事象や，目新しさや突出ぶりで注目される事象の確率を過大評価してしまうし，また標本の規模を無視する。事象の原因を諸個人の意図的行為に過剰に求めてしまいがちである。単純な単線的・機能的法則を用い，空間的・時間的隣接関係と因果関係を混同し，大きな結果は大きな原因に由来するに違いないと想定してしまう。人びとのこのような歴史家としての特性は，いずれも解釈に系統的なバイアスを生じさせる（Levitt and March 1988: 323）[10]。

このような理由を考えれば，きわめて聡明で効率良く動こうとするアクターが着手した社会行動でさえも，そこには意図しない重大な効果が生じてしかるべきなのである（Hayek 1973; Hirsch 1977; Schelling 1978; Van Parijs 1982; Perrow

---

9　どれほど「憲法選択過程がバイアスと歪みに満ちているのか」を論じたすぐれた議論としてはHorowitz（2000）を参照。

10　この一節が浮き彫りにする認知バイアスの多く（志向性の過大視，単線的関係性の想定，時間的近接を重視した因果的説明）は，私が現代社会科学の主流に対して指摘した批判と非常に類似していることをここで述べておきたい。

2. アクター中心機能主義の射程と限界

1984; Jervis 1997)。また、制度の帰結の多様さと複雑さ、主要な制度選択がなされる環境の移ろいやすさを考慮すれば、制度設計の問題が、この一般的傾向を免れると考える根拠は何もない。むしろ、意思決定者が制度選択の帰結にきわめて正確な評価を下すことができることをもっぱら重視している理論に、懐疑的な視線を向けるほうが妥当である。

アメリカにおける州政府の制度変化は、このすぐれた一例である (Riker 1955)。憲法の承認には各州の批准が必要とされたので、憲法の制度設計過程においては、各州の利益に相当の注意が払われた。憲法起草者が上院に求めたことは、上院が各州の利益の有力な基盤として役立つことだった。州議会が上院議員を任命し、上院議員は政策形成において各州の代理人として振舞うことが期待されていた。しかし、自律性の拡大を求めた上院議員は、時間の経過とともに州の監視を払いのけるようになった。1900年代初頭に上院議員の直接選挙の導入を求めた憲法修正第17条が制定されたが、それは長年における州議会の監視の衰退を追認しただけにすぎなかった。

同じような事例はほかにもたくさんあげることができるだろう。ヨーロッパの旧共産圏諸国の多くは、政党システムの分極化を防ぐなどの目的で執政府首長の独立性を高めたが、実際にはそれとは正反対の効果が生じたようである (Carey 2000: 748; Filippov, Ordeshook, and Shvetsova 1999)。また、欧州司法裁判所による監視は、有力加盟諸国間の関係にはほとんど影響を与えないと期待されていたが、実際には加盟各国の国内裁判所と共同で行動し、その司法審査の権限は劇的に拡大した (Burley and Mattli 1993)。アメリカ憲法第1条第5節の単純な規定(「各議院はその議事手続きについての規則を定めることができる」)は、上院にフィリバスター〔長い演説による議事妨害〕を予期せず生じさせた。ゲイリー・ミラーが述べるとおり、このフィリバスターは「20世紀を通じて政策に大きな影響を与えた」(Miller 2000: 539)。ほとんどの政治学者はこのような事例を簡単に探し出すことができるだろう。

実際、意図しない帰結は制度設計の領域にとりわけ生じやすい。それは、多様な争点の命運がかかる文脈では、取引で利益の競合を調整することがつきものだからである(限界1を参照)。ホロウィッツは、この点についても、うまく要約している。

第4章　制度設計の限界

状況が異なっても，たいていは交渉によって提案がまとめられる。交渉は焦眉の急であり，そこには取引・交換・利益の山分けがつきものである。参加者の選好の違いが原因で交渉が頓挫しそうになったら，はっきりと折り合いをつけることはせず，混ぜこぜの制度を編み出すか，互いに整合性をもたない解決策を同じ文章に潜り込ませるかもしれない。交渉は計画と対比できるかもしれない。計画とは問題点に対して一貫した整合性をもった答えを与えることをめざした過程を意味する。もちろん，計画を進めたときでさえも完璧な整合性をもった帰結は生じにくい。しかし，いずれにせよ，取引と交渉は，民主主義的な憲法の設計において従うべき手順なのである。交渉にはすぐれた点も多いが，整合性はそこから得られる利点ではない（Horowitz 2000: 270）。

予期しない制度の効果が広く見出せるということは，社会科学者にとってはむずかしい問題である。知識が豊富な社会的アクターが思い違いを予期できないのであれば，社会科学者がそれ以上のことを予期できるとなぜ期待できるのだろうか。意図しない帰結の蓋然性を高める環境を特定するという課題は，とても手に負えそうもない[11]。しかし幸運にも，この課題は制度発展に関心を寄せる研究者にとっては根本的に重要な課題ではない。重要なのは，生じやすい思い違いの種類を特定できる理論を発展させられなくとも，意図しない帰結の重要性を考慮したうえで，制度の起源と変化を考えることが求められるという点である。言い換えれば，設計者が制度の効果を評価することにきわめて優れているのであれば，制度選択の後に何が生じるのかを気にかけることなくその

11　しかし，意図しない帰結がもっとも大きな意味をもちやすくなる諸条件を突き止めようとする2つの有望な主張がここまでの議論から明らかになる。そのどちらも近年，社会学で展開されている主張である。第1の主張は，認知の問題，つまり，社会に関する判断（とりわけ，原因と結果の問題にかかわる判断）に生じがちな系統的なバイアスの問題に着目する。たとえば，諸個人は最近生じたもっとも目立つ事象を過度に重視して世界を認識してしまいがちであるというところから，制度設計者は直前に生じた劇的な「失敗」に焦点を絞ることで系統的なバイアスが生じてしまうという仮説を立てることができるかもしれない。第2の主張は，個々の社会的文脈に着目する。多種多様な領域との結びつき方の密度は社会環境ごとにさまざまである（Perrow 1984; Jervis 1997）。このような結びつきが複雑性を生み出し，何か1つの介入から派生した帰結の数を増幅させる。意図しない帰結が制度設計に幅広く見受けられる一因は，社会的文脈のこの側面に求められる。

選択の瞬間だけに分析の焦点を絞ることも適切であろう[12]。しかし，設計者が思い違いをしてしまいがちなのであれば，予期しない帰結が生じた後はどうなるのかという問題が非常に重要になる。このような状況では，制度の選択過程だけではなく，その発展過程についても分析することが求められるのである。

しかし，この予期しない帰結という問題に対する社会科学の反応としてこれまでもっとも一般的だったのは，問題そのものを回避することだった。この問題を素通りできればそれに越したことはない。これまで研究者が用いてきた妥当な回避戦略は3つある。ここでは，その戦略を有用性の低い順からとりあげてみたい。第1に，もっとも一般的に用いられているのは，予期しない帰結を，おそらくほとんど意識せずに「誤差項」や「ノイズ」として扱うという戦略である。しかし，この戦略は問題そのものを無視するということを意味する。ここから議論を少しも進めないのであれば，理論家は自分たちが避けている論点がどれだけ重要なのか，そして，制度配置の説明にアクター中心機能主義がどれだけ適しているのか否か，を理解することはできない。

意図しない効果を「ノイズ」として扱うことは，意図しない効果が存在してもそれは無作為に分布しているので，いずれは意図どおりの効果のなかへと消え去ってしまうということを前提にしている。このような想定は，一部の問題や社会状況についての議論の進め方としては妥当である。たとえば，株式市場や世論調査のように，非常に大規模で個別に分かれた母集団をもつ社会過程の集計を考察するときには意味をもつかもしれない（Page and Shapiro 1992）。しかし，制度の設計と改革の分析アプローチとしてはほとんど役に立たない。この分野では，たった1つの意図しない効果が影響をもつかもしれない。さらに，第5章でも論じるつもりだが，制度がしばしば弾性を示すのであれば，偶発的事象の効果で相殺されることは期待できない。むしろ，初期の偶発的事象は自己強化的効果を生み出すかもしれないのである（Arthur 1994）。

意図しない帰結を「誤差項」や「ノイズ」として一蹴することは，当初の制度選択の瞬間だけに着目することを正当化する。しかし，ここには，アクター中心機能主義に典型的に現れる制度の断面的見解・静止画的見解の明確な限界

---

[12] この章で論じるほかのすべての限界についても検討する必要があるのはもちろんである。

第4章 制度設計の限界

を見出すことができる。つまり，議論の出発点の違いによって，制度選択の長期的帰結，もしくは，その制度選択を生じさせた初期的要因のどちらかが，分析の視野に入らなくなってしまうのである。だからこそ，この2つの論点の断絶は当然認識されなくなってしまう。制度の起源と制度の効果のどちらかだけ（つまり制度の静止画）に着目してしまうと，意図しない帰結という論点は視界から消えてしまうのである。

第2に，意図しない帰結の可能性の高さを認識したうえで，それを制度設計の重要な構成原理として論じるという戦略もある。これは第1の戦略と比べれば役に立つが，それでもまだまだ限界がある。ロバート・グッディンが論じるには，「偶発的事象はたしかに生じる。しかし，その頻度と方向性は設計者の意図的介入によってかなり対処できる。……偶発的事象が社会に生じやすい限り，私たちは偶発的事象が生じるおそれがあることを意識して制度を設計し，必ず降りかかってくるさまざまな衝撃に耐えられるような手堅い制度を追求したほうがいいのかもしれない」(Goodin 1996: 29)。

この議論は，制度をどのように設計する「べき」なのかを語っただけの，ただの規範的議論ではない。むしろ，意図しない帰結が生じる可能性を意識することそのものが，制度設計者の行動をかたちづくるという主張なのである。より一般化すれば，新制度経済学とその政治学での分派は，不確実性（他者の行動および予見できない偶発性の両方にともなう不確実性）が制度の最適な設計に大きな役割を果たしていると論じている (Koremenos, Lipson, and Snidal 2001)。効率の良い制度であれば，当然（特定はできなくても）予測可能でこぼこからの衝撃を吸収できる，つまり，適応できるというのである。

たしかに，この主張は，意図しない帰結を考慮に入れて制度設計の議論を展開するのには役立つ。しかし，そのような意図しない帰結がどの程度起こりやすいのかという問題には直接的には取り組んでいない。偶発的事象によって，制度がその設計者の予測とは異なるかたちでどのように機能してしまうのかという問題はいまだに残されたままである。「修正されやすい」設計や適応的設計を頼りにする議論は，そのような設計がどのようなものか，ひいては予期しない帰結に応じて設計にどのような修正を施すことができるのか，といった問題を明確に述べていない。このような問題があるので，制度発展というものは，

時間の経過とともに展開する過程として明確に意識する必要があるのである。

そして，この制度発展という論点に取り組むことこそが，意図しない帰結の問題に対する最後の戦略である。この戦略は，制度形成者の能力だけに焦点を絞った分析から視野を広げることを求めるだけでなく，ここまでの2つの戦略と矛盾をきたすことなく，制度的環境によって生じた予期しない帰結を時間の経過とともに排除していくさまざまな淘汰メカニズムを提示する。この制度改良メカニズムに関する議論は非常に興味深く，また重要である。そのため，本章の後半であらためて詳しく論じることにする。

(5) 限界5：制度の継続性と環境の変化

新しい制度配置を選択しただけで，世界ができあがるわけではない。社会環境の変化とともに，有力なアクターの選好と政治制度の機能の「隔たり」が広がっていくかもしれない。第3章で論じたとおり，個人や集団の選択に焦点を絞る枠組みは，長期的に緩慢に推移する社会過程が大きな意味をもつかもしれないことを無視しがちである。一般的にいえば，そのような枠組みは，選択過程が生じる幅広い環境を分析することを阻止してしまう (Kahler 1999)。しかし，このような環境のなかで生じる変化は必然的に長期的な進路をたどることになる。環境の変化が政治制度の機能，社会的アクターの関心，あるいはその両方を変えるかもしれないのである。

その一例として，カナダにおける制度の発展をとりあげてみたい (Watts 1987)。カナダの連邦制の設計者は，高度に中央集権化した連邦形態をつくりだそうとした。地方分権がアメリカに南北戦争の恐怖を招いたことに対する反動がその一因だった。しかし，その後，カナダの連邦制はアメリカの連邦制ほど集権化しなかった。当時は些細なことと考えられていた多くの社会政策の管轄権限を各州に残しておいたことなどがその理由である。つまり，時間の経過とともに，経済発展が相互依存を促進し，福祉国家として知られるようになった政体の出現を助長し，政府の社会政策と経済運営の役割が増大していくにつれて，これまで各州に認められてきた管轄権限がきわめて重要な意味をもつようになったのである。思いがけないことに，カナダの連邦制はほとんど中央集権化していない連邦制の経路に沿って発展したのである。

第4章　制度設計の限界

　また，状況の変化の結果として，新しい問題に直面するようになった政治エリートは，これまで望ましいと考えられていた制度の効果に問題が生じていることを認めるようになるかもしれない。たとえば，20世紀初頭のヨーロッパでは，エリートは大きな政治的危機に直面した。当時，それまでエリートに有利に働いていた多数決型の政治制度が，台頭しつつある労働者政党の手中に収まるおそれが高まったのである（Boix 1999）。このような状況下では，その政治制度の機能は政治エリートには全く満足のいくものではなくなってしまうだろう。

(6) 限界6：アクターの断絶性という問題

　上記のような大規模な環境変化がみられないときでさえも，当初に制度を設計したアクターとその後にその制度配置を引き継いだアクターが同一ではないために「隔たり」が生じるかもしれない。合理的設計論の曖昧さは，この制度継承の問題と関係している。制度継承者がその受け継いだ制度から得る利益は，アクター中心機能主義ではどのように理論化するのだろうか。政治制度の寿命は往々にして長い。制度のほうがその設計者よりも長生きすることが通常であると考えれば，その制度の当初の「機能的」側面がつぎの世代の利益にもそのまま機能的に役立つ（たとえば，つぎの世代が創作者とほぼ同じ種類のアクターであるとの理由から）と期待すべきなのか否かを明らかにすべきであろう。

　一般的にいえば，アクター中心機能主義は，アクターの継続性という強い前提におよそ無意識にもとづいているように思える[13]。たとえば，アクター中心機能主義にもとづく研究がこれまで多かった国際関係論の分野では，アクターの継続性を想定している研究を多く見出すことができる。実際のところ，国際関係論は「国家」を国際制度の主な設計者とみなしているので，このような想定は妥当ではないとはいえないかもしれない。また，国家の利益は国際システムの構造によって著しく規定されていると多くの研究者は考えている。たとえ

13　合理的選択分析の一部にはすでにこの論点のいくつかの側面を扱っている議論もある。世代重複モデルについてはすでに触れたが，そのモデルが扱うのはアクターの交替の問題だった。なかには制度を制定した連合とその制度を引き継いだ連合を区別するモデルもある（Moe 1990; Horn 1995）。しかし，その説明が着目していたのは，世代の区別が当初の制度設計に与える含意であって，世代の区別が制度発展過程の下流に与える含意ではない。

ば，ロバート・コヘインはつぎのように述べている。「合理的選択論では……制度をつくりだして維持しているアクターのインセンティブを考察すれば，その制度を説明できると想定している。制度が存在するのは，その制度をつくることで創設者の利益の増大が期待できたからである」(Keohane 1984: 80, 傍点は筆者追加)。

　しかし，アクターの継続性という前提に疑問を投げかける根拠があるとすれば，どうなるだろうか。つまり，当初に制度を選択したアクターの選好とその制度を引き継いだアクターの選好が異なるという可能性を検討するのである。当初の設計者の選択が，その設計者と非常に似ているアクターに引き継がれると考えるならば，これは些細な問題である。しかし，このような想定は時間が経過すればするほど疑わしくなっていく。何か安定した包括的文脈が安定した選好パターンを生じさせるといった想定が妥当とは思えない環境であるほど，その疑わしさは増していく。長期の制度発展の文脈で「アクター」という言葉を使うと非常に多くのことに目が行き届かなくなってしまう。だれが実際にそのアクターに相当するのかが曖昧になってしまうのである。たとえば，つぎのようなことが問われるかもしれない。アメリカの憲法起草者の「継承者」とはだれなのか。その継承者なるものは何か明確な分析的意味において「同一人物」なのか。これが答えられる問いなのかどうかは，私にはわからない。

　ここまで論じてきた6つの限界は，制度の効果には制度設計者の期待と願望が反映されるという前提を批判するときの有力な論拠である。ホロウィッツが述べるとおり，「紆余曲折の末にできあがった憲法とは異なり，純粋に設計された憲法を見つけるのはむずかしい」(Horowitz 2002: 16)。「設計者」なるものは多種多様な目標をもったさまざまな交渉者の集合であり，それが制度選択に複雑で多元的な帰結を生じさせるかもしれないし，効率の良さを第一に考えないかもしれないし，もしそのように考えたとしても，短期的関心に没頭するかもしれないし，単純な思いちがいをしてしまうかもしれないし，環境の変化とともに制度があまり働かなくなることを認識するかもしれないし，全く異なる選好をもったアクターがその制度を引き継ぐかもしれない。いずれにせよ，制度配置と有力なアクターの選好とのあいだには緊張関係を見てとることができる。制度発展を説得力をもって論じるには，このようなすべての可能性を考慮

第4章　制度設計の限界

に入れなければならない。

　制度の効果から公式制度の存在理由を説明しようとする分析は，社会理論に大きく貢献してきたものの，深刻な限界を抱えている。議論の曖昧さ，問題点，論点の省略のために，制度の機能主義的説明は部分的でしかなく，制度の安定や変化を生じさせるメカニズムのごく一部だけに焦点を絞っているといえるだろう。この説明は，理論の範囲外にある議論に言及しなければ立証できない条件のもとでしか成り立たないという意味において，入れ子状の説明といえるかもしれない。このような説明は，ただの誤りにすぎないことが多い。この主張は煎じ詰めれば，つぎのようにいえる。「制度が均衡状態であることは知っているし，その均衡がどのようにして生じうるのかを示した命題ももっている。したがって，この命題は現実に生じた均衡を説明できる」。

　このような枠組みで制度の帰結を説明するときに生じるさまざまな問題点は，アリソン・スタンジャーの近年の研究のなかでうまくまとめられている(Stanger 2003)。彼女は東ヨーロッパの憲法改正を詳細に比較し，その帰結を機能的に説明するには大きな限界があると論じている。つまり，東ヨーロッパの政治改革運動は，政治と運動のあり方について強い先入観をもっており，その先入観はアクターが制度設計にどうアプローチするのかに大きく影響した。スタンジャーが分析した事例では，有力なアクターの戦略的・目的志向的行動は確認できるものの，そのアクターが自分の政治的優位を定着させるための規定を憲法に組み込むといった制度設計の論理を具体的に示した事例は1つもなかった。改正直後の各国の憲法には，効率の良さを考えた合理主義的要素と政治的象徴主義の重要性を反映した要素が組み合わされる結果となった。この設計に意図しない結果が生じたことは，憲法制定過程が国家の解体を急激に加速させたチェコスロヴァキアの事例などに顕著に表れている。その時々に進む政治的・社会的事象は，制度改革過程をそれぞれ独自のものとしてしまう。「設計者」は憲法起草の時点で主導権を握るため，長期的展望よりも短期的志向を示すことが多かった。スタンジャーが論証するとおり，これらの理由から，制度発展の下流の過程は，当初の制度選択の瞬間と同じくらいに社会科学の分析対象として重要なのである。

3．機能主義の救済？：制度改良メカニズムを評価する

　ここまでの議論の核心は，目的志向で先見の明のあるアクターの意思から一直線に制度の効果を導き出せるとは想定できないということである。このことは合理的選択による制度の説明に重要な問題を提起するが，機能主義の理論展開の限界を論証するだけでは十分ではない。機能主義的説明には，制度変更過程に焦点を当てる別の議論もある。この議論は，合理的制度設計者のあらゆる欠点を受け入れつつも，時間が経過すれば機能的な制度設計に落ち着くだろうと主張する。実際のところ，これまで合理的選択論者の制度変更の（かなり限定的な）議論の中心にあったのはこの種の分析だった。

　経済学者は制度の非効率的帰結の可能性にはほとんど注意を払ってこなかった。その理由は経済学者が設計者の能力を信じていたことだけではなく，制度改良の可能性を信頼していたことにも由来する。シドニー・ウィンターはこれを「あたかも」の原則と名付けている（Winter 1986: 244）。つまり，一定の適応メカニズムが存在することを考慮すれば，時間を経れば結局は同じ結果に行き着くのだから，諸個人をあたかも合理的で，きわめて聡明で，効率の良さを考えるアクターであるかのようにして議論を進めることができる，というのである。市場は，効率性を高める2つのメカニズム（学習と競争）を与えてくれると経済学者は論じる。企業は学習過程を経て組織のパフォーマンスを漸進的に向上させることができる。ウィリアムソンによれば，「経済学は経済的アクターに求めた『先見の明』や『合理的精神』にもとづいて議論を進めることができる。予期しない効果でもそれがひとたび認識されれば，その効果を予測して，それを組織の設計に反映させることができる。このようにして，望ましくない費用は軽減され，予期しない便益は増幅していく。この結果として通常，経済パフォーマンスは向上していく」（Williamson 1993: 116-17）。同様に，市場の競争圧力によって，効率性の良い構造を備えた新しい組織ほど成長し，そのような組織が，効率性が最適状態を下回っている組織にとって代わっていく（Alchian 1950）。この経済組織に関する大胆な主張を正当化できるかどうかという問いは，ここでは脇に置いておくことにする。むしろ，ここでの論点は，

第4章 制度設計の限界

この2つのメカニズムと政治的環境がどのように関連するのかである。これは，合理主義アプローチの大部分を救済できる制度変更の分析視角となる可能性が高い。競争と学習という2つのメカニズムを応用すれば，時間的射程の短さや意図しない帰結などで特徴づけられた文脈でも，制度配置を精密に説明できるかもしれないのである。

このような改良メカニズムの議論には制度を非常に可塑性が高いものとしてとらえる見解が暗黙に存在していることを認識するのは，非常に重要である。ポール・ディマジオとウォルター・パウエルが論じるとおり，「制度を研究する公共政策論者と経済学者のほとんどは，制度を効率的な均衡解にいたるまでの暫定的・一時的な休息所とみなしている」(DiMaggio and Powell 1991: 10)。制度は，それがなければ混沌としていたであろう世界にある種の安定を与えると考えられているが，一般的にいえば，選好，権力分布，制度の結果についての情報などが大きく変化すれば，当然，制度は修正されるだろうという主張が，明示的にであれ暗黙のうちであれ，展開されているのである。

この制度の可塑性 (plasticity) を重視する立場は，ウィリアム・ライカーの制度の効果に関する古典的議論にはっきりと現れている (Riker 1980)。第2章で述べたとおり，制度はそれがなければ集合行為に蔓延していたであろう「循環」問題を解決し，集合行為過程に安定をもたらすとされている。ライカーはこのことをはじめに論じた研究者のひとりである。この議論はその後，制度の効果を論じる合理主義的議論の重要な基礎となった (Shepsle 1989)。しかし，ライカーはそこで議論を止めず，循環問題を解決するはずの制度配置そのものにも同じような循環問題が内在していると指摘し，それによって，ゲームのルールは中長期的にはかなり流動的になると予想した。「制度の不均衡が発覚するまでの過程は，おそらく嗜好の不均衡が発覚するまでの過程よりも長くかかる。このことが価値観と制度の唯一の違いである。……制度が嗜好の固まりであるならば，そして，その嗜好には均衡が欠けているならば，短期的には均衡に達するようなことがあったとしても〔長期的には〕制度も均衡を欠いているということになる」(Riker 1980: 445)[14]。

---

14 この議論において，ライカーは政治に何らかの永続的な構造を生じさせる力があるか否かについてはかなり悲観的であり，政治学者に現実政治について何らかの一般的立言を提示できる能力が

3. 機能主義の救済？：制度改良メカニズムを評価する

しかし，この制度の可塑性を重視する想定には，制度改良に関する標準的議論の重大な欠陥が現れていると私は考えている。これについては第5章で詳しく論じるつもりである。ここでは，2つの改良メカニズムについてそれぞれ検討する。学習と競争はどの程度，制度の適応圧力を生じさせると期待すべきなのか。この2つの改良メカニズムがどちらも重要なのは明らかであるが，ウィリアムソンが描き出した民間市場の企業の世界から政治制度の世界へと視野を移してみれば，そのメカニズムはあまり効果を発揮しないと考えられる（Moe 1984, 1990）。その根拠を示すためにも，少なくとも，それぞれのメカニズムが働きやすくなる状況について明確に論じておく必要がある。

(1) 学習による改良

まずは学習メカニズムをとりあげる。競争よりも学習のほうがアクター中心機能主義的説明と関連づけやすいからである。学習メカニズムの議論の要点は，有力なアクターは制度の機能と選好のあいだに生じかねないいかなる隔たりをも特定でき，それを踏まえて，制度の効率性を高めるのに必要とされる修正的措置として制度を設計し直す，というものである。アクター中心機能主義の多くの要素と同じように，この主張が時に妥当であることは否定できない。本章の前半で論じたような隔たりが現れると，有力なアクターは，制度をそれまで以上に理解しようとし，さらには欠点に適切に対処しようとするだろうと期待できる。

カールス・ボイシュの20世紀初頭のヨーロッパの制度改革の議論は，この点を例証する，合理的制度選択論に根ざした制度改良の実証的研究のおそらくもっとも説得力のある研究である（Boix 1999）。彼は以下のような問いを立てる。当初，ヨーロッパ諸国の選挙制度は相対多数制〔小選挙区制〕に沿って設計されており，これは有力な政治エリートの利益と合致していた。しかし，19世紀後期から20世紀初頭にかけて，その制度は危機を迎えることになった。社会環境の大きな変化（労働者階級の政治意識と組織化の漸進的拡大）によって，参政権拡大を求める圧力が高まるとともに有力な社会主義政党が台頭してきたの

あるのかと疑問を呈している。いわく，「政治学が惨憺たる科学とされているのは，政治には予測できる均衡が1つもないことがすでに知られているからである」（Riker 1980: 443）。

第4章 制度設計の限界

である。この新しい文脈においては，これまでの相対多数制にもとづく選挙制度は支配エリートに対して大きな脅威を引き起こすこととなった。エリートはこれにどのように対処したのか。この問いに対して，ボイシュは，エリートはこのような新しい状況の情報を得ることができ，その情報を踏まえて，アクター中心機能主義が期待するような経緯で制度をつくり直すことができた，と論じる。各国における制度改革のあり方は，有力なアクターの最適な選択の違いによって大きく異なった。まず，社会主義勢力による脅威が強く，保守勢力を1つの政党として調整することがむずかしかった国では，支配エリートは比例代表制を採用した[15]。また，社会主義者の脅威が弱いか，保守政党を1つに調整できた国では，相対多数制が維持された。ボイシュの統計分析の結果は，歴史資料がこの仮説を強力に裏付けていることを示している。

この説明はウィリアムソンの制度再設計の観点とうまく合致している。設計者（ないしはこの議論では制度継承者）は状況の変化を合理的に判断し，制度の機能の新しい情報を踏まえて，政治制度に適切な修正を施したとみなされている。この制度改良メカニズムはどれだけ信頼できると期待すべきなのか。本節では，学習の力学は一般的に非常に強く働くだろうという主張に疑問を投げかける根拠を論じる。また，たとえ学習過程が強く働いていたとしても，その学習の結果が制度改革に効果的に反映されるとは期待できない理由については第5章で論じる。

政治的文脈での学習過程の強さに疑問を投げかける主な理由は，これまでの議論ですでに論じてきた。つまり，政治世界の複雑性と多義性が問題なのである。第1章で論じたとおり，政治世界と，ウィリアムソンが分析した市場の世界は著しく対照的である。もちろん，市場もきわめて複雑であり，混乱も生じる。しかし，市場では，状況を明確にするのに価格が中心的な役割を果たし，相互作用の繰り返しが浸透し，大人数のアクターのあいだで経済的意思決定を調整する必要はなく，選択と結果をつなぐ因果連鎖は相対的に短い。そのため，経済的アクターのほうが時間の経過とともに誤りを修正していくことは容易である。言い換えれば，このような特徴こそが，学習を生じやすくするのである。

---

[15] ここでボイシュは，選挙制度と調整問題を扱ったゲイリー・コックスの重要な研究を踏まえて議論を進めている（Cox 1997）。

3. 機能主義の救済？：制度改良メカニズムを評価する

　票の獲得と金銭の獲得を同一視しようとする還元主義的な観点に立ったところで，価格という算定基準に類するものは政治には欠けている。政治的アクターの追求する目的は，多岐にわたる。政治家は再選に焦点を絞ることが多いだろうが，ほかのアクター（官僚や利益集団）はそれぞれ異なる野心をもっている。そのため，理論的にも，「効果的」な政治システムとはいかなるものなのかを述べることはむずかしい。多くの場合，政治行動は恒常的に繰り返されるというよりも断続的に進み，行動と帰結をつなぐ因果連鎖は非常に長い。政治という環境は，もやもやとした深い霧に覆われている（North 1990b）。本章の前半で論じた人間の認知能力の限界は，この深い霧のせいでさらに深刻になる。

　このような不透明さも一因となり，政治世界に対する誤った見方は，正されるよりも強まっていくことが多い。第1章で紹介した概念に立ち返れば，政治世界の基本的な見方（何が有効で，何が有効ではないのかに関する考え方）には，「経路依存」が生じてしまいがちなのである。ひとたび確立してしまった政治的傾向，すなわちイデオロギーに始まり，政府の諸側面に対する認識，政治集団や政党の志向にいたるまでのさまざまな見解は，確立すれば弾性をもつことが多い。ダグラス・ノースが論じるとおり，高度に複雑で不透明な社会的文脈で行動するアクターは，情報を既存の「精神地図」をとおして見ることで大きなバイアスが生じてしまう（North 1990a, 1990b; Denzau and North 1994）。裏付けとなる情報が受け入れられやすいのに対して，誤りを指摘する情報はふるい落とされがちである。このノースの研究は，政治文化論の長年の見解や，近年の認知科学や組織論の議論を裏付けている。

　文脈は複雑であり，人間の認知能力には限界がある。そのため，政治に関する誤解は往々にして修正されないままになってしまう。さらに，制度の修正には一般的に「集団的学習」（組織内・組織間の数多くの人びとが同じように物事を認識しなければならないこと）が必要であることも問題である。マイケル・ハナンとジョン・フリーマンが指摘しているとおり，「学習」という比喩は，制度を修正するときの集合行為過程にはあまりうまく当てはまらないことが多い。「組織の構成員がそれぞれ異なる利益をもっているときには，その組織の行動は組織内政治，つまり関係者のパワー・バランス次第で大きく変わる。

第4章　制度設計の限界

外生的な問題に直面したときにどのような措置を講じるかは，組織の存続や成長に寄与するかどうかという観点だけから決まるのではなく，組織内勢力間の連合構造に大きく依存するのである。このような状況では，環境の変化に合理的に合わせることは簡単ではない」(Hannan and Freeman 1989: 23)。

場合によっては，試行錯誤による公的問題への対応のように政治においても学習過程が見られることもあるかもしれない (Lindblom 1959; Heclo 1974; Hall 1993)。このような点を踏まえると，学習過程が効果を発揮しやすい政治状況を確認することは，今後の研究の重要な課題である。たとえば，ボイシュが考察した状況にはそれが現れているように思われる。しかし，学習が信頼できる制度改良の手段になると考えられる根拠は少ない。政治的現実はかなり複雑で，公的パフォーマンスの評価や優先順位の特定という課題は手に負えそうもない。それゆえに自己修正はせいぜい部分的にしか働かないのである。

（2）競争による改良

政治においてウィリアムソンのいう「合理的精神」に限界があることは，競争という第2の制度改良メカニズムではさらに明らかである。このメカニズムは制度設計の漸進的改良を論じる一種の進化論で成り立つ。ロバート・アクセルロッドが述べるように，「進化アプローチは，何であれ成功しているものが，未来においても姿を現す可能性が高いという単純な原則にもとづいている」(Axelrod 1984: 169)。

経済学には，組織が競争圧力によって改良されていくことについて，アーメン・アルキアンの古典的な議論がある。アルキアンは多くのミクロ経済モデルで想定されている認知的要件を個人や企業が備えているとは期待できないと認めたうえで，「あたかも」の原則を用いた。つまり，経済競争によって組織的パフォーマンスにすぐれた企業が効率的に残存していくので，市場は徐々に合理的な組織構造をもった企業で構成されていくだろうというわけである。そのような合理的な組織構造が偶然に発見されたものであったとしても，この想定自体は当てはまるだろう。効率の悪い組織構造をもった企業は適応するか，さもなければ死滅する。長期的には，どのような過程を経てそうなるのかはそれほど重要ではなかった。この議論は，ある制度的特徴が存在しているのはその

特徴が望ましい帰結だったから,という説明にもとづいているという意味において機能主義的な議論といえる。重要な社会的機能に役立っている制度配置は淘汰圧力の結果として長期的に普及していくだろうと期待される。

　強調すべきなのは,この議論が「アクター中心機能主義」の領域を離れ,本章の冒頭で名付けた一種の社会機能主義の領域に入っていることである。競争メカニズムにもとづく議論は,アクターの意思よりもそれを取り巻く環境が特定の帰結をどのように淘汰していくのかに着目している。合理的選択論者はこの種のメカニズムに頼って制度配置を説明しようとすることもあるため,この議論は制度の合理主義的説明の枠内にあると考えることができる。たとえば,ワインガストは,所有権保護を目的として設計された民主主義の制度は高度経済成長をもたらし,政治的安定を増幅させた,すなわち,長期的な体制存続につながったと論じている(Weingast 2002: 680-81)[16]。合理的選択論には観察された制度の機能からさかのぼって議論する特徴があることを考えれば,多くの合理主義的説明がこの種のメカニズムを頼りにしていても,驚くべきことではない。

　しかし,競争的淘汰メカニズムが制度的帰結を説明できるという主張を詳細に吟味すると,この希望の観測は色褪せてしまう。この見解の妥当性は,公式政治制度も企業と同じように,複数の制度に競争を迫る密集した環境に直面するか否かにかかっている。競合している制度が別の制度のパフォーマンスの非効率性につけ込み,その制度の「消費者」をかっさらって破綻に追い込むことができるだろうか。その答えは,そのようなときもあるが,普通はそういうことにはならない,である。競争圧力は政治制度の発展に関係しないわけではないが,アルキアンが企業の発展について論じたような中心的役割を政治制度の発展にも果たしていると考える根拠は少ないだろう。

　制度の形態に関する政治競争モデルは,これまで国際関係を理解するときにもっとも効果的に用いられてきた。たとえば,チャールズ・ティリーはオットー・ヒンツェの議論を踏まえて「国家が戦争をつくり,戦争が国家をつくる」という古典的命題を提唱し,初期近代国家形成期はダーウィンの進化論の観点

---

[16] Przeworski *et al.*(2000)も参照のこと。

第4章 制度設計の限界

で理解できると論じた（Tilly 1975）。つまり，数百もあった自律的な政治権限をもつ単位は，戦力動員にもっともすぐれた形態でないものが「淘汰」されていく環境のもとでの熾烈な軍事競争を経て，20程度の国家が残されるまでにふるい落とされていったというのである。

しかし，国際関係論の領域でも，競争に根ざした機能主義的議論の応用可能性には明らかに限界がある。国家が「合理化するか，さもなければ死滅するか」を選択する必要性は時間の経過とともに大きく変化してきた（Kahler 1999）。実際のところ，ヨーロッパの初期近代国家形成期というきびしい環境においても，国家の淘汰に働いたメカニズムは競争だけではなかった（Spruyt 1994）。さらに，現在の国際環境では弱く劣った構造の国家でも生存できる可能性はかなり高い（Jepperson 2001）。たとえば，ロバート・ジャクソンとカール・ロズバーグは，アフリカの脆弱な国家はこの種の競争とはおおよそ無縁であると論じる。つまり，さまざまな理由から国民国家間の軍事的対立に制限を加えようとする国際社会によって保護されているというのである（Jackson and Rosberg 1982）。また，コヘインのアクター中心機能主義の議論は国際システムでの制度配置の合理主義的分析としてもっとも広範かつ卓越した議論であるが，その研究が競争による改良メカニズムの働きに限界があることを明確に認めていることは，多くのことを物語っている。彼はこの種の環境的淘汰を経て機能的帰結が生じうるとはっきりと認めつつも，そのメカニズムの効果は国際システムのなかではあまりにも弱いので，機能的帰結が生じるとは考えられないと論じる。「国際政治において国家が消え去ることはほとんどない。したがって，機能主義的議論をこの分野で応用するときには〔競争ではなく〕合理的期待の前提にもとづかなければならない」（Keohane 1984: 82）。

議論を国際的領域から国内的領域（とりわけ公式政治制度の研究）へと移せば，競争の結果として機能的帰結が生じるという事例の根拠はさらに弱くなる。国内政治にも一部には競争を明確に応用できる領域もある。たとえば，一国内の政党システムには明確な競争的力学が含まれている。政党は敗北してしまうおそれのある競争にさらされれば，組織的慣習や綱領をその競争に適応させるに違いないと，ある程度の根拠をもって論じることができる。しかし，国内の政治的環境が経済的環境よりもおよそ「寛大」なのは疑いようもない（Krasner 1989; Powell and DiMaggio 1991)。

　実際のところ，政治制度が競争の直接の対象になることはほとんどない[17]。むしろ，ただ1つの制度配置（つまりルールの集合）が政治的領域のある部分を独占していることのほうが一般的である。前述の2つの政治的競争の例を考えてみよう。まず，軍事競争は国民国家間で生じる。国民国家は領域的単位であり，数多くの政治制度を内包している。これに対して，選挙の競争は政党間で生じ，各党は特定の選挙ルールのもとで行動する。政党と国民国家はいずれも激しい競争にさらされるかもしれないが，そこでは制度（たとえば選挙制度）の競争という考え方にどのような意味があるのかはっきりしない。政治に競争が働くとき，その競争はたいてい国内政治制度の「上」（国家間の衝突）か「下」（組織間の競合）で生じる。研究者は少なくとも，競争圧力が制度設計に改良をもたらす諸条件を綿密に特定する必要があるだろう。実際のところ，市場以外の環境ではこのような条件は存在しないか，少ししか効果を発揮しないことが一般的である。

　とはいえ，競争と学習が制度改良メカニズムとして妥当でないというのは，本節の主張の要点ではない。妥当ではないどころか，政治制度が競争と学習の過程を通じて修正・改良されていくことを否定するのはむずかしい。それよりもむしろ，この2つのメカニズムが現実政治で働くのには相当の限界があるということが本節の主張である。つまり，「進化機能主義」（アクター中心機能主義および社会機能主義）にそった動きはきわめて大きな振れ幅があるものとみなすべきなのである。政治学者は競争や学習のメカニズムの有効性を前提視するのではなく，そのメカニズムが十分に働いていると期待できる状況を立証できるように考察するべきである。

　2つの制度改良メカニズムの限界は，ここまでの議論だけでも十分に示されたかもしれないが，機能主義的説明の問題点はこれにはとどまらない。次章の議論の前段階として，学習と競争の両方に当てはまる最後の問題点に触れておきたい。つまり，制度改良メカニズムが特定の環境で実際に働いていたとしても，私たちはそのメカニズムがどれだけ迅速に働いているのかについても知る

17　このような議論を示唆してくれたアラン・ジェイコブスに感謝します。

必要がある。ハナンとフリーマンが論じているとおり，学習は「その対応の速さとそれを取り巻く環境の時間的パターンが釣り合っていなければ生存の可能性」（Hannan and Freeman 1989: 70）を高めない。改良メカニズムのテンポがそれを取り巻く環境の変化に追いつけないのであれば，それはある種の機能的均衡の回復には概して効果を発揮しないことになるだろう（Elster 1983: 44; March and Olsen 1989: 55）。

　改良メカニズムの働きは，停止しないまでも遅れるかもしれないし，それによってメカニズムの効果は環境変化のなかで低下してしまうかもしれない。実際のところ，これを助長する要因はかなり存在している。ここまでの議論では，制度改良に関する主張の「内的」批判を概説し，なぜ制度改良の圧力が弱くなりやすいのかを重点的に論じてきた。しかし，内的批判だけではなく，外的批判も考慮に入れる必要があるだろう。競争圧力が大きくなる瞬間（学習が大きな効果を発揮する瞬間）を想定してみれば，制度改良はその後に必ず生じるだろうか。その答えはノーである。メカニズムが明確に働いているとしても，別のハードルに直面するからである。ウィリアムソンの言葉を借りれば，学習と競争の圧力をただ加えるだけではなく，それを「設計に織り込む」ことが必要不可欠である。しかし，それは非常にむずかしいだろう。この理由については第5章で論じる。

4．制度設計の限界

　ここまで制度配置の合理主義的説明について論じてきた。その議論から，合理主義的説明につぎの2つの修正が求められていることがわかる。（1）制度の起源と変化に関する機能主義的前提は，厳密に特定された機能主義的仮説に代えるべきである。（2）機能主義的仮説は，制度の非機能主義的原因の可能性を重視する仮説と補完・対比するべきである。政治制度の構築と再構築に機能的帰結がどの程度見られるのかには振れ幅があると考えるべきであるし，機能的帰結を生じさせる前提条件を綿密に議論したうえで，制度の起源と変化の詳細な理論を構築しなければならない。それには，このような主張が破綻してしまうかもしれない場面や，破綻するような不利な条件を生じやすくする状況

を特定することが求められる。

　求められているのは，制度は機能的要件を満たして発生・変化するという前提に立つことではなく，それを研究対象にすることである。制度という研究領域には系統的な研究を行う余地はまだまだ十分にある。あるいは，ニクソン大統領がケインズ主義について述べた言葉にならって，「われわれはいまやみな制度論者である」と言ったほうが正しいのかもしれない。しかし，社会科学者は，競合する仮説にもとづいてさまざまな環境での制度の起源と変化を比較する実証的研究を，これまであまり行ってこなかった。このような研究がなければ，特定の文脈の特徴が制度の帰結に与える影響を評価できるようにはならないし，ひいては，その特徴が政治にどれだけ浸透しているのかを立証できなくなる。

　本章で論じてきた問題は，政治的過程・帰結の「静止画」的視点に立つのではなく，政治の時間的側面を考察することの重要性を浮き彫りにしてくれる。機能主義的説明は特定の瞬間の分析にもとづいていることが一般的である。つまり，制度の起源の瞬間か，確立した制度の現在の機能（とその現在の機能から起源を演繹すること）のどちらかに焦点を絞るのである。このような説明では不備が生じてしまうかもしれない領域にも視野を広げるためには，時間的射程を短くとることの影響，意図しない帰結の射程，時間の経過とともに効果を発揮する学習と競争のメカニズムの有効性と限界，長期的に生じうる制度の自己強化的効果などを浮き彫りにできる動態的過程を考察しなければならない。このような動態的過程を考察するには正真正銘の歴史研究が求められる。そのような歴史研究が意味するものとは，本質的に静態的・演繹的な議論を例証するためだけに歴史を掘り起こすような研究ではなく，時間的過程を綿密に考察する研究である。

　正真正銘の歴史研究からの貢献を重視せよというこの主張は，新制度経済学が政治制度の起源と変化の理論を構築する際の基礎としては十分ではないことを意味している。実際のところ，経済的領域の理論的議論を政治的領域へと移そうとする試みはしばしば考えられている以上に危険であるということを，ここまでの議論のいたるところで強調してきた。このような領域の転換は，類推の限界を正確に認識して慎重に行う必要がある。しかし，これは「新制度経済

第4章　制度設計の限界

学」とその影響を受けた政治学における合理的選択学派を一蹴することを意味するわけではない。この学派の議論は，非常に重要な洞察をこれまで生み出してきたし，現在の分析の多くはその合理的選択論に根ざした幅広い議論にもとづいている。制度の機能の洞察が制度発展を理解するときの重要な要素であることは疑いようもないし，合理的選択論者は機能的力学のさまざまな障害をどのようにして克服できるだろうかという問いを明らかにしようと，これまで努めてきた。

　洞察と限界の両方を強調するということは，別々のアプローチの「歩み寄り」を唱えることではなく，理論が違えば，それが分析道具として役立つ文脈や力学も異なるかもしれないという認識を提示することである。ロナルド・ジェッパーソンが述べるとおり，一見すると対立しているように思える「理論的心象」も，実感されるほど競合的な関係ではなく，補完的な関係にあるときもある（もちろん，つねに補完的な関係というわけではない）（Jepperson 1996）。また，それぞれの理論的心象は過程の別々の側面を扱い，それぞれの理論がさらに完璧な説明を提示するために連結しうる「構成単位」として貢献するとき（Scharpf 1997）もあれば，相互に不連続な現象を論じるときもあるだろうし，境界条件（boundary conditions）をはっきりと明言しないときもあるだろう（xは条件 a, b, c のもとで生じるが，yは条件 d, e, f のもとで生じる）。

　このような理論的心象の関係性は，いずれもここまでの議論と関係しているように思える。境界条件はそのなかでももっとも重要である。本章では，機能主義的説明に適している文脈，すなわち，当初の設計者が効率の良さを考えて行動し，制度の長期的効果に着目し，その効果を相対的に正確に投影できると期待できる条件を備えた文脈もあるということを示してきた。これについて，このような望ましい条件のさまざまな組み合わせなどは見たことも聞いたこともないと述べたいわけではないし，実際，このような状況はおそらくかなり幅広く存在している。しかし，だからといって，理論家が機能主義的想定から安易に議論を始められるようには思えない。制度の起源と変化の機能的説明は方向性としては間違っていない。しかし，その根本において不完全なのである。その結果，機能的説明は，実際の世界よりも効率と継続的改良を過度に重視し，過去の先入観と思い違いによる妨げを過度に軽視した政治制度の世界を創り出

す傾向にある。

　社会科学は，制度の効果の研究を踏まえて制度配置の起源の研究を進めてきたが，それでは十分ではなかった。合理的選択論はこれまで一部の主要な効果（すなわち「機能」）を浮き彫りにし，その機能が制度設計者の目標になりうるという考え方にもとづいて制度を説明してきた。次章では，このような可能性を否定することなく，制度の効果をよりいっそう幅広く解釈する必要があると論じる。制度は，ひとたびしかるべき場所に据えられれば，その帰結として（とりわけ長期間を経て）政治的環境をつくり変える。また，制度はそれ自体が生命を帯び，正真正銘の独立した因果的諸力としてさらなる制度発展を促す。確立した制度がどのようにして未来の制度変化の可能性を変えてゆくのかという重要な問いを扱うためには，制度の効果を分析した合理的選択論の豊富な成果（直近の政治的・政策的帰結に焦点を絞るという特徴をもつ議論）を翻案する必要がある。これにより，制度選択の瞬間から制度発展の持続的研究へと視野を広げることが可能になるだろう。

第5章 制度発展

　私たちも均衡には関心がある。ただ，均衡はそれがどのように生じるのかを説明できる動態的枠組みのなかでしか理解できないという点はどうにも譲れない（それも，実際にそれが可能であればの話だが）。新古典派経済学が記述しているのは，チリが積もった後の世界の見え方である。それに対して，私たちが関心を抱いているのは，そのチリの積もり方である。これは無駄な論点とはいえない。積もるという働きは後々の事象の見え方に大きく関係するといえるからである。とはいえ，これよりももっと重要なこととして，チリは決して積もりきらないということを認識する必要がある。チリは移動し続けるし，空気の偶然の流れが緩衝となる。偶然の力が緩衝として働き続けることは，長期間を平均したときの事象の見え方を記述するのになくてはならない要素である。

ペイトン・ヤング（Young 1998）

　公式政治制度には別の選択肢を排除する大きな力がある。
エリザベス・クレメンス，ジェイムズ・クック
（Clemens and Cook 1999）

　第4章では，分析の視点を，制度選択の瞬間から制度発展の過程へと移す必要があることを論じてきた。このような視点の転換の必要性は社会科学で徐々に認識されるようになっているが，まだ道半ばである。そのため，本章では，制度変化を説明しようとする歴史的制度論者と社会学的制度論者の試みをまずは概説したうえで，これまでの各章の議論を踏まえ，制度発展を対象とした分析アプローチを描き出したい。

　本章で概説する議論の多くが着目しているのは，特定のアクターの集合は，

なぜ，どのように制度変化の触媒になりうるのかという問いである。これに対して私が着目するのは，制度化の長期的過程は，その制度の改革者を取り巻く環境をどのように条件づけるのかという問いである。要するに，私が制度変化よりも制度発展のことを論じたいのは，制度発展のほうが，前の時点の制度の帰結が後の時点の制度革新の試みをどのように方向づけるか，またはどのように制約するか，という問いへの注意を促すからなのである。ここまでくれば，本書の主題もなじみ深いものになっているだろう。すなわち，（1）過程の前の段階は，その後の段階で選ぶことができる選択肢の範囲を根本から制約するかもしれない，（2）そのような制約を生じさせるメカニズムを特定すれば，それは制度変化の決定要因の有力な洞察を可能にする情報源になりうる，（3）発展経路への重要な影響は，長期間を経なければ働かないときもあり，その働きは特定のアクターの選択に焦点を絞った静止画的説明では把握できない，といった主題である。一般的にいえば，これらの主題は，制度発展過程についていくつかの重要な命題を提示し，将来の具体的な研究課題を指し示してくれる。それにより，時間の経過とともに過程がどのように進行するのかを重視するさまざまな観点から，現代社会理論の重要な論点を扱うことに大きな利点があることが明らかになるであろう。

1. 制度変化のさまざまなアプローチ

　これまで合理的選択論は，制度変化の問題を話題にするにしても，間接的に扱うか脚注で触れるくらいのものだった。対して，ほかの社会科学の分野では，この問題を直接的に扱ってきた。本節では，政治学と社会学の近年の制度変化の研究を踏まえて，これらの分野で発達した主な論点を概説する[1]。政治学と社会学の近年の分析は，多くの重要な主張を提示している。とはいえ，第4章で概説した制度改良の合理的選択論がそうであるように，長期間にわたってしかるべき場所に据えられた制度配置がどのようにその制度配置そのものの修正条

---

[1] 広範囲の議論を扱う概説としてはClemens and Cook（1999），Thelen（1999, 2003）を参照。「新制度論」の3つの学派である「合理的選択」学派，「社会学」学派，「歴史」学派を非常にうまく対比した議論としてはHall and Taylor（1996）を参照。

件を構造化するのかという問いにもっと系統的に着目すれば，その主張はより強固なものとなる。

歴史的制度論と社会学的制度論は，前章でとりあげたアクター中心機能主義の限界の多くを議論の出発点として位置づけ，政治制度を，目的志向のアクターの戦略的選択を内包する複合的な過程（戦略的選択には簡単に還元できない過程）の結果として描写している。環境条件の変化，社会のパワー・バランス，制度の予期しない効果はいずれも，制度変化の働きを促進しうる。公式な制度に特定の変化パターンを生じやすくする状況を論じるこの研究分野において，明確な命題を見つけることはむずかしい。その理由は本節の最後で論じるつもりであるが，それでも，これらの研究に独創的で興味深い主張を見出すことは可能である。

（1）「重大局面」の重要性

キャサリーン・セーレンも強調しているとおり，歴史的制度論者は，制度変化には一般的に「断続平衡（punctuated equilibrium）」(Krasner 1989; Collier and Collier 1991) の力学がつきものであると論じることが多かった（Thelen 1999, 2003）。この主張においては，短期間の主要な制度改革の機会を経て，その後に長期間の制度安定期が続く，とされている。局面が「重大」であるというのは，その局面で制度配置が特定の経路や軌跡に乗り，その後の変化が非常にむずかしくなるからである。

重大局面については第1章と第2章ですでに論じた。その重大局面論で用いられている分岐モデル（前の時点の制度の帰結の違いによってその後の社会的展開が別々の経路へと進んでいくことを重視するモデル）は，本章で私が展開しようと思っている議論とおよそ一致している。しかし，このモデルの批判者も指摘しているとおり，これまで重大局面論は制度変化の説明に苦労することがしばしばだった（Thelen 1999, 2003）。このモデルは重大局面の原因を大規模な外生的衝撃に求めることが多く，戦争や経済危機などの大規模事象が制度変化の触媒になると考えている。そのため，このような短期間で制度が変化するという説明は，およそ特異なもので後付け的だとされる。重大局面論は，重大局面の後に生じる制度再生産の原因については重要な洞察を与えてくれる

(Krasner 1989) が，制度変化の下流の過程については考察が少ない。下流において，制度は，つぎの重大局面が訪れるまで安定しているとみなされることが多い。セーレンが論じるとおり，このモデルは「制度創出期と制度『静止』期をくっきりと区別したがるのである」(Thelen 2003: 19)。

（2）周辺的集団が制度変化に果たす役割

この研究分野の第2の主題は，これまで「敗者」だった者がしばしば制度変化の触媒になるという議論である (Clemens 1997; Clemens and Cook 1999; Thelen 2003)。エリザベス・クレメンスとジェイムズ・クックはつぎのように論じる。「政治システムの周辺に位置してきた集団は，制度にあれやこれやと手を加えようとする。……現行の制度配置の社会的便益を受け取ってこなかった周辺的集団は，その配置から外れたとしてもそれにともなう費用は低い」(Clemens and Cook 1999: 452)。ある意味では，この主張は，制度の融通性（malleability）を重視したウィリアム・ライカーの幅広い提案を踏まえた議論といえるだろう[2]。アローの不可能性定理で提示される論理にもとづいて考えれば，一周目で敗者となった者は，修正を支持する連合体を新たに急ごしらえでつくりあげることができてしかるべきであろう。しかし，この政治的敗者を重視する視点の根底にあるのは，アクター中心機能主義に対する批判である。つまり，この立場に立つ議論は，制度配置の分配的帰結ではなく集合的便益を重視してしまうことへの批判 (Knight 1992) であり，政治的衝突が現実に（半ば潜伏しながら）続いていることへの着目が欠如していることへの批判であり (Moe 2003)，制度選択の瞬間に焦点を絞る「静止画」的見解ではこれまで弱かったアクターが状況の変化とともに既存の制度配置に対処できるようになる可能性が曖昧になってしまうことへの批判 (Thelen 2004) である。

---

2 ライカーいわく，「結局のところ制度はルールにすぎない。このルールそのものは社会的意思決定の産物である。それゆえ，制度には均衡もないのである。特定のルールの集合のもとで一連の意思決定の敗者になった者は，制度や，その制度の枠内で生まれる意思決定の類いを変更しようとする（そしてそれに成功することが多い）と期待できる」(Riker 1980: 444-45)。ライカーの見解を扱った近年の議論としてはShepsle (2003) を参照。

（3）重複する過程の重要性

　第2章で論じたとおり，合理主義的説明が一般的に1つの制度配置に焦点を絞るのに対して，複数の制度領域の相互作用効果を考察することが重要であると考える研究者もいる。カレン・オーレンとスティーヴン・スコウロネクの表現を借りれば，「政体を構成している複数の制度は……互いに浸食しあい，その過程でさらなる変化を生じさせるだろう」(Orren and Skowronek 1993: 321)と想定しているのである。この主張は，複数の制度の相互作用が緊張と機会の原因になるとし，もっぱら1つの制度だけに焦点を絞っている研究では把握できそうもない力学の原因を浮き彫りにしている。

　「権利革命」がアメリカの規制の拡大を助長したとするシェップ・メルニックの分析はこの一例である(Melnick 1994)。彼は革命の多様な経路を長期的に追跡し，権利革命を裁判所と議会の相互作用の結果として理解しなければならないことを立証した。この別々の制度的舞台をつなぎ合わせる重要な役割を果たしたのが新興の市民団体であった。これらの団体は，連邦裁判所と議会内の委員会の両方に積極的に政策を働きかけることで，議会の多数派による提案以外にも，2つの部門の相互作用を利用し，自分たちの政策課題を提案できるようにした。その後，この権利革命の展開によって，連邦政府の行政・立法・司法の三部門の機能は大きく変化した。革新的な新興市民団体は複数の制度の相互作用を活用し，それぞれの制度環境でこれまで眠っていた可能性を再然させることができた。同様に，フランク・バームガートナーとブライアン・ジョーンズは，新しい政治的舞台が開放されれば，それはこれまで優位に立っていたアクターの支配領域を破壊・制約し，急速な制度変化を生じさせうると強調する(Baumgartner and Jones 1993)。

（4）制度変更を促す企業家（アントレプレナー）の役割

　制度変化の説明では，「企業家」(Schickler 2001)や「熟練した社会的アクター」(Sweet, Fligstein, and Sandholtz 2001)の役割を重視することもしばしばである。一般的にいえば，制度改革のための動員は，非常に解決困難な集合行為問題を生み出してしまう。このとき，しかるべき立場にあるアクターが創造性

に溢れていれば，参加者を刺激して連合を形成させるために改革案の総仕上げで重要な役割を果たすかもしれない。エリック・シックラーが論じるように，往々にして制度改革が多種多様な利益の「公共輸送機関」（Schickler 2001）であるとすれば，解決策を立案し，その解決策のために全くまとまりのない集団に大同団結を促すには，企業家的な行動が求められるかもしれない。

　この議論はアクターの行動が制度変化に果たす役割を重視しているが，それだけではなく，企業家的行動が一定の構造的特徴によって促されることも強調している（Clemens and Cook 1999）。ここでもっとも重要になるのは，複合的な社会的ネットワークにおけるアクターの立場である（Padgett and Ansell 1993）。企業家的行動には連合の構築と革新的な論点の形成が求められる。それゆえ，重要な社会的ネットワークを股にかけるアクターであれば，とりわけ恵まれた立場から「熟練した社会的行動」をとることができると考えられる。

（5）制度変化の典型的過程を特定する

　本書全体をとおして論じてきた主題がそうであるように，制度変化の典型的過程の特定を重視する議論もある（Thelen 2003）。過程パターンを識別することは，より大きな研究課題（すなわち，制度変化の経路に影響を与える諸条件について説得力のある理論を発展させること）の重要な構成要素と考えられている。これまでとりわけ着目されてきた制度変化の典型的パターンには，堆積（layering），転用（conversion），伝播（diffusion）の3つがある。

　第4章で論じた制度改良の議論と同じように，堆積メカニズムと機能的転用メカニズムは，社会的文脈の変化が制度に適応圧力を加えるという考え方にもとづくとともに，公式政治制度の全面的取り替えはむずかしいだろうという認識を踏まえている（この点は後であらためて詳細に論じるつもりである）。セーレンが述べているとおり，堆積には「所与の制度の一部の要素の部分的再交渉と一部の要素の維持がつき物である」（Thelen 2003: 225）。既存の制度配置が手つかずのままに残るかもしれないし，別の制度がつけ加えられて既存の制度の機能を修正するかもしれない。シックラーいわく，「新しい連合体は新しい制度配置を設計するかもしれないが，別の目的のためにつくりだされた既存の制度を取り替えることは支持しない，ないしは取り替える気がないだろう」

1. 制度変化のさまざまなアプローチ

(Schickler 2001: 15)。彼は，この一例として議会の予算編成ルールの進化をとりあげ，中央集権的な予算編成手続きをめざした1970年代の改革が既存の予算編成の制度配置の上に堆積したと論じる。つまり，新しい予算委員会は「……許認可，歳出予算，歳入委員会といった何十年もの歴史のある構造の上に重ねられた。……あまりに多くの人員が既存の権力基盤に利害関係をもっていたので旧来の予算編成システムを解体できなかった」(p. 16) と述べる。

「堆積」は「並行的」な，または潜在的に「破壊的」な制度的軌跡をつくりだすこともあるかもしれない。既存の制度配置を取り替える力をもたない改革者は，いずれは成長していくことを願いながら，新しい制度配置を育もうとすることもあるだろう。スティーヴン・テレスはこの種の過程を年金改革の事例に見出している (Teles 1998)。十分に根づいた公的年金システムに対して直接的に反論できなかったアメリカの保守的改革者は，並行的経路（公的資金の援助を受けた民間年金システム）の設置に焦点を絞った。長期的にみれば，このようにして堆積した制度配置は，現状の制度の維持に対する挑戦として成功する可能性がある。

セーレンは「既存の制度を新しい目的に用いることで制度の役割や機能に変化が生じる」状況を制度転用と名付けている (Thelen 2003: 226)。ある制度は多くの目的に役立つ可能性がある。そのため，形式的には同じ制度が維持されているようには見えても，実際には大きな機能の変化が覆い隠されているかもしれない。さらに，公式ルールの意味はさまざまな解釈ができるので，表面的には修正が施されなくてもルールの役割に大きな変化が生じるかもしれない。

制度堆積と同じように，はじめに制度をつくりだしたアクターと同じ種類のアクター（ないしは新しいアクター）が「これまで周辺に位置していて，制度を新しい目的に役立たせようとする集団を取り込んだ結果」として制度転用を行うかもしれないとセーレンは論じている。この機能的転用メカニズムは制度環境の特徴に関する重要な主張にもとづいている。すでに述べたとおり，制度環境には，既存の制度配置にあまり満足せず，その制度を新しい目的に役立たせる機会を虎視眈々とうかがっている集団が生息していることがしばしばである。マーク・シュナイバーグとエリザベス・クレメンスが主張するように，制度は「（政治的排除を通じて）不満を生じさせる。……不当に扱われるばかり

第5章 制度発展

か取り込まれもしなかったアクターは，制度変化の圧力の重要な原因になる」(Schneiberg and Clemens 2006)。

この議論で重視されている最後の制度変化メカニズムは，伝播である。堆積と転用の議論とは異なり，伝播の議論は制度の全面的取り替えを意味することが多い。とりわけ社会学者は，複数の組織の集合体においては特定の目的に適していると考えられる制度的技術に関する強いコンセンサスが生まれやすいと論じてきた (Meyer and Rowan 1977; DiMaggio and Powell 1991; Jepperson 2001)。この種のコンセンサスが形成される過程はさまざまである。その一例が，周辺に位置するアクターが資源を求めて中心に位置するアクターに依存する場合である。社会学者がとくに注目してきた過程は，社会的文脈のなかで合理的だと解釈された正統な行動に関する規範の発達である。この過程における「組織フィールド」訳注1では，稠密なネットワークの枠内で正統な行動のモデルを伝播させることができる資源と動機をもった専門職集団が活躍してコンセンサスを生む。このようなコンセンサスが形成される条件が整っているとき，その枠外にある制度配置は正統性を失い，長期的に強い適応圧力を受けることが多い。社会学者は，組織フィールドの枠内にある制度慣習には，内生的に起こる収斂よりもいっそう強い収斂が起こるという意味での「制度的同型」がいたるところに見られるという点を強調する。

この制度的同型論は，制度変化を論じるひとつの議論として扱うこともできるが，これまで一般的には，本書が検討しているような公式の政治ルールではなく，慣習に対して用いられてきた。社会学的議論の多くも，公式制度よりもたとえば規範のような標準化した慣習に着目している。しかし，国民国家の公式制度の特徴に作用する同型化過程も最近注目されるようになってきた (Meyer et al. 1997)。このような点に着目する社会学者のなかには，「世界社会」と呼べるようなものの文化的発展が近年，とりわけ第二次世界大戦以後に急速に進んでいると論じる者もいる。この文化的発展の動きには2つの側面がある。ひとつは，異なる制度的特徴をもっていた政治体制が共通の特徴をもつようになる，国民国家全体での制度的収斂である。もうひとつは，正統性が高まった

訳注1　全体として制度的営みの一領域を構成するような諸組織の集合体を指す，ディマジオとパウエルの用語。

規範に起因して，国々に新しい手続きの採用を促すにつれて生じた共通の制度変化のパターンである。これらの結果として，「強制や統制をほとんど受けていないさまざまな国民国家が標準化されたアイデンティティーと制度構造を採用する世界」(Meyer et al. 1997: 174) が生まれたとされている。この説明は，機能性と制度発展パターンとはあまり関係がないことを強調する。むしろ，研究者が注目したのは，その土地固有の状況が制度にあまり影響を与えていなかった点である。仮に現地の状況が強い影響力をもっていれば，制度の形態には相当の多様性が生じたはずである。第4章で触れたとおり，アンドレ・ブレイズとルイ・マシコットは，公式な制度の構造に時間的・空間的な群生化を見出している。これは伝播の力学について多くのことを物語っている。

(6) いくつかの問題点

本章の後半では，この新興研究分野の洞察を踏まえつつ，制度発展に関する命題をいくつか導き出すつもりである。しかし，その前にこの研究分野の3つの重要な限界を強調しておきたいと思う[3]。第1の問題点は，制度変化はいつ生じると予測できるのか，また，特定の制度変化パターンはいつ生じると予測できるのか，という問いに対する主張を欠いていることである。たとえば，セーレンの論文では概念的革新，すなわち制度変化の方式を特定することに着目した点を強調して議論を締めくくっているが，そこでは「個々の変化方式を促進する要因や条件」の特定は「重要な（研究の）未開拓地」であることを認めている (Thelen 2003: 37)。この点は，私がこれまでのこの分野の研究を概説する際に「主題」の一覧としか位置づけなかった理由を物語っている。この研究分野の貢献を過小評価するつもりはないが，これらの議論は第2章で論じた「そういうものだ (just-so)」という説明に陥ってしまいがちである。すなわち，制度変化はこのようにして生じるときもあれば，あのようにして生じるときもあるといった説明である。たとえば，以前の「敗者」が制度変化の圧力に成功するのはいつなのか，機能的転用や堆積といったメカニズムはいつ働くと予測できるのか，といった問いに対し，この分野はほとんど着想を与えてくれな

---

[3] 制度的同型論に当てはまるのは，この3つの限界のうちの最後の1つだけである。

第 5 章　制度発展

い[4]。

　重要な例外もある。たとえばシックラーは，特定の制度変化の方式を生じやすくする状況について明確で革新的な命題を数多く導き出している（Schickler 2001）。しかし，その命題の範囲は特定の領域，すなわちアメリカ連邦議会の制度配置に限られており[5]，シックラーはそこから幅広い含意を示すことには慎重である。彼の独創的な議論が議会特有の特徴に向けられていることを考えれば，これは適切である。後であらためて触れるが，彼が導き出した命題の多くはその特定の環境以外には持ち運べそうにはないと私は考えている。これは彼の研究成果を軽んじるものではない。ひとつの重要な文脈で制度発展に影響を与える要因についての明確で説得力のある主張を展開することは大きな貢献である。しかし，彼の研究は制度発展の多様な経路に影響を与える要因について妥当な主張を展開しているわけではない。

　この命題の乏しさという問題点は，この分野が抱える第2の問題点に一因がある。すなわち，この研究分野で典型的に用いられている手法に生じるセレクション・バイアスの問題である。この研究分野はこれまで制度変化の事例研究を積み重ねて発展してきた。このやり方はさまざまな観点から見て有益なものである。すでに論じてきたとおり，社会科学では長期的な視点で制度配置を追跡しなければ多くのことを見失ってしまう。静止画としてとらえると，制度発展の問題の重要な側面は分割されてしまい，誤った結論を導き出してしまう。たとえば，意図しない帰結は観察できるとは思えないし，ましてや分析できるはずもない。制度変化の重要な理論的問題の多くは，ある歴史的過程を綿密に追跡しなければ，おそらく表現することすらできないだろう。この研究分野は

4　たとえば，クレメンスとクックはネットワークの稠密な結びつきが「封じ込めか伝播を容易にする」（Clemens and Cook 1999: 451）（つまり，制度の安定か変化を容易にする）と述べている。これは今後の研究の重要な論点と位置づけることができる。

5　つぎのような事例があげられる。（1）企業家は明確に指定できる利益（たとえば，広範な議会の利益）が中心を占めているときのほうが重要な役割を担う。（2）長らく少数派だった集団が新たに多数派として躍り出たときに生じやすいのは制度の堆積よりも解体である。（3）議会の強化を目指した改革は戦中や戦後のほうが生じやすい。20世紀にはそれがますます一般的に見られるようになった。（4）多数党の利益は上院よりも下院での制度改革の動機になりやすい。（5）制度改革連合には形成されやすい連合がある。たとえば，多数党の利益と広範な制度的利益が結びついた連合か，少数党の利益と若手議員の利益が結びついた連合がこれに相当する。

1. 制度変化のさまざまなアプローチ

制度変化の経路を特定し，浮き彫りにすることで，理論の発展に大きく貢献してきたのである。

しかし，このような特徴をもつからこそ，これらの研究は，特定の制度変化の方式がどれくらい一般的に存在するのかについて多くを語ることはできない。事例研究は，そこで分析した変化の方式をかなり一般的なものとして無意識にとらえてしまいがちである。というのも，事例研究の結論部分ではその事例が示す一連の幅広い含意を述べて終わることが多いからである。しかし，一般的だと思っていても実際にはかなり珍しい過程に着目しているかもしれない。また，制度変化の単一事例研究は，重要な政治的現象を指摘するのには役立つとしても，制度の帰結の分布に関する仮説の根拠としては役立たない。また，事例研究はどれも制度変化が生じた事例のみを扱うため，どの要因が観察された帰結に影響しているのかについて確信を得ることはむずかしい。つまり，制度変化の説明で重視した要因（たとえば，有能な社会的アクターの存在）は，制度変化が観察されなかった別の事例においても存在するかもしれないのである。

この研究分野の第3の問題は，事例研究に頼ってしまいがちである点と関連するが，直近的原因（触媒）に着目してしまいがちな点である。単一事例研究では，構造的要因の役割を特定することはむずかしい。単一事例研究の特質として，その事例においては要因の値はほとんど変化しない (Rueschemeyer, Stephens, and Stephens 1993: 32-34)。第3章で論じたとおり，非常に注意深く研究設計を立てない限り，単一事例研究では，相当の時間差がなければ帰結に影響を与えない構造的要因や，選択肢の幅を狭めることで帰結に影響を与える構造的要因を特定できないだろう。このことは，後でも詳しく論じるように，正のフィードバックが制度化過程で重要な役割を果たしていることを考えれば，非常に問題である。アクターが制度に適応したりコミットしたりすれば，その制度の均衡は時間の経過とともに深まるだろう。このようなことが生じている場面では，制度再生産の前提条件が緩慢に衰退していくことが，制度変化を生じさせる原因として重要になるかもしれない。改革過程が比較的急速に進んでいるように思える事象でも，実際にはそれまで長期的に展開してきた過程の最終段階にすぎないのである。

制度変化の事例研究は，長期的過程よりもむしろ「引き金」の研究になりが

ちである。これでは，制度変化の重要な前提条件になりうる広範囲の構造的特徴や，緩慢に推移する長期的過程は視界から消えてしまう。「引き金」の研究は，制度変化の瞬間を詳しく考察できるので，どのアクターがその制度変化の動きの発端として役割を果たしているかは明らかにできるだろう。しかし，アクターの企業家的行動を促したり，阻害したりする要因を特定することはかなりむずかしくなる。

要するに，この研究分野がアクター（企業家，「有能な社会的アクター」，「敗者」）の制度変化における役割を重視してきたことは偶然ではないのである。これに対し，そのようなアクターの試みの成否を左右する状況や，改革の成否の方向性を制約する状況はほとんど重視されてこなかった。この制度変化の単一事例研究の盲点は，制度変化の研究全体がそうであるように，概念を発展させる際や，仮説を導き出す際にはとくに問題になるという点は強調しておかなければならない。このような説明が抱えているバイアスは，制度変化の研究一般で概念や仮説を形成する際にも持ち込まれてしまう。

この研究分野の最後の問題点は，変更圧力があまりにも注目されている点である。この研究分野は，制度改革者の貢献に過剰に着目するだけではなく，変更の要求をもたらした諸要因に着目することが一般的である。制度伝播と制度的同型化に関する社会学の議論や，「重大局面」を重視する歴史的制度論の立場などによる構造的説明でさえも，この問題は当てはまる。なぜこれが問題なのかというと，制度変化の類型の前提条件を理解するには，改革圧力だけではなく，その圧力に対する抵抗の特徴と程度にも着目することが求められるからである。変化と安定は表裏一体の問題である。制度配置への不満の表明に成功したことは，現状維持を強化する要因が破綻したことの一端として理解しなければならない。制度発展の理論が適切な理論であるためには制度弾性（institutional resilience）の論点にも一貫して注意を払わなければならないのである[6]。

---

6 この制度弾性の議論と，変化の触媒に着目する議論は，対立的関係というよりも補完的関係にあることを強調しておきたい。どちらのアプローチも，それぞれ制度発展の重要な側面を把握できる。この2つの議論の直接的相乗効果を示す研究例は第1章の後半で指摘した。

2．制度弾性と制度発展

　制度弾性の原因を考慮に入れなければ，合理主義的説明が重視する制度改良メカニズムや，歴史的制度論や社会学的制度論が特定している制度変更メカニズムの有効性を評価することはできない。つまり，弾性が増加するごとにそのメカニズムの有効性は低下していくのである。さらに，弾性を増加させる環境の特徴を確認できれば，特定の制度変化を生じやすくする要因についての洞察が得られる。弾性は変化しやすく，その効果は制度改革を阻止するというよりも，制度改革の方向を定めることもある。このため，弾性の原因を綿密に考察することで，「制限された」制度的革新の可能性をこれまで以上に明確に展望できるようになる（Thelen 1999, 2003, 2004）。

　本節では，制度弾性を理解するための中心概念の多くを合理的選択論に見出せるということを論じる。しかし，これまで制度選択の合理主義的理論は，この制度発展の一面をほとんど重視してこなかった。この見落としの理由は簡単である。合理主義的説明というものは，設計者の能力の程度を楽観視していることが一般的であると同時に，制度の可塑性を強調し，時間の経過とともに制度のパフォーマンスを改良していく改革者の能力や淘汰過程の力を重視することが典型的だからである。

　これに対して，本節では，ウィリアム・ライカーの循環問題の議論で示されるよりもかなり広範囲に及ぶ多くの環境において，制度弾性が非常に生じやすいと主張できる有力な理論的根拠があると論じる。制度修正の障害となる要因には，調整問題，拒否点，資産特定性（asset specificity），正のフィードバック，の4つがある。これらの要因は，修正をかなりむずかしくするだけでなく，修正を可能にする条件に影響を与え，一部の修正案に有利に作用する。それゆえ，この4つの要因は，制度変化を理解するための基礎であるといえる。

（1）調整問題

　近年の合理主義的議論の多くは，制度がどのようにしてアクターの調整問題を解決するのかを重視して理論を構築してきた。そうやってつくりだされたモ

第5章 制度発展

デルは,ほかのアクターの行動を信頼して予測できるときに調整はうまくいくとみなし,制度選択とは,調整問題を解決するフォーカル・ポイント[訳注2]にアクターが収束していくことであると考えている（Cox 1997; Carey 2000; Calvert 1995; Hardin 1989; Miller 2000）。アクターは「最善」の帰結については意見を異にするかもしれないが,それでも調整を行おうと努力する。この場合,あまり望ましくない帰結で調整されたとしても,それは全く調整がないよりはましであると考えられている。これらのモデルにおいては,ほかのアクターの行動に対する予測が,調整が可能になるかどうかを決める鍵になる[7]。

制度は,均衡点に相当する。すなわち,アクターがひとたびある制度を対象に行動を調整してしまえば,彼らは一方的に自分の行動を変更するインセンティブをもたなくなると考えられている。また,このように調整と適応期待を重視していることは,ジョン・キャリーも論じているとおり,「制度の均衡は,それを取り巻く政治的環境が変化してもなかなか変化しない」（Carey 2000: 754）ということを示唆している。制度に関する選択肢をめぐって複数のアクターを調整するときにつき物のさまざまな問題が,制度の変更を困難にするのである（Hardin 1989）。

このようなアクター中心機能主義は,制度弾性の重要な原因を浮き彫りにする。しかし,それでも,その均衡は非常に脆弱であるように思える。というのも,もしアクターがある選択肢のもとで調整できるのであれば,それが既存のものとはかなり異なる選択肢の場合でも,既存の制度はすぐに放棄されてしまうはずだからである。キャリーの明晰な分析が示すように,公式な政治制度の

訳注2 トーマス・シェリングの提起したゲーム理論の用語で,相手が自分の行動に対してもっている期待と,自分が相手の行動に対してもっている期待とが収斂するポイントを指す。

7 調整問題の解決を重視しているという点で,この「均衡としての制度」アプローチはアクター中心機能主義の一種である。とはいえ,論調としては弱い部類に入る。アクターは調整問題を解決することで恩恵を得るが,すべてのアクターが望んでいたものとは別の制度の均衡にいたる場合もある。言い換えれば,制度選択は囚人のジレンマに陥ることもある。調整モデルはほかにも興味深い特徴をもっている。たとえば,このモデルは複数均衡の存在を重視しており,そこから,どの均衡に達するのかを決定づけるのに権力関係が非常に重要になりうることを示している（Knight 1992; Krasner 1991）。アクターは何も制度が存在しないよりは何らかの制度が存在するほうがいいと考えることが一般的である。そのため,争いはどの制度に決めるかをめぐって起こることが典型的であり,それを決めるのに政治的資源が重要になるのである（Carey 2000）。

安定性を高めている唯一の要因は、それが書き留められた制度であるということ（「羊皮紙に書かれた」制度ということ）だけなのである。書かれることによって、制度は強力なフォーカル・ポイントとなる。これまでのところ、調整問題がどれだけ安定を促すのかを論じた分析はほとんどない。たとえば、ジェラルド・アレクサンダーの議論は、調整モデルの重要な限界を示している（Alexander 2001）。彼は、「敗者」すなわち現状において周辺的な位置に追いやられたアクターを論じたクレメンス、シックラー、セーレンの研究と同じことを指摘している。つまり、すでに存在している集団（社会運動組織や政党）は修正の努力を擁護しようとするために、そのような集団はもっとも厄介な調整問題をすでに解決しているかもしれないというのである。

さらに、制度の均衡が失われるとすればどうなるのか、という問いに対して、調整モデルはあまり多くのことを語ってくれない。語ったとしても、何らかの新しい均衡が生じるだろう、という程度である。その新しい均衡が古い均衡とどれだけ違っているかは問題にされない。言い換えれば、調整モデルは、何か特定の制度配置に対して長期的に生じうる改革の経路を考えるときには、ほとんど役に立たないのである[8]。

調整のむずかしさが制度変更の障害になりうることは確かである。しかしそれは、制度弾性の原因のほんの一部にすぎない。ある制度の均衡はどれほど脆弱なのか、その均衡はどのような対抗勢力に対してもっとも脆弱になりうるのか、また、対抗勢力が実際に発生した場合にはどのような修正がもっとも生じやすいのか。初期の制度選択だけではなく制度発展にも関心があるならば、このような問いに対する答えをも知りたいと思うだろう[9]。

調整問題以外にも拒否点、資産特定性、正のフィードバックという3つの制度弾性の要因を考慮に入れる必要がある。これらの要因は、学習効果、競争圧力、下からの挑戦、同型化過程が重要な意味をもちうる文脈においても効果を発揮すると見込まれる。これらは公式な政治制度に相当の弾性を与え、調整問題に由来する粘着性を大いに高める。弾性は制度変化そのものを妨げてしまうほど大きいこともあるし、特定の経路に沿った修正を促し、それによって高度

---

[8] Carey（2000）はこれとは正反対のことを論じているが、その根拠は明らかではない。
[9] Young（1998）は制度の均衡の脆弱性を考察する重要性を示すことを主題としている。

に制度化した環境での改革過程が過度に漸進的になるよう働くこともある。

（2）拒否点

　政治の制度配置を変更するのは一般的にむずかしい。ロバート・グッディンが論じるとおり，制度の安定性と予測可能性は，「階層の上位に位置するものほど変更のコストが高くなる『入れ子状のルール』のシステム」（Goodin 1996: 23）によって達成されている。それゆえ，多くの国においては，法律という「入れ子状のルール」を変えるには，過半数の賛成を必要とすることが多い複数の拒否点を通過することを必要とする。欧州連合のように国家とは異なる政治的環境では，制度変更のハードルはさらに高くなる。また，ほとんどの国では，階層の上位に位置するルール（たとえば憲法）を変更するためには，より高いレベルのコンセンサスが求められている。実際のところ，憲法は，革命による現体制の転覆は言うに及ばず，何らかの修正そのものをうまく禁じていることが多い。

　第1章で論じたとおり，政治制度は変化に耐性をもつように設計されやすい。それには2つの理由がある。第1に，設計者は自らを束縛しようとすることが多い。アクターが未来の選択肢の一覧から一定の選択肢を放棄すれば，放棄しなかったときに集合的合意をむずかしくするかもしれない「時間の不整合性（time inconsistency）」問題を解決できる。これが「信頼コミットメント」論の鍵となる洞察である。セイレーンとの遭遇に備えるユリシーズのごとく，政治的アクターは自らの行動を縛り，何か大きな目標を達成するためにしばしば自らの自由に制限を設ける。

　第2に，制度や政策の設計者は自分の後継者を縛りつけようとするかもしれない。テリー・モーはこれを「政治の不確実性」の問題と名付けた（Moe 1990）。経済的アクターとは異なり，政治的アクターには所有権がない。設計者は制度の管理を続けられそうもないことを知っている。管理の継続がみられないことは，はじめの制度設計のあり方と，つくりだされた後の制度変更の見通しの両方に大きな意味をもつ。とりわけ，制度設計者は，対立相手がすぐにでも政権を獲得し，これまでの設計を覆したり，別の目的に利用したりしてしまう可能性を考慮に入れるに違いない。こうして設計者は自分の立場を保護す

るために,既存の制度配置を変更しにくくするルールをつくりだす。モーが論じるとおり,設計者は「『自分の』つくった機関が競争相手に管理されることは望んでいない。民主主義のもとでの公的権限の分配と行使の仕方を考えれば,往々にして自分を締め出さない限りは競争相手を締め出すこともできない。それゆえ,自分でも管理できない構造を意図的につくりだすことが多いのである」(Moe 1990: 125)。これはまさに正鵠を射ている。時間の不整合性と政治の不確実性という二重の問題に直面する設計者が,変化に耐性をもつような制度をつくりだそうとすることは理にかなっているといえるだろう。いずれにせよ,この政治制度の特徴が制度変化分析に与える意味合いは明確である。つまり,後の時点のアクターが制度の改革を試みるとき,非常に高い障壁に突き当たってしまうのである。

最近では拒否点を扱っている政治学の文献は多い。合理的選択論が大きく貢献しているのは,この研究分野である (Scharpf 1988; Immergut 1992; Tsebelis 1995, 2000)。この分野は,もっぱら制度変更よりも政策変更に議論の焦点を絞っている。制度変更の論点は近年まで政治学者のあいだでほとんど注目されてこなかったことがその一因であるが,拒否点の存在は,制度改革の蓋然性と,特定の環境でもっとも生じやすい制度改革の種類の両方に大きく影響する。

制度発展の研究においては,拒否点の数だけではなく,拒否点の構造も重要な論点である。とりわけ,一部の拒否点はゲイリー・ミラーが「自己参照として作用する (self-referencing)」拒否点と名付けたもの,すなわち,ある拒否点によって保護されたアクターがその拒否点の制度修正過程を管理することである (Miller 2000: 539)。すべての拒否点が自己参照として作用するわけではなく,一定の改革に対してのみこのように作用すると考えられる。たとえば,政治エリートは自分たちの利益を傷つけてしまいかねない制度変更を阻止する能力があっても,制度改革が国民投票を発端にして進むときにはその能力は弱まってしまう[10]。ほかにも,大統領令で制度改革を実行できる法的権限をもっている大統領が,それにもとづいて議会の選挙法を変更したり,議会の権限を減少させたりする事例(たとえば1993年のロシア)もある (Cox 1997: 18n)。

---

10 たとえば,各地域に政治的権限を大規模に再分配したイタリアの事例はこれに相当する。この措置は2001年10月に国民投票によって導入された。

第5章 制度発展

　しかし，多くの制度配置が自己参照として作用するというのは，重要なアクターが制度設計にそのような保護規定を盛り込むことにしばしば大きな関心を寄せているからなのである。制度改革が行われると影響力を失いかねないアクターによる合意が制度修正を行うときに必要なのであれば，〔その合意が得られず〕おのずと高度な制度弾性が生じると考えられる。たとえば，有権者の票をもっとも多く獲得した候補者が当選しなかったアメリカの2000年大統領選挙の結果，選挙人団制度の改革か廃止を求める大きな要求が生じるかもしれないと期待できたにもかかわらず，いかなる動きも起きなかった。これは選挙人団選挙を定めたアメリカ憲法の規定が自己参照として作用したことを考慮しなければ説明できない。つまり，制度を修正するために定められた規定は，どれも小さな州の同意を必要としており，その各州は大統領選挙を国民投票による直接選挙に変更してしまうとこれまでの影響力を失ってしまうのである。これと同じことは，小さな州の議席を過剰代表している上院にも当てはまる。このように，制度の拒否点の範囲だけではなく，拒否点の構造にも着目すれば，既存の制度の弾性の程度と，もっとも生じやすい制度改革の経路との両方について重要な洞察が得られるのである。

　ヨーロッパの制度改革を比較したアレクサンダーの分析は，拒否点の範囲と構造の両方が大きな意味をもっていることを示している（Alexander 2001）。彼自身はこの点を重視しないばかりか，拒否点はあまり重要ではないとし，制度改革は概して容易であると論じようとしている[11]。しかし，ヨーロッパの民主

11　私は，この節で論じている制度弾性の原因をおよそ度外視しているアレクサンダーの結論には全く同意しないが，その議論の内容は制度発展という新しい議論に大きく貢献している。彼は制度が修正されやすくなる状況について多くの重要な論点を提示し，本文で論じてきた中心的主張（制度弾性は変数として扱うべきである）を裏付けている。彼が弾性の不在をおおざっぱに結論づけてしまった理由は2つあると考えられる。第1に，民主主義の定着の初期に焦点を絞ったこと，第2に，制度改革を漸進的に進める試みすらも制度弾性が生じていない証拠として描き出してしまったことである。しかし，そこで展開されるアプローチは定着初期に公式制度に大きな修正が施される傾向がもっとも強いということも示している。これは限定的革新と，根本的分離ではなく副次的分離が続いていくことを期待させる。ここで求められているのは，さまざまな修正パターンを広める重要な要因を分析することである。本章でいくつかの点を述べたとおり，アレクサンダーが提示した証拠はむしろ，制度改革を制約して方向づける諸要因について論じる本章の中心的主張を裏付けているように思われる。

主義諸国の制度修正の試みに関するその実証的議論は，むしろ本節の議論を裏付けている（Alexander 2001: 263-64）。主要な制度を改革する試みは比較的少ないが，それでも制度改革は，最低限の拒否点しか存在しない場合（たとえばフランス第四共和制）や，拒否点が自己参照として作用しない場合（たとえば国民投票を多用するアイルランドやイタリア）に多く見られるように思われる。

（3）資産特定性と正のフィードバック

　調整問題と拒否点は，特定の制度の修正をむずかしくするかもしれないが，制度弾性の原因はこれだけではない。それ以上に重要なこととして，個人か集団が既存の制度配置に適応することによって，進路変更の魅力が低下するかもしれないのである。アクターは新しいゲームのルールが維持されるとの期待におおよそコミットし，時間の経過とともに，そのルールに適応していくかもしれない。このような適応が生じるとき，アクターの行動は，制度発展のおのおのの経路の費用と便益をおそらく根本的に変化させる。制度が継続し，ないしは，ひたすら漸進的に適応し続ける強い傾向には，制度化した交換による機能的便益よりも，これまで選択できていたほかの選択肢に切り替えるときに生じる費用の高さが反映されているかもしれないのである。

　このようなコミットメントは広範囲に多様に存在しているだけでなく，時間の経過とともに蓄積されやすい。これを踏まえて，制度をよりいっそう制度発展の観点でとらえるとすれば，その含意はつぎの命題で表現できるだろう。ほかのすべての条件が同じであれば，制度はそれが定められてから時間が経過すればするほど弾性を増していき，修正が施されるにしても，徐々に漸進的にしか進まなくなる[12]。この命題はあまり人目を引くような主張には思えないかもしれないが，たいていの調整モデルはこの命題と著しく対照的な見地に立っている。というのも，調整モデルは，制度が定められてから20年経過していようが，20分経過していようが，その制度を修正するのにあまり違いは生じないだろうということを暗に想定しているように思えるからである。つまり修正に何らかの違いが生じるときに問題になるのは，アクターの期待の強さの変化であ

---

[12] 本質的には，この命題はアーサー・スティンチコムが社会組織について論じた有名な「生まれたての弱々しさ（liability of newness）」論を制度に置き換えたものである（Stinchcombe 1965）。

第5章 制度発展

って、個々の制度配置に対するアクターの選好の変化ではないということになる。しかし、概して、コミットメントが発達していくことを踏まえれば、個々の制度配置に対するアクターの選好は安定的に維持されるのではなく、動態的に変化していくと考えるべきである[13]。これは制度修正過程のとらえ方に大きな意味をもつ。これについては後であらためて論じるつもりである。

　自己強化過程を生じさせる状況についてさらに多くを述べることは、可能であるばかりか、分析としても重要である（Thelen 1999）。以下では、特定の制度配置を原因にして生じうるさまざまなコミットメントの性質と、その個々の制度配置を生じやすくする過程の種類を浮き彫りにする。この点は、これまでの政治学では驚くほど注目されてこなかった。これは何とも皮肉である。というのも、この点を論じるには、否応もなく制度の効果に着目せざるをえないからである。この制度の効果という論点は、制度論の中心を占めてきたはずだった。しかし、これまで理論家が着目してきたのは、制度が政治過程や政策の帰結に与える効果であり、制度が社会的・政治的環境に与える効果が将来の制度修正の見通しをどのように変化させるかを考察することはほとんどなかった。とはいえ、これまでの制度論の洞察を翻案してこの論点に取り組むことはできる。

　ある特定の制度を採用することの含意は何か。さまざまな学派の制度分析は、その含意として、制度の採用は未来の政治行動に大きな影響を与えるという意味で重要である、と主張する。しかし、ここではもっと狭い範囲のことを論じ

---

[13] アヴナー・グライフとデイヴィッド・レイティンはこの議論をつぎのようにうまく要約している（Greif and Laitin 2002）。この議論は、彼らが「準パラメーター」と名付けたものを重視し、制度の「自己拘束」のみを扱う見解（一般的に調整モデルに見受けられる）から制度の自己拘束と自己強化の両方を含めた見解へと軸足を移した議論に位置づけられる。「制度が自己強化すればするほど、ますます多くの状況でますます多くの個人が、その制度と関連した行動をとり続けることこそが最善の策であると考えるようになるだろう。とりわけ、制度に変化を促していたかもしれない基底的状況の外生的変化は、その制度の自己強化があることでその効果を発揮しなくなるだろう。そして、制度はこれまで以上にパラメーターの幅が広がった状況で自己拘束していくだろう」。この議論は歴史的力学をゲーム理論にもとづいてこれまで以上に詳細に考察しようとする興味深い試みの一端である。しかし、これにとどまらず、彼らの結論はさらに多くのことを物語っている。「自己拘束的均衡に関する標準的な繰り返しゲームは、準パラメーターのモデルを作成するには適していない。……これまで以上に動態的な分析枠組みがあれば、自己強化の分析を進めることは容易になるだろう」（pp. 33-34）。

てみたい。つまり，特定の制度を採用することによって，個々の制度配置についてのアクターの費用・便益計算の結果を変化させる一連の効果がどの程度生じるのか，という問題である。この議論の出発点として，資産特定性という概念が役に立つ[14]。政治経済学の多くの研究は，資産の価値は何か別の活動に簡単に再配置できるものではなく，特定の環境や用途に限定されているとしたうえで，その特定性の違いを重視している（Alt *et al*. 1996; Lake 1999）。資産が特定性をもつ限り，アクターはその資産を利用できる領域で活動を続けることにコミットすると考えられる。ポール・ジョスコウは，オリヴァー・ウィリアムソンの議論を踏まえて，この資産の特定性を地理的特定性（site specificity）（所在の違いが資産価値を左右する），形態的特定性（physical specificity）（取引形態の違いが資産価値を左右する），人的特定性（human specificity）（専門知識，人間関係，信頼が資産価値を左右する），専用資産（dedicated assets）（特定の交換を続けることでその資産に価値が生まれる）に区別して論じている（Joskow 1988）。

この議論は制度発展研究と大きく関係している。ピーター・グールヴィッチもこのことに関し，以下のように述べている。

> 政治的アクターは，特定性をもつ資産に投資を行う。これは，人間関係，期待，特権，知識などの特定の配置のもとで行われるが，いずれも既存の制度と結びついている。ある制度特有の資産に多大な投資を行っているとき，アクターは，その資産を脅かしかねない制度変更はどれも費用が非常に高くついてしまうと考えるだろう。そのため，このような状況になれば，アクターは，少しでも変化を促しそうな行動をためらうかもしれない。……特定性をもつ資産への投資は，制度の維持を説明するのに役立つ。つまり，アクターはその所属する社会で特定の制度配置に投資しているので，自分の投資を保護しようとするインセンティブをもち，制度変更に反対するというのである。（Gourevitch 2000: 144-45）。

---

[14] 以下の議論は，シャノン・オニール・トローブリッジが提案してくれた数々の着想と，現在進めている共同研究に主にもとづいている。

第5章 制度発展

　実際，政治現象には上記で類別した資産特定性の類型それぞれに非常に類似した現象が存在する。そこでの資産特定性は，いずれも特定の制度配置によって生じたものである。政治家，政治組織（政党や利益集団），ひいては一般市民までもが，ある制度ないしは制度の集合に特定された資産を時間の経過とともに発展させていく。たとえば，アメリカの「政治はすべて地方政治である」といわれる連邦制では，政治家と政治組織は地理的特定性をもつ資産を形成するだろう。それはたとえば，選挙対策本部，特定地域への遊説に費やす時間の投資，ある地域に集中して居住する有権者との対話に費やす時間の投資，特定地域においてのみ重要となる専門性と評判の形成，などである。ここにおいて，制度配置は，異なる制度配置のもとではほとんど価値をもたない形態的特定性をもつ資産（特定の政治組織や特定の動員戦略）への投資を促すかもしれない（Strøm and Muller 1999）。政治的利益の組織化の仕方が制度環境によって著しく異なる理由の一端は，まぎれもなくこの問題に由来する（Schmitter and Lehmbruch 1979）。また，専従で政治にたずさわる政治家やロビイストは，人的特定性をもつ資産，すなわち，特定の制度環境の枠内でうまく立ち振る舞うための技能や，特定の制度配置によって権限を得ているアクターとの関係性をつくりだす。さらに，政治的アクターはほかのアクターと長期的な契約を交わすことで専用資産にも投資するだろう。この場合，組織内の年長者と契約を交わすかどうかは，若手との契約の場合に得る利得と比べた結果に左右されるが，その利得を左右しているのは制度の継続性なのである（Bates and Shepsle 1997）。

　政治学者は，政治制度がそれに特有の投資を促しうることをこれまで幅広く述べてきた（Lake 1999; Alt et al. 1996）。しかし，この視点は，さまざまな制度的文脈の個々の政策選好や動員戦略を説明するときにしか用いられないことが普通であり，アクターの投資が制度変更の便益に関する評価を変化させていくという重要な点は見過ごされてきた。これまで考察されないままだったこの重要な研究課題をとりあげることで，制度の効果に関する研究や，比較的発展している資産の特定性に関する理論的研究は急成長するかもしれない。

　第1章の議論に注意深く目を通した読者ならば気づいただろうが，制度弾性の議論は，第1章で扱った正のフィードバックの主な特徴を重視している。こ
れはひいては，経路依存的展開を生じさせる特徴である。経路依存過程におい

ては，ある方向へと進む動きが自己強化され，時間の経過とともに進路変更が徐々にむずかしくなる。適応期待，とりわけ調整しようとする強いインセンティブをアクターがもっている環境での適応期待は，正のフィードバックを生じさせる。資産の特定性に関する研究が強調しているとおり，個人と組織のコミットメントの蓄積もまた，正のフィードバックを生じさせるのである。しかし，これらの要因だけでは制度化過程とともに生じる正のフィードバック効果の全容を把握できない。ほかの効果も考慮に入れることが求められる。

　そのほかの効果としておそらくもっとも重要なのは，複数の制度配置が時間の経過とともに相互連結の強度を高めていくことである。公式制度は，ひとたび確立すれば，それ以外のあまり基礎的ではない数々の制度配置を築き上げるための重要な基幹部分となる。この「あまり基礎的ではない制度配置」というのは，公共政策をとくに念頭においている。主要な公共政策は，政治的権限の増築部分に相当する。その増築によって，政治的権限のあり方は政治的アクターのインセンティブと資源をしばしば劇的に変化させる（Weir and Skocpol 1985; Pierson 1993; Hacker 2002; Pierson and Skocpol 2002）。比較政治経済学（Hall and Soskice 2001a; Kitschelt *et al.* 1999）と比較公共政策論（Esping-Andersen 1990; Huber and Stephens 2001; Pierson 2001）の近年の多くの研究は，各国の一連の政策を「レジーム」として特徴づけられることを強調している。ここでのレジームとは，個々の政策が相互補完的に関係している状態を指している。このような相互補完性が存在するところでは，各要素の価値は，ほかの要素が存在することによって増幅するとみなされる。しかし一方で，一部の構成要素を取り外してしまうとそれにともなってほかの要素の利点が減少するかもしれないことをも意味する。制度改革の費用が大きいのは，このような補完性をもつ制度を傷つけてしまうかもしれないからである，といえるだろう。

　特定の政治制度がこのような政策レジームを下支えする役割を果たすことについては，系統的な考察が待たれるところである。とはいえ，制度設計が，利益動員のパターン，政治的亀裂構造，政治的権限の分配，アクターが特定の取引形態にコミットできる能力などに大きな効果を発揮するということについては，すでに幅広いコンセンサスが存在する。そのため政治制度は，政策の相互補完的配置を発展させる重要な構成要素であると考えてしかるべきなのである。

第5章 制度発展

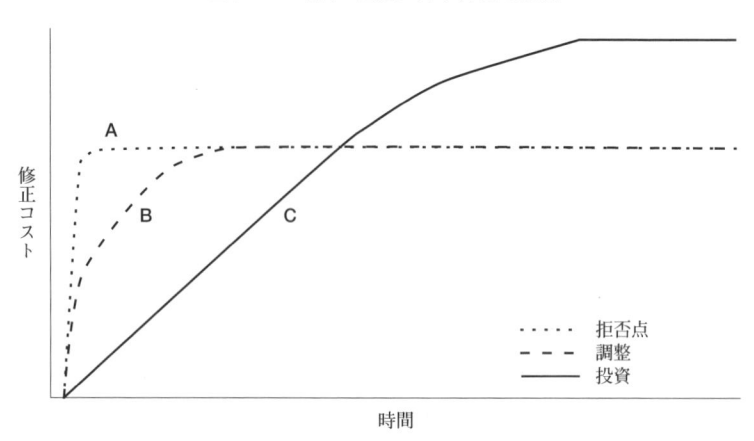

図5-1 時間の経過に伴う弾性の原因

[図：修正コスト（縦軸）と時間（横軸）のグラフ。A（拒否点：点線）、B（調整：破線）、C（投資：実線）の3本の曲線を示す]

実際，制度配置が特定の政策レジームの生成と維持に重要な役割を果たしやすいことは，近年の研究が強く示している（Wood 1997; Gourevitch 2000; Swank 2001）。政策レジームに価値があるとみなされている限り，それを支える制度も尊重され続けるであろう。

そのため，ひとたび制度が確立すると，その制度そのものの安定性を補強していく強力な誘因が生まれるかもしれない。そうなると，特定の制度修正の費用は，時間の経過とともに著しく増加するだろう。資産の特定性に関する議論は，モデルを修正すればこの過程の一端を把握できるようになるだろう。しかしそれでも，この議論は個人レベルと組織レベルに分析の焦点を絞っているので，公式政治制度と公共政策の集合が時間の経過とともにどのように折り合っていくのかという点は見過ごしてしまう。ジェイムズ・マーチとヨハン・オルセンが強調しているとおり，「政治制度は，相互連結したルールで成り立つ複雑な生態系をかたちづくる」（March and Olsen 1989: 170）。また，ダグラス・ノースもこのような相互関係を強調する。「要するに，相互依存関係にある制度的基盤で成り立つ網の目は大規模な収穫逓増を生じさせる」としたうえで，その網の目があることによって，経路依存は制度進化の一般的特徴になると結論づけている（North 1990a: 95）。制度はしかるべき位置にひとたび定められれば，ほかの相互補完的な制度の採用を促す。そのような制度配置はいずれも，

アクターに対して，新しい文脈へのしばしば根本的な適応圧力を加える。

図5-1は，制度弾性を考察する各議論の図解である。曲線Aは，拒否点の構造だけを考慮に入れたときの制度修正の費用を意味している。この費用は，当該の制度を採用したすぐ後に生じるが，その後は時間が経過しても一定のままでとどまる。曲線Bは，調整にかかわる費用を示している。ここでは，当初の費用は急上昇しているが，制度の継続についてのアクターの期待が固まるにつれて曲線の上昇は緩やかになっていく。曲線Cはアクターや組織が現状に投資して制度や政策の相互補完性を発展させるにつれて増大していくと予測される費用を示している。要するに，拒否点の議論と調整の議論は，制度修正の費用が時間の経過とともに安定していくと考えているのに対して，投資と正のフィードバックの議論は，この費用を動態的にとらえる。つまり，後者の議論においては，制度は自己執行的に作用するだけではなく，自己再執行的 (self-reenforcing) にも作用すると考えられているのである。

制度発展の理論は，制度弾性の原因に着目すべきである。制度修正を直線的過程としてとらえがちな傾向をおさえて，どのような条件のもとでどのような修正が可能になるのかを検討する必要がある。企業は予期しない帰結に対して学習と競争を経て適応していくというウィリアムソンの自信に満ちた主張は，政治分析，とりわけ公式の政治制度の分析にはほとんど当てはまらない。アクターは新しい構想に着手するとき，過去の出来事から学習してこれまでとは異なる行動をとるかもしれないが，すでに制度化された活動領域で捲土重来(けんどちょうらい)を期すことは非常にむずかしいだろう。アクターは，選好に変化が生じたときや意図しない帰結が顕在化したときに思いのままに書き直せる白紙委任状を相続するわけではないのである。

それどころか，その時点までの制度選択の重荷によって，アクターは手を施す余地が大いに制約されていることを認識する。選択の調整に難航するかもしれないし，拒否点が高い障壁になるかもしれない。さらに重要な問題として，投資が蓄積し相互関係を形成している場合，とりわけ制度を定めてからある程度の時間が経過しているときには，これまで妥当と思われていた選択肢の選択コストは極端に高くなっているかもしれない。それゆえ，合理的選択論が重視している学習と競争のメカニズムが存在するとしても，そのメカニズムの圧力

が制度改良を生じさせることは決して自明とはいえないのである。このことは，外生的衝撃や伝播過程など制度変化の触媒になりうる事象を重視している歴史的制度論や社会学的制度論にも同じように当てはまる。制度の修正が生じても，それは過去の制度選択と，その選択によって生じた力学に大きく左右されていることがほとんどなのである。

　このような制度発展に関する主張を実証的に吟味することを可能にする系統的なデータは存在しない。そのため，今後その構築が大いに求められる。とはいえ，制度が多くの環境において長期的に高度に安定していることをうかがわせるおおざっぱな証拠は存在している。たとえば，比較政治制度研究の第一人者であるアレンド・レイプハルトは，「選挙システムの抜本的変更や大統領制から議院内閣制への転換は……確立した民主主義諸国ではきわめて珍しい」(Lijphart 1992: 208) と論じている。また，ジョゼフ・コロマーは民主主義体制を，議院内閣制／多数決型，議院内閣制／比例代表型，大統領制および半大統領制型の3つの類型に分類し，民主主義の崩壊をともなわない類型間の移動は合計5つしかないとしている。議院内閣制／多数決型から比例代表型（ないしは混合型）への変化は，1918年のスイス，1993年のニュージーランド，1994年の日本の3つ，議院内閣制から大統領制への変化は1958年のフランスと1996年のイスラエルの2つである（Colomer 2001: 242）。これらの証拠は，ライカーの悲観的観測に対して有力な解答を与えるくらい制度の安定性が高いことをうかがわせるとともに，確立した制度がいかに広くて深い基盤に支えられているかを示している。いうなれば，制度そのものが未来の制度発展の基本設定をかたちづくるのである。

　このような，公式な制度の社会的・政治的帰結の下流を重視する見解には，機能主義的説明への二重の皮肉が含まれている。第1に，社会環境が一定の帰結を「淘汰」すると考えることは妥当といえるとしても，社会的機能主義では逆向きの因果関係が想定されていると考えられるのである。つまり，社会的機能主義が想定するように，競争的環境が社会的アクターの要求に適合するよう制度を淘汰していくというのではなく，制度はしかるべき位置にひとたび定められるとその後にアクターを「淘汰」していくといえるのである。これは進化論に関心のある読者にとってはおなじみの2つの過程を経て生じる。まず，ア

クターは新しい課題・戦略・動員方法を採用することで制度的環境に適応していく。長期的にみれば，アクターのアイデンティティーそのものも，この制度配置によって大きくかたちづくられるかもしれない。つぎに，制度的環境に適応していない個人や集団が生き残る可能性は往々にして低くなっていく。これらを踏まえれば，戦略を特定の制度的文脈にうまく「適合」させることができないアクターは，適応と淘汰の過程を経て長期的に減少していくだろうと考えることができる。

　第2のさらに広い意味での皮肉は，このような過程を静止画としてとらえると，その過程はアクター中心機能主義の確証材料として誤解されてしまう点である。制度発展過程をどこかの瞬間で区切れば，有力なアクターの選好と制度の機能とのあいだに，比較的に収まりの良い「適合」を見つけられるかもしれない。これはアクターが選好にもとづいて制度を選択するという合理的制度設計論のひとつのように思えるかもしれないが，実際には，その因果関係は逆向きである。つまり，有力なアクターが制度をつくりだすのではなく，制度配置がアクターの特徴をかたちづくるにあたって有力な役割を果たしたと考えられるのである。

3．制度発展への理解

　ここまでの議論は，制度はひとたび採用されてしまえばその後は「凍結」または「ロック・イン」されていくということを連想させる議論，要するに制度変化の可能性を否定する議論として読むこともできるだろう。このような解釈は過程をきわめて静態的にとらえる研究者に一般的に見受けられる。しかし，ここまでの議論はそのようなものとは一線を画していることを明らかにしておかなければならない。つまり，本章の制度弾性の議論は，公式政治制度はひとたび確立すれば決して変化しないだろうということ，制度改革はつねに漸進的に進められるだろうということ，制度修正の可能性を評価するときには弾性を生じさせる要因だけを考慮に入れればよいということ，を提案しているわけではない。大規模な社会的変容によって，より根本的な改革を求める強い圧力が生じるかもしれないし，その圧力はここまで論じてきた制度弾性の要因を圧倒

第5章 制度発展

するかもしれない（Alexander 2001; Thelen 2003）。第4章でとりあげたとおり，アメリカにおいて上院議員の直接選挙が導入されるまでの予期しない展開を論じたライカーの議論はこの一例である。民主的選択過程の拡大を求める社会的圧力の増大とパワー・バランスの変化が組み合わさることで，制度は時間の経過とともに根本的に変化していった。また，民主化過程を促進する文化・経済・社会の趨勢は，既存の制度配置の安定性を圧倒することが多かった（Alexander 2001; Colomer 2001; Rueschemeyer, Stephens, and Stephens 1992）。

ここまでの議論からわかることは，制度は一般的に可塑性が低いということと，制度が長期にわたって存在している場合にはその変化のほとんどは漸進的なものになるということである。たとえば，上述のコロマーの議論でも触れられているとおり，民主主義体制の輪郭は時間が経過してもかなり安定しているが，微調整を受け続けていることが一般的である（Colomer 2001）。制度の安定性はたしかに政治において顕著にみられる特徴である。しかし，ここまでの議論を踏まえることで，どのような環境が制度修正の可能性に影響を与えるのか，また，特定の環境においてどのような種類の制度修正が生じやすくなるのか，あるいは生じにくくなるのかといった問いについて，多くのことを論じられるようになると思われる。

歴史的制度論と社会学的制度論で論じられているいくつかの主題を検討してみたい。近年，多くの研究が，過去の制度選択時点での「敗者」が制度変化に重要な役割を果たしていることを重視している（Alexander 2001; Clemens and Cook 1999; Schickler 2001; Thelen 2003）。つまり，敗者は臥薪嘗胆し，自分の制度設計案を実行する機会を待ち望んでいるかもしれないというのである。シックラーの議会研究は，ある制度環境においてこれが実際に生じる可能性があることを実証的に裏付けている。また，上述のとおり，セーレンは制度修正を生じさせる複数の一般的過程，すなわち「機能的転用」や「堆積」を考察している。

問題の中心は，この種の制度修正の可能性を変化させる条件について系統的に何かを語ることができるか否か，という点である。シュナイバーグとクレメンスが指摘するように，「不当な扱いを受けているものの権力に取り込まれているわけではないアクターが，制度変更圧力の重要な原因になる」（Schneiberg and Clemens 2006)のであれば，集団が取り込まれずにその組織の強さを維持できる状況を知る必要がある．実際のところ，この問題は理論的に検討できると思われる．上述の制度弾性に関する諸側面はいずれも，敗者が，将来において自分たちに好都合な修正を施せるようになるかどうかを評価することとかかわってくる．そうだとすれば，敗者が直面する調整問題の解決はどれだけむずかしいのか，制度の拒否点の範囲と構造はどのようなものか，ひいては新しい制度に適応するにあたって敗者（およびその潜在的支持者）が受ける圧力はどの程度なのか，といった問題を検討することが必要になってくる．

　これらの問いに対する答えは，研究者が特定しようとしている状況によって異なってくる．その状況とはどのようなものなのかを検討することが，制度発展研究の重要な課題である．シックラーの議会制度の研究は，この点を議論する一例である．敗者は特定の環境においてどれだけ大きな適応圧力を受けるのかという問いに対して，彼は「それほど大きくはない」という答えを提示している．第4章で解説したとおり，議会は，多数のアクターの長期的継続を期待できる文脈に相当する．議員はたとえある時点の制度形成において敗者になっても，将来の制度修正のための居場所が保証されていた．議会の院内規則を修正しても，それは議員の政治生命にはわずかしか影響を与えないことがほとんどである．そのため，この政治環境では，制度配置の「循環」力学が蔓延しやすくなり，経路依存効果はあまり大きくは作用しないだろう．これはまさに，シックラーが明らかにした点である．

　しかし，シックラーも認めているとおり，議会政治で制度化されているようなアクターの長期的継続の保証は，決して一般的なものではない．シックラーは「多様な目標をもつ構成員がそれぞれ（組織の）構造と過程に影響力を発揮しうる」舞台を検討する際に自分の議論が意味をもつと指摘するなかで，「大学，専門同業者組合，半ば独自に活動する地方支部で成り立つ全国政党，複合的かつ技術的に複雑な業務を管轄する官庁」などの環境にも応用範囲を拡大できると提案している（Schickler 2001: 268）．しかし彼は，時間の経過とともに議会の中心的特徴として確立していったアクターの継続性が，ほかの環境にも当てはまるのか否かという問題を考慮に入れていない．これは，この重要な点が存在しないと疑わせる根拠となってしまう．

第5章　制度発展

　これに対して，選挙ルール，立法府・執政府関係，司法の役割などに適用される制度配置は，アクターに大きな適応圧力を加えるであろう。そもそも，これらの制度環境では「敗者」は制度を修正する場には参加できないかもしれない。たとえできたとしても，敗者は自分たちには環境に適応して漸進的な改革を望むしかないことを悟るだろう。というのも，制度の動態的効果によって，彼らの潜在的な支持者も大幅な適応圧力にさらされるからである。

　また，制度弾性の原因に関する議論は，政治的企業家が制度変更の推進者として果たす役割を重視する近年の主張にとって大きな意味をもっている。何が制度変更の費用を高めるのかを理解できれば，どのような状況で企業家的行動が成功を収めるのかをもっと明確にできるかもしれない。この問題は，制度改革が生じた事例のみを分析していては検討できない問題である。有力なアクターが既存の制度配置のどの側面において既得権益をもっているのかを特定することができれば，制度弾性を検討することで，企業家がとりうる行動の種類も浮き彫りにできるかもしれない。同様に，これらのコミットメントを考察することで，「有能な社会的アクター」はどこから改革連合の参加者を募ることができるかを特定しやすくなるだろう。

　ジェイコブ・ハッカーの近年の議論は，この研究分野で重視されている主題と，制度配置の長期的な制度化過程とをどのように結合すればよいのかを教えてくれる（Hacker 2004）。彼が着目しているのは制度変更ではなく政策変更であるが，議論の構造は「政策」を「制度」に置き換えても変わらない。

　　アクターの一群が既存の政策に反対しているものとする。さらに，彼らにとっては，既存の政策的枠組みの「内側で行動」して自分たちの目標を達成しようとするか，もしくは「外側で行動」して既存の政策的枠組みを放棄ないしは取り替えようとするか，このどちらかを選ぶ以外に選択肢はないとしよう。このような状況では，2つの問いが重要になる。第1に，アクターは既存の政策の枠組みのなかでどれだけ簡単に自らの目標を達成できるか，第2に，既存の政策を自分たちの目標に近い政策へと取り替えるのにどれだけ高い費用がかかるのか，というものである。第1の問いに対する答えが「非常に簡単にできる」だとすれば，あまり費用をかけずに変更できるにもかかわらずその政策を変更する機会を見逃すか

3．制度発展への理解

図5-2　転用コスト，取替コスト，制度変更

	転用コスト（内的変更の障壁）	
	高	低
取替コスト（政治環境の現状維持バイアス）　高	安定性 堆積 （旧制度の放棄をともなわない新制度の生成）	転用 （既存の制度への内的適応）
取替コスト（政治環境の現状維持バイアス）　低	放棄／取替 同型化（伝播）	不確定

もしれない。第2の問いに対する答えが「非常に高い」だとすれば，自分たちの目標と大きく食い違っている政策の枠組みだとしてもその枠内で行動しようとするかもしれない（Hacker 2004: 9）。

図5-2はハッカーの議論を一部修正してまとめたものである。改革者は最善の戦略を選ぶにあたって「取替」と「転用」の費用と便益を斟酌しなければならない。それぞれの高低に応じて，既存制度の枠内で改革を模索する場合，既存の制度を取り替える場合，既存制度の上に新しい制度が堆積する場合，現状を黙認する場合，を想定できる。それぞれの場合における費用と便益の分析の大部分は，本章のここまでの議論から導き出すことができるだろう。

歴史的制度論と社会学的制度論の研究課題を関連づけるためのこれらの提案は，私の議論の要点を浮き彫りにしてくれる。すなわち，制度発展を理解する

ためには制度弾性を十分に考慮に入れることが求められるという主張である。同様の点は,マイケル・ハナンとジョン・フリーマンの画期的な研究のなかでも述べられている。彼らの組織生態学の研究が着目しているのは制度ではなく組織であるが,彼らはつぎのように述べている。「簡単かつ迅速に適応する構造が歴史の変化過程をかたちづくるとは思えない。別の言い方をすれば,もし組織が近代社会の礎石であるならば……慣性があるからこそ組織は近代社会の礎石になっているのである。組織が可塑的なものであるならば,組織のエリートの意思だけが重要ということになってしまう」(Hannan and Freeman 1989: 33)。ここまで論じてきたとおり,制度は概して可塑性が高くないし,簡単かつ迅速に適応させられるものではない。制度は変化することもあるが,さまざまな要因が制度弾性を生じさせることを考えれば,制度は多くの環境で非常に強い慣性をもつといえるだろう。このような特徴があるからこそ,制度弾性は制度発展の長期的過程の理解に大きく貢献するのである。

4．制度発展研究の課題

　ここまでの議論の中心的主張は,制度の効果に着目することで制度発展をさらに理解できるようになる,ということであった。このような制度の効果への視点は,たとえば,過去の制度選択の「敗者」は大規模な制度修正を推し進めることができるのか,もしできるならば,どのようにして推し進めるのか,といった重要な問いに対して深い洞察を与えてくれる。しかし,本章のここまでの議論で示してきた主張は,従来論じられてきた制度変更の理論的研究テーマだけに寄与するものではない。このほかにも,制度の下流効果に着目することで導き出すことができる（し,そうしなければ認識できるとは思えない）制度発展研究の未開拓地帯は存在する。本節の以下の部分では,制度選択ではなく制度発展に着目することで得られる5つの主張,あるいは研究課題になりうる論点を描き出してみたいと思う。その5つとは,深い均衡,制度変更の選択肢の一覧表,制度間の連結（institutional coupling）,緩慢に推移する制度変化過程,政策発展である。

4. 制度発展研究の課題

(1) 深い均衡

　トム・ストッパードの戯曲『アルカディア』での一幕。おしゃまな少女のトマシーナは家庭教師にこんなことを訊ねた。「プリンにジャムを入れてかき混ぜることはできるのに，プリンからジャムをかき出せないのはどうして？」。この会話から引き出せる論点として第1に提案したいのは，深い均衡と呼べるものを特定することである。これまで強調してきたように，ある制度配置は均衡に達しているのかを問うだけではなく，その均衡は条件が変化してもどれほど安定しているのかを問うことが制度配置を考えるときの中心的論点になる（Young 1998）。1つの制度や制度の集合体の弾性に寄与するさまざまな要因が大きな効果を発揮しているときでも，制度配置がある時点でひとたび定着すれば，それは長期間にわたってきわめて維持しやすい。まさに，このときに深い均衡は生じると考えられる。したがって，この主張はスイレンの葉を跳び回るカエルの例を用いて第3章で紹介した吸収マルコフ連鎖の一形態に相当する。

　ここでは，比例代表制，分離主義，司法対象化（judicialization）という全く異なる3つの例を簡潔に紹介してみたい[15]。この3つの例に対する私の解説は示唆的なものでしかないが，それでも深い均衡という考え方の応用範囲の広さをうかがわせてくれる。3つのなかでも例としてもっとも明白なのは比例代表制である。比例代表制は，深い均衡という現象を浮き彫りにするのに役立ち，深い均衡を生み出すメカニズムを特定するのが比較的容易である。政治学者の長年の観察によれば，政治体制全体の変動をともなうことなく比例代表制が放棄されることはほとんどなかったとされている。たとえば，20世紀のヨーロッパの政治発展において政党システムが「凍結」したことを論じたシーモア・リプセットとシュタイン・ロッカンの有名な議論では，そのメカニズムは明確にはされていないものの[16]，比例代表制の採用が凍結に重要な役割を果たしてい

---

[15] コロマーの議論は，大統領直接選挙も深い均衡の一例であるということを示唆している。「長期的観点で観察すれば，大統領直接選挙はひとたび制定されれば簡単には放棄されないことが理解できる。ナチス政権以後のドイツのように大統領直接選挙を放棄した事例も少数ながら存在するが，権威主義体制化以前に大統領制を採用していた国は再民主化した以後も大統領直接選挙があらためて制定されることがほとんどだった」（Colomer 2001: 242）。

[16] ステファノ・バルトリーニとピーター・メイアーは「その存続や『凍結』の理由は複雑である。

第5章 制度発展

る。比例代表制によって深い均衡になっているのには、いくつかの理由があるように思える。もっとも重要な理由は、比例代表制のルールのおかげで結成できたり存続できたりしている小政党が、その制度の継続を強く支持している点である。多数派を形成して政権を樹立するためには、小政党の支持が必要になることが多いので、小政党は制度変更を効果的に阻止できる。同時に、このような制度配置は利益集団の発展を促し、比例代表制の継続の要求を強化する政治的亀裂パターンの発展に寄与する。

つぎに、分離主義は、少なくとも民主主義体制においては「深い」均衡の第2の候補である。ほかとは全く異なる1つの地域が分離主義に賛成票を投じることができれば、将来に大きな変化が生じると考えられても、その投票結果が覆されることはまずないだろう。カナダの事例を検討してみよう。近年、カナダのケベック州では分離独立の賛否を問う住民投票が数回実施されている。これまでの住民投票ではいずれも連邦主義者が勝利を収めてきたが、かなり接戦のすえに勝利したときもあった。この住民投票の結果は重要な反実仮想を提起する。つまり、この住民投票で1回でも分離主義者が勝利していたらどうなっていたのか、という問いである。もしこれが実現したとすると、2つの重大な結果が生じる可能性が高いだろう。第1に、勢いを増した分離主義者はその投票結果を覆すことをきわめてむずかしくするような制度配置をすぐに採用するだろう。第2に、英語使用者はカナダのほかの地域へと移動するだろう。そして、この2つの結果はそれぞれもう一方の結果を補強し、深い均衡を生じさせるだろう。要するに、カナダの連邦制の行く末には根本的な非対称性が待ち構えているのである。これまでの住民投票では、僅差だがつねに一定の得票差で連邦主義者が勝利してきた。しかし、連邦主義者が現状を維持するには勝利し続けなければならない。これに対して、分離主義者は1回勝利するだけでよい。ここには2つの均衡が存在しているが、一方の均衡はもう一方の均衡よりも深いといえる[17]。

リプセットとロッカンの研究もその後のロッカンの研究も、この側面をより包括的に把握する水準には達していない」(Bartolini and Mair 1990: 57) と述べている。

[17] もちろん、これはケベック州の分離独立という帰結のほうが生じやすいと論じているわけではない。ここで論じているのは住民投票で分離主義が勝利したときに生じうる帰結である。

4. 制度発展研究の課題

　司法対象化は深い均衡の第3の候補と考えられる。比較的独立している裁判所による紛争調停がどれだけ行われるかは国によってさまざまである。全体の制度配置のなかで裁判所の政治的権力が非常に弱い国もあれば、裁判所が非常に強い国もある。また、1つの国のなかでも司法対象化の程度は分野によって違いがある。しかし、注目すべきなのは、司法対象化は事実上一方通行で進んでいるようにみえる点である。つまり、司法対象化の変化の方向性は、圧倒的に拡大傾向を示すのである。たとえば、レイプハルトは1945年から1996年にかけての民主主義国36カ国の違憲立法審査権の強さを4段階に分けて論じている（Lijphart 1999: 226）。各国はさまざまな段階に分散しているが、違憲立法審査権をもっていないか、非常に弱い部類に位置づけられる国々がほとんどだった。このうちレイプハルトは5カ国（ベルギー、カナダ、コロンビア、フランス、イタリア）を違憲立法審査権の強さの段階に変化のあった国に分類している。しかし、その国々の変化はいずれも違憲立法審査権を強化するものだった。まさに、民主主義体制に裁判所を入れてかき混ぜることはできるのに、民主主義体制から裁判所をかき出すことはできないのである。

　裁判所の権限を事実上不可逆的に拡大させるであろうメカニズムは数多く存在している[18]。政治と法律の紛争解決の舞台として裁判所が出現すると、それは法律を中心にして考えるアクター（law-centered actors）を急速に拡大させる。法律を中心にして考えるアクターとは、裁判所の手続きの維持と拡大に相当の関心をもち、目標の遂行に役立たせることができる資源（拘束力のある意思決定を下す権限）を相当にもっているアクターのことを指す（Epps 1998）。ある社会環境でひとたび司法対象化が進めば、その分野にかかわるほかのアクターも、新しい環境に適応しようとする強いインセンティブをもつようになる。ここでは、司法手続きがゲームのルールの鍵となる。この文脈でうまく立ち回るためには、アクターはそれを可能にする組織の強さと戦略のレパートリーを発達させることが求められる。さまざまな集団がおそらく嫌々ながらも適応して

---

[18] Stone Sweet（2000, 2002）およびHathaway（2001）は、ここで手短に概説した経路依存メカニズムの多くを詳細に検討している。国際的領域での「司法化（legalization）」はそれほど広範囲に及ぶわけではないが、それでも顕著に見受けられる。これについてはGoldstein *et al.*（2001）を参照のこと。

いくにつれて，投資の蓄積によって司法手続きへの支持は増大し，ほかの集団にも同じことを求める圧力が高まっていくだろう。

　また，この司法対象化の例は，制度配置の生産と再生産を説明するときに社会学者が重視している長期的過程の重要性も強調している。つまり，司法手続きの活用を長期間にわたって繰り返すことで，規範に大きな変化が生じやすくなるのである。司法手続きの活用という紛争解決方法は「当然」とみなされるようになる（March and Olsen 1989）。制度配置の再生産にかかわるアクターは，日々の慣習によって何も意識しないまま制度配置を「慢性的に再生産する」（Jepperson 1991）。それゆえに，比例代表制や分離主義と同じように，司法対象化された政治状況は複数のメカニズムが相互補強的に働くことで深い均衡に達する。

　ほかの条件が同じならば，深い均衡に達した制度配置のほうが長期的には普及していくと予測できる。また，このような文脈では，制度変更の政治力学も異なり，極端に漸進的に進むと考えられる。さらに，関連するアクターが深い均衡の存在を認識しているとき，その深い均衡は制度改革をめぐる政治的駆け引きにも影響を及ぼすと考えられる。たとえば，分離主義者が住民投票に1回勝利するだけでよいということを知れば，それは争いあう両陣営の戦術と長期的戦略に大きな効果を発揮するだろう。要するに，深い均衡を生じさせる可能性のある要因を特定することは，制度発展に関心を寄せる研究者にとって大変有益であると思われる。そして，実際に深い均衡を生じさせると予測できる要因の多くは，ここまで論じてきた議論からうかがうことができる。

（2）制度変更の選択肢の一覧表

　近代的政体を構成する重要な制度の多くについて，妥当と思われる全体的な制度配置の数は（細部の多様性は無限に存在するにしても）限られるだろう。選挙システム，立法府・執政府関係，中央・地方関係など，先進諸国の制度の特徴には比較的明確な類型が存在している。これは制度的選択肢のレパートリーがかなり限られているということを示唆する。しかし，制度改革を検討している者は，同じ一覧表のなかから品目を選択しているわけではない。特定の出発点から始めれば，それに応じて何か特定の「手番」や発展経路が生じやすく

なるかもしれない。つまり，前述の深い均衡の議論の要点を「$B \to A$ の動きよりも $A \to B$ の動きのほうが生じやすいときもある」と表現するならば，ここでの主張の要点は，「制度配置 C のときには E または F に向けた動きがもっとも生じやすいが，制度配置 D のときには H または I に向けた動きがもっとも生じやすいだろう」と表現できるのである。別の言い方をすれば，制度発展経路はキャリア形成になぞらえられるかもしれない。専門職のキャリア形成では，頻繁にみられる経歴というものがあって，それ以外の経歴は非常にめずらしい。これらのパターンを割り出し，一部の配列の出現を促進してそれ以外の配列を事実上排除してしまうような構造的特徴を特定することは非常に有益だろう（Abbott 1990）。

　本章のここまでの議論は，制度変更を上記のようにとらえる理論的根拠を提供している。多くの原因が制度弾性を生じさせると指摘したが，そのなかで私は，その原因の多さがそのまま制度変更の欠如を意味するわけではないことを繰り返し強調してきた。特定の制度配置にとって「接着剤」となる要因を理解できれば，出現しやすい制度改革の経路を特定するのにきわめて役立つだろう。たとえば，制度配置のどの要素がどのアクターの集合にとって重要な投資先になるのかを知ることができれば，アクターがどのような修正を受け入れやすいと考えるか，あるいは問題が多いと考えるか，をこれまで以上に特定できるようになるだろう。同時に，どの制度配置が自己参照として作用するのかを知ることができれば，どの出発点から始まると，どの制度発展経路に到達できないようになるのかについてさらに理解が深まるだろう。

　この種の議論を説明する政策の一例として，成熟した福祉国家における公的年金システムの改革をあげることができる（Myles and Pierson 2001）。公的年金システムのほとんどは1980年までにはすでに十分に制度化していた。しかし，その後に社会・経済・政治が大きく変化すると，緊縮経済の風潮が生まれ，事実上すべての国民年金システムに抜本的な修正が加えられるようになった。各国の国民年金システムはそれぞれ異なる出発点に立っており，それぞれ制度化の程度も大きく異なっているので，改革者が選ぶことのできる選択肢の一覧も劇的に異なっていた。所得の源泉徴収にもとづく潤沢な年金システムが長期間にわたって存在している国では，将来の受給者のコミットメントがすでに確立

しているので，個々人の積立金にもとづく退職年金システムへの転換は事実上不可能になる。むしろ，これらの国々の政策立案者は積立金にもとづく年金システムよりも，費用を抑えたうえで負担金と便益をもっと連結させた年金改革を模索した。これに対して，源泉徴収にもとづかないシステムの国々では，より徹底的な改革の選択肢も考慮の対象となる。たとえば，イギリスのように実際にそのような徹底的な改革を選択した国もあった。要するに，それぞれの国が制度発展の経路のどこに位置しているのかを明確に理解できれば，どの改革がもっとも生じやすいのかをより鮮明に理解できるようになるのである。

コロマーは，この種の公式政治制度について野心的な議論を提示している（Colomer 2001）。上述のとおり，彼は確立した民主主義諸国の体制に著しい安定性を見出し，多数決型，比例代表型，大統領制型の政治体制は，それぞれ別の類型に変化することはほとんどないと述べている。しかしその一方で，時間の経過とともに包括性と多元主義の増大を求める大きな政治的圧力がどの環境にも見られるということにも彼は触れている。大統領制の場合では，大統領選挙の2回投票方式への変更，大統領の応責性の拡大，三権分立の向上の3つがその圧力に相当する。議院内閣制の場合では，選挙システムの比例度の増大傾向を明らかに見てとることができる（Lijphart 1999）。要するに，制度レジームをまたぐ経路の切り替えは起こりにくい。したがって，改革にあたっての選択肢の一覧表は，実際には制度レジームにより異なる。とはいえ，それぞれのレジーム類型の枠内でも，選択できる改革の範囲は限られてしまいやすい。

このような改革の選択肢の一覧表に着目した研究からは，肯定的な帰結をもつ予測（「制度配置がxであれば，それは制度発展yが生じる証拠になると期待できる」といったような予測）は導き出せないかもしれない。むしろ，「ここから向こうへは行けない」ないしは「出発点xからyやzへの発展は生じやすいが，qへの発展は極端に生じにくい」というかたちの議論になるだろう。「xならばy」という立言をめざすよう日常的に教え込まれている社会科学者の耳には，このような主張は控えめに聞こえるかもしれない。しかし，制度配置のレパートリーの幅はそもそも限られていると論じることが理にかなっているのだとすれば，選択されうる選択肢の選択可能性の低さを指摘できるようになることは，大きな貢献といえるだろう。このような分析は，第4章で論じたよ

うな観察された1つの帰結からさかのぼって1つの制度変更の実例を「説明」するよりも、間違いなく多くの情報を与えてくれる。アンドリュー・アボットはこの点をつぎのように指摘する。

「その問題にx量の資金をあてれば、そうしないよりも問題の増大を15%抑えられるだろう」。政策立案者にこのように告げた場合を想像してほしい。では、つぎはどうだろうか。「その問題にx量の資金をあてれば、aとbが生じるかもしれない。もしaが生じればおそらくcが生じるだろうが、aとbの両方が生じればcは生じにくくなるだろう。このcはあなたが達成したいと思っているdには必要なので、あなたはbを回避しない限りはこのアプローチでは問題を解決できない」。もしこのような分析が、回帰分析の結果を解釈する際の思考実験ではなく、ある政策データに対して適用された標準的な分析手法の結果だとしたらどうだろう。まさにこれこそが政策科学なのである（Abbott 1997: 1168-69）。

（3）制度間の連結

　制度発展を分析する第3の有望な視角は、複数の制度の相互作用効果を考察することである。制度発展経路は複数の制度の関係のあり方によってかたちづくられると考えられることが多い。ここでは1つの制度だけを切り離してその内部力学に着目するのではなく、中位の制度レベル（meso-institutional level）に着目する（Pierson and Skocpol 2002）。この主張は、すでに述べたように、複数の重複する制度の歴史的発展過程を分析したオーレンとスコウロネクの議論の主題でもあった。しかし、より厳密にいえば、ここでの議論が着目するのは、制度のある特定の効果を生じさせる状況を割り出すことである。これによって、制度の相互作用や、その相互作用が制度発展経路に与える影響について従来とは異なった議論を提示できる。

　相互作用が生じる場合はいくつかあると考えられるが、ここでは本章の議論と関連する2種類の相互作用をとりあげる。第1に、本章ですでに論じてきたとおり、個々の制度のあいだに相当の相互補完性が見られるかもしれないということである。これはすなわち、複数の制度配置が相互に補強しあっているこ

とを意味する。複数の制度のあいだに相互補完性があるとき，それは制度発展パターンに非常に大きな影響を与えるだろう。このような相互補完性が強い場合には，ある特有の制度配置の集まりを観察できるだろう。ほかの条件が同じで制度 X が存在していれば，制度 Y の発展が往々にして見出せるといったような制度の群生化に関する証拠は現実に存在している (Gourevitch 2002)[19]。また，相互補完性が存在していれば（ここでもほかの条件が同じならば），おのおのの制度の存在がほかの制度の持続性に肯定的な影響を与えると予測できる。さらに，1つの制度に対して相当の改革が施されれば，それによって制度の相互補完性に変化が生じる可能性が高まると予測できる。

このように，制度間の固い連結，つまり相互補完性が制度発展に影響を与えるかもしれないのであれば，ある種の「緩い連結」もまた制度発展に大きな影響を与えるかもしれない。制度の緩い連結とは，制度間の権限配分に相当の曖昧さがある場合の連結を指している。この曖昧さの概念は，権力を分立する（三権分立）システムとしてではなく「権力を分有するばらばらな制度によるシステム」としてアメリカの政治を表現したリチャード・ニュースタッドの議論に見出せる (Neustadt 1990)。この曖昧さはとりわけ，現状に満足していないアクターに機会を与えてくれる。

この着想の下地にあるのは，政治組織が目標を追求するための「足場」は制度環境ごとに異なるという E. E. シャットシュナイダーの洞察である (Schattschneider 1960)。足場の構造はそれぞれ異なるので，政治的アクターに与えられる制約・リスク・機会も異なり，必要とされる戦略も異なる。したがって，ある制度的足場において不利な立場に追いやられているアクターは，制度間の関係上可能であれば，政治的行動の足場を別の場所へと移す強いインセンティブをもつようになることが多い。このように，制度の相互作用の類型には，相互補完的な制度配置だけではなく，別々の選択肢になる可能性のある制度配置もある。

---

19 制度の群生化の原因は，もちろん制度の相互補完性に由来する相互補強の原因とは異なるかもしれない。また，もっとも明らかなこととして，別々の制度が同じ要因（たとえば有力なアクターの特定の集合）によって生じることもある。制度発展を時間の経過にそって考察する実証研究であれば，観察された制度群生パターンに相互補強が果たしている役割を確認できる (Thelen 2004)。

4. 制度発展研究の課題

　複数の制度的足場の役割を重視する議論は，少なくともアメリカの政策発展を論じる際には有力な議論と考えられている（Baumgartner and Jones 1993; Melnick 1994）。しかし，制度の緩い連結が制度発展パターンに与える影響はあまり注目されてこなかった。このような緩い連結も制度改革者に新しい足場を模索する機会を与えるのではないかと考える根拠は十分にある。ここで再び，社会学的制度論と歴史的制度論が制度変化の触媒について論じてきた重要な洞察を応用することができる。企業家と，これまで周辺に位置していたアクターは，制度が緩やかに連結している環境では熟知している政治戦略を数多く活用できるかもしれないので，重要な役割を担う。また，このような足場変更戦略をとれることは，制度の緩い連結と，意図しない制度発展の広まりとのあいだに関係があることをうかがわせる。権限の境界の線引きが曖昧なところでは，当初の制度設計者がその後の制度発展の長期的経路を管理し続ける力は低いといえる。

　連邦制と執政府・司法府関係の2つは，制度の緩い連結のすぐれた例である。これらの事例では，制度の役割と管轄範囲の曖昧さに，国家横断的にも時間的にも大きな違いがあるが，いずれの場合にも曖昧さは総じて高い。この点を厳密に測定できる系統的なデータはそろっていないが，制度発展に関する定性的研究を概観すると，緩やかに連結した制度配置の帰結を分析することは有望な研究課題であることがわかる。時間の経過とともに制度の関係性が予期しないようなかたちで劇的に変化した事例は，裁判所の発展に関する研究（Ackerman 1999; Burley and Mattli 1993; Epps 1998; Melnick 1994; Lijphart 1999: 223-30）にも，連邦制の発展に関する研究（Watts 1987; Gibson and Falleti 2000; Riker 1955）にも溢れている。

　しかし，連邦制と執政府・司法府という2つの設定には大きな違いもある。このことは，私が提示した研究課題に重要なつながりがあることをうかがわせる。すでに論じたとおり，執政府・司法府関係では意図しない帰結，つまり裁判所の役割拡大がほぼ一方通行で進んでいるように思える[20]。それに対して，

---

[20] レイプハルトの違憲立法審査権の比較分析は多くのことを物語っている。「違憲立法審査権が中央集権化している国々は地方分権化している国々よりも強い違憲立法審査権をもつ傾向にある。中央集権化している7カ国のうち6カ国は上位2段階に格付けされている。これはかなり驚くべき結

連邦制にはこのような一方通行の性質は見られない。時間の経過とともに地方分権化している事例（たとえばカナダ）もあれば，中央集権化している事例（たとえばアメリカ）もある。また，エドワード・ギブソンとトゥリア・ファレッティの説明によれば，アルゼンチンの連邦制は，ブエノスアイレス州がほかの弱い州を支配するための手段から，「〔ブエノスアイレス州の〕支配からの解放者」へと思いがけず変化した（Gibson and Falletti 2000: 19）。

（4）制度変化の長期的過程

　ここまでの議論では，制度選択の下流効果によってさまざまな制度改革の費用が大きく増加するかもしれないということを強調してきた。アクターが制度配置に適応するにつれて現状への支持が高まり，その支持の高まりによって制度配置は当初よりも幅広い状況において安定するようになる。制度の現状に対して大きな問題が生じるまでにはしばしば相当の時間を要するだろう，というのがこの主張の重要な含意である（Hacker 2002; Thelen 2004）。改革を可能にする臨界的閾値を越えなければ，制度の再生産に否定的に働くような展開にはならない。この場合，制度革新は長期間の圧力の蓄積を経た後に生じることが多い。変化を起こすアクターは，まさに劇的な結末において主役級の役割を演じるかもしれないが，その終幕は，そこにいたるまでに長期にわたって演じられてきた場面展開に大きく左右されやすいのである。

　要するに，制度弾性の原因は時間の経過とともに累積して効果を発揮しやすいということから考えて，制度変更という論点は，第3章で論じたさまざまな主題を論じるための有力な候補である。長期的過程，すなわち政治現象の「静止画」研究では往々にして視界に入らない過程は，制度改革の前提条件を考える際に重要になるだろう。長期的過程は特定の制度配置がもたらす便益を徐々に減少させるよう働くかもしれないし，制度変更の動員費用を減少させる効果を発揮するかもしれない。ここまでの議論において，制度のパフォーマンスの

果である。というのも，当初，この中央集権化した違憲立法審査権は違憲立法審査権をもたないという選択肢と地方分権化させるという選択肢の折衷案として生まれたからである。このことはつぎのように説明できるに違いない。立法の合憲性を審査するという明確かつ限定的な目的のために特別な組織がつくりだされるならば，その組織はその課題に熱心に取り組む可能性が非常に高い」（Lijphart 1999: 228）。

評価がむずかしいということはすでに強調してきた。しかしそれでも，特定の制度配置によって芳しくない結果が長期的に続けば，アクターは現状から得られる便益を査定し直すようになるかもしれない（Thelen 2004）。実際，時間の経過とともに現状から得られる便益が低下していくとアクターが考えている社会的文脈の進化において，一部の制度はひどい機能不全に陥っている。

　また，制度改革の費用を減少させるような長期的過程を考察することも価値があるだろう。第3章でも論じたとおり，市民権運動の台頭と人種差別的法律の撤廃に関するダグラス・マックアダムの研究は，この点を裏付けている（McAdam 1982）。彼は，南部の政治経済と，市民権運動の活動家が利用できた社会的資源の両方が長期的に大きく変化していたことを割り出し，その変化によって制度の現状に対する異議申し立てが可能になったと論じた。その制度改革は比較的迅速に生じたように見えるが，そのように見えるのは，制度の現状に対する異議申し立てに現実味を与えた機会構造の変化に着目せず，それよりも浅い触媒に焦点を絞ったときだけである。

(5) 制度発展から政策発展へ

　本章で論じてきた議論を公式な政治制度の説明から公共政策の研究へと拡張することを，最後の未開拓の研究領域としてあげることができる。「社会におけるゲームのルール，ないしはより形式的にいえば……人間の相互作用をかたちづくる人為的な拘束」（North 1990a: 3）というダグラス・ノースの制度の定義を踏まえれば，主要な公共政策を重要な制度として考えてもおかしくはないだろう（Pierson 1993; Pierson 2006）。公共政策は，市民社会を構成している個人や社会組織の相互作用を司るルールの中心である。このルールはある行動に対する報酬と制裁を決める。その範囲は，政府からの恩恵を受け取る資格から，罰金，投獄，ひいては死刑にまで及ぶ。社会学者が一般的に考察してきた公式制度を除けば，現代人にもっとも直接かつ強力に影響を与えている制度は，政治学者がこれまで一生懸命に研究してきた公式な政治制度ではない。むしろ，公共政策なのである。

　すでに論じてきたとおり，制度選択だけではなく制度発展も考慮に入れることには利点がある。これと同じような理由から，有力な政治的アクターが自分

第 5 章　制度発展

の要求に役立たせるためにある瞬間にどのようにして政策を選択するのか，ということとは別に，政策発展というものを考えることができる。実際，近年の制度変化の興味深い議論のなかには，長期間にわたる政策発展に着目している議論もすでにある（Hacker 2004; Patashnik 2003; Thelen 2004）。政策選択の瞬間に没頭すると，分析の視点は劇的な事象に向かう一方で重要な事象からは離れがちになる。はじめは小さな政策でも，自己強化の条件に合っていたり，意図しない大きな帰結が生じたりすれば，結局は極端に重要な政策になるかもしれない（Howard 1997; Hacker 2002）。対して，大きな突破口となった政策でも，はじめに成功するだけではなくその後に弾性を示さない限りは長期的には衰退していくかもしれない（Patashnik 2003）。また，有力なアクターと政策配置のあいだに「適合」が見られたとしても，それははじめにアクターが政策配置の制定に成功したというよりも，アクターが政策配置に適応したということを反映しているかもしれない（Hacker and Pierson 2002）。本章で政策発展に頻繁に言及してきたことからもわかるとおり，公式政治制度の研究について前章と本章で述べてきた批判（とその研究課題）の大部分は，公共政策の研究にも同じように当てはまるだろう。

　要するに，制度化過程とその制度選択の下流の帰結を考察することで，制度安定と制度変化に関する理解を深める有望な研究を開拓できる。本章で論じた観点は，制度配置が均衡に達するかどうかを分析する重要性だけではなく，その均衡の深さと特徴を考察する重要性をも浮き彫りにしている。さらに，この観点は，制度改革の配列や経路を特定する必要性があることを示すとともに，改革が，いつ，どのように生じうるのかを理解する際に，緩慢に推移する大規模な社会過程を重要な要因として考慮に入れる必要があることを強調する。これらの側面はいずれも，制度改革の引き金になりうるアクターや触媒に着目してきた制度変化に関する最新の研究を大いに補完し，部分的に修正を加える。制度発展を歴史的過程の進行として理解すれば，制度の安定と変化の理論を平行線上で考察するのは誤りである。この 2 つの理論はまさに表裏一体なのである。

　さらに広くとらえれば，前章と本章は，本書の中心的議論を現代における理論的争点に応用してきた。制度発展とは，長期間に進行する過程である。制度

4. 制度発展研究の課題

選択や制度改革の瞬間に焦点を絞った静止画はこのような過程の一部を把握することはできるが，大きな誤解も生み出してしまう。制度発展の動態に注意を払うことによって，静止画を分析することの盲点の一端を暴くことができるし，議論が曖昧になっている箇所や，これまで全く無視されてきた重要な論点を割り出すこともできる。また，このような分析視角をもつことで，ある特定の社会が特定の制度配置をもつようになった理由や，現在その社会がもっている制度配置の選択肢の幅を発見するための刺激的で新しい理解の方法を手に入れることができるのである。

終　章　社会科学研究における時間的文脈

　　　　研究は自然とのゲームです。このゲームにおいて，自然はその法則を暴かれまい
　　　　とする秘匿戦略で研究者を迎え撃ちます。……もちろん，各研究者の発見戦略の
　　　　有効性は自然の秘匿戦略に左右されるでしょうし，自然法則の秘匿戦略の有効性
　　　　は，研究者が選んだ作戦に左右されるでしょう。……かなり単純な秘匿戦略でも，
　　　　ある種の発見戦略にはかなりの効果を発揮するかもしれません。このゲームを理
　　　　解する第一歩として，おそらく私たちはこのように訊ねるでしょう。これぞ社会
　　　　学者のお気に入りの戦略といえるのは何ですか？　社会学の特徴は，小さな分析
　　　　単位，それもたいていは諸個人についての断面分析に没頭することです。
　　　　　　　　　　　　　　　　　　　　　　　ヨスタ・カールソン（Carlsson 1972）

　本書ではここまで，時間的次元のなかで頻発している一定の因果的過程を特
定し，それを考察することを目的としてきた。時間的次元に配慮することによ
って，社会科学者はこれまで以上に社会的事象の法則に沿って研究を遂行でき
るようになる。本書で述べてきたことを，上述のヨスタ・カールソンの一節に
ならって言えば，つぎのようにいえる。よくありがちな，ある瞬間だけの考察
にもとづいた研究では，社会の重要なものの多くは隠されたままになってしま
う。社会過程が時間の経過とともにどのように進行するのかというように考え
れば，そうしなければ立てられなかったであろう問いを立てられるだろうし，
そうしなければ明らかにできなかったであろう説明の欠陥を特定できるだろう
し，そうしなければ見出せなかったであろう答えを見出せるだろう。
　この主張は，現代社会科学で用いられている理論と分析手法の両方に大きな
意味をもっている。本章では，これまで論じてきた議論から一歩引いて，その
議論が理論と分析手法に与える含意の一端を簡潔に述べてみたいと思う。文脈

終　章　社会科学研究における時間的文脈

という考え方はその出発点として役に立つ。そもそも，社会分析を時間のなかにおくという言い回しは，どの瞬間もある種の時間的文脈のなかに位置づけられる，すなわち，進行する社会過程の一部であると認識していることを暗に示しているのである。しかし現在，社会科学の大部分において「文脈」という言葉の印象は芳しくない。厚い記述（thick description）の同義語として，また，社会科学分析の障害としてみなされている。まさに，過去数十年にわたって社会科学の大部分で進められてきたのは，脱文脈革命と呼べるような動きだった。

　この脱文脈革命は，分析手法と理論の両分野での主な展開にはっきりと見てとることができる。多くの社会科学者はこれまで回帰分析などに典型的に見られる，根本的に文脈を考慮しない方法論に引き寄せられてきた（Abbott 1988, 1997; Ragin 1987）。とはいえ，脱文脈化は回帰分析などの手法に必然的にともなう特徴ではない。それどころか，統計学者は相互作用効果を考慮に入れる分析道具（Franzese 2003）や，データ・セットの複雑な時間的関係性を考察する分析道具（Beck, Katz, and Tucker 1998; Jackson 1996）を多く手にしている。しかし，その潜在力は往々にして活用されないままであり，その手法を活用するには相当の対価が必要になってしまう。その対価とは，〔統計的な〕「自由度」を失うこと，別の手法であれば使えたのにこの手法では必要な情報を得られないデータ・セットを放棄すること，より適切なデータの収集とより適切な技法の学習に多大な時間をかける必要があること，などである。現代社会科学では一般的に，このような対価は払われていない。というのも，定量的手法を用いる研究者は，それを払う必要はないという心強い言葉をいつも耳にしているからである。

　また，理論構築の領域でも脱文脈化の傾向が進んでいる。その向かう先は合理的選択論である。合理的選択論は経済学における理論構築の最有力形態であり，現代政治学でも幅広く活用されている。そのほとんどの研究は，最大の簡潔性と最大の一般化能力を組み合わせることを最優先課題にしている。これは，説得力のある仮説には「地域固有」の情報はほとんどともなわないだろうという思い込みをもたらした。政治学の合理的選択論は，多様な環境のもとで同一の分析単位として同一の効果を発揮するとみなされる「有権者」，「利益集団」，広範囲にわたる制度（中央銀行，議会，連邦制，裁判所）などに，変数的存在

として着目するのが一般的である。最大化を求める諸個人がこの理論の基礎単位である。諸個人は高度に原子化したものとして扱われ，あらゆる特定の文脈から大きく分離できる特性を備えている存在として描写されている。合理的選択論にもとづいた理論構築では，少数の重要な前提条件が満たされていればいつでも幅広い環境に応用できる主張を確立しようという野心的な研究課題がつき物である。

　このように，脱文脈化に突き進む趨勢のただなか，社会科学の歴史志向の分析は，後ろ向き思考の非常に好ましくない研究例として非難されることが多かった（Bates 1997; Geddes 1990）。固有のものとされている文脈に没頭している歴史分析は，パターンの特定と一般化の発展とは相容れないとみなされている。このようなアプローチは「伝統的」アプローチとして一蹴されるばかりか，否定的な意味において，「近代的」アプローチと対比されている。

　しかし，アンドリュー・アボットが雄弁に論じているとおり，これには別の見方もある。「『文脈』には2つの意味がある。……狭義の意味では……文脈とは，当該の事象を取り巻くことでその事象を定義するものに相当する。広義の意味では，文脈は細部を意味するだけである。鋭い読者は気付いただろう。この2つの意味は文脈の科学的価値に対する2つの評価にそれぞれ対応しているのである。もし脱文脈化が余分な細部の除去にすぎないのであれば，それは科学的にみてすばらしいことである。しかし，位置情報の除去を意味するならば，それは科学的災害である」（Abbott 1997: 1171）。アボットが狭義の意味で用いた文脈の考え方が，本書を駆り立てている。特定の社会的文脈は，政治的アクターを制約するだけでなく，政治的アクターに力を与える。そればかりか，社会的文脈は，自分がいったい何者なのか，自分はいったい何を望んでいるのか，といったアクターの認識そのものをもかたちづくるかもしれない。

　文脈を重視して議論を進めると，それは1つの事例の厚い記述に終わってしまう。これが，上記の議論に対する標準的な反論である。すなわち，「そういうものだ（just-so）」という説明に陥ってしまうというのである。これは「はじめはこれで，つぎはそれで，そのつぎはあれ，って感じでたまたまだったの。二度とそんなふうに起こると思わないけど」とジャック・ゴールドストーンが表現した「スース博士式」の説明（Goldstone 1998: 833）に相当する。ほかにも，

終　章　社会科学研究における時間的文脈

　これまで以上に厚く文脈化した説明を求めると，それは複雑な事例をただ並べて比較するだけの手法に頼ってしまうことになり，克服しがたい方法論的問題を生み出すおそれがあるといった反論もある (Geddes 1990; Lieberson 1997; King, Keohane, and Verba 1994)。

　社会科学が直面しているトレードオフは，これほどはっきりと分かれているわけではないと私は考えている。このような見解を提唱しているという点において，本章の分析は，複雑な因果関係や文脈への配慮と，1つの事例の説明にとどまらない一般的議論の提示を両立しようと模索する近年の方法論的，理論的，実証的研究の波の一端に位置づけることができる[1]。生き生きとした歴史の豊かさをこれまで以上に多く把握できるようになる可能性を高めつつ，有用な知識の生成という社会科学の目標について論じることは，刺激的かつ魅力的な研究課題である。

　とはいえ，この主張の真意は，特定の現象の文脈すべてを知る必要があるということではない。それは実際上だけでなく論理的にも不可能である (Gaddis 2002)。むしろ，「文脈」としてあまりに簡単に退けられてしまっているものは，実際には，重要な社会過程を理解するのに非常に重要といえるかもしれない，ということである。現代社会科学では，ただ手法や理論に組み込むことがむずかしいといった理由や，そもそも用いている手法や理論では気付かないといった理由だけで，重要な要因や過程の大部分が議論から欠落してしまうことがあまりにも多い。本書をとおして強調してきたとおり，非常に重要な社会的相互作用の時間的次元は，その最たるものである。

(1) 時間的文脈を明確にする

　これまで以上に文脈を重視する社会科学研究アプローチの動向として，それぞれ両立している2つの動向をあげることができる。第1のもっとも直截な動

1　この分野の研究蓄積は莫大である。Mahoney and Rueschemeyer (2003) に所収された各論文はその入口として役に立つ。関連する方法論的論点についてはBrady and Collier (2003), Mahoney (2001), Bennett and George (2004), Ragin (2000), Hall (2003), 近年の理論の発展, とりわけ社会過程の時間的広がりに着目した理論の発展についてはAbbott (2001), Mahoney (2000), Thelen (1999), すぐれた実証研究としてはCarpenter (2001), Huber and Stephens (2001), Mahoney (2001), Schickler (2001), Thelen (2004), Waldner (1999) を参照のこと。

向は，提唱しようとしている仮説に時間（と空間の両方かどちらか1つ）の明確な境界条件を導入することである．この動向は本書のなかで詳細に論じたわけではないが，本書の中心的主張と通じている．境界条件を明確に設定するという姿勢は，社会科学の大部分にある普遍的法則の探求という野心の後退を意味する．境界条件を設定すると，広範な環境で効果を発揮すると考えられる変数間の関係の探求は見合わすことになる（あるいは少なくとも先送りにされる）．むしろ，そこで前提とされているのは，特定の環境下で特定の特徴がどのように関連するかを特定するのに，強い文脈効果（つまり，ほかの要因の効果に強く作用する背景変数〔background variables〕）が大きな役割を果たすだろうということである．ほかの条件が同じならば（*ceteris paribus*）というよく用いられるただし書きは，実際には限られた範囲の時間と空間の枠内でのみ妥当だということを意味するのである．

　変数志向型比較研究でますます普及しつつある研究手法（とくにプーリングした時系列データにもとづいた回帰分析）と対比すれば，この慎重な立場の特徴が明らかになるだろう（Shalev 1999）．プーリングが普及するようになったのは，それによって，社会科学が頻繁に直面している統計分析上の最大の障害である観察標本数の少なさを克服できるからである（Abbott 2001）．「各年における各国家（country-year）」をそれぞれ別の観察として扱えるならば，時系列データにおいて「各国の事例（country-cases）」として比較的少数しかなかった事例の数を飛躍的に増やすことができる．こうすることで，統計分析における観察数「n」訳注1は2倍，3倍になる．これによって，研究者はいっそう複雑な仮説を考慮に入れることができるようになり，より信頼できる結果を生み出せるようになる．

　しかし，脱文脈革命に疑問を呈している研究者にとって，この時系列データのプーリングによる分析の根底にある仮定を受け入れることは非常にむずかしい．たとえば，経済開放の程度と労働組合の密度という2つの変数の因果関係が1965年当時と1995年当時で同一であると本当に想定できるであろうか．いうなれば，プーリングによる分析は，変数の関係性はそれを取り巻く背景条件の

訳注1　Number of observations の頭文字．

時間的・空間的変化に応じて変化していくという複雑性を無視した因果関係を分析しているのである (Shalev 1999; Hall 2003)。序章でも論じたとおり, 同様の問題点は定性研究志向の歴史研究がしばしば採用している分析手法にも当てはまる。すなわち, 背景条件が大きく変化しても因果的推論の大きな問題にはならないという暗黙の前提に立つことで, 過去の1つの事例のみに着目したり, 少数の事例を異なる時期から選び出して分析してしまいがちなのである (Bartolini 1993; Lieberson 2001)。

しかし, 背景条件は強い効果を発揮しやすいと仮定すれば, 社会過程の範囲をよりいっそう限定した分析を促すことになる。境界は, 時間, 空間, あるいはその両方によって区切られることが一般的である[2]。たとえば, アンダーソン, ティリー, アートマン, ダウニングなどによる有力な比較歴史分析は, 国家建設の一般命題の提唱を追求することはなかった。むしろ, 彼らが着目したのは, 特定の歴史的時期 (それでも十分に長期間に及ぶ) のヨーロッパの経験に適用できる説明をつくりあげることだった。たとえば, グレゴリー・ルーバートは, 自由主義, ファシズム, 社会民主主義のそれぞれの体制の発展を論じたすぐれた研究において, 戦間期ヨーロッパを分析対象にして説明している (Luebbert 1991)。彼は, 大きな修正を施さないまま現代の南アフリカなどの体制を同じ要因で説明できるとは主張しなかった[3]。

社会科学の分析上・方法論上の選択には必然的にトレードオフがつきものであり, 可能であればそれをいつも明確にしておくことが重要である。時間と空間の射程条件の設定も, ほかの選択と同じように代償を払うことになる。第一に, これまで批判者が強く主張してきたとおり, 議論を少数の事例に限定する

---

2 少なくともはじめのうちは時間や空間で区切られることが多い。しかし, セーレンも論じているとおり, その時間的・空間的観点で画定された境界条件を分析的観点で画定された境界条件へと置き換えるよう努力することもできるし, また, そうするべきである (Thelen 2000)。この詳細は後であらためて論じる。

3 比較歴史研究が一般的に射程条件 (scope conditions) を用いている理由はほかにもある。この点にも触れておくべきだろう。その理由とは, 実世界の特定の帰結への関心がこのような分析の動機になることが一般的だったという点である。たとえば, ルーバートはヨーロッパ諸国のすべての事例ではなくとりわけ一部の事例に見られた民主主義体制からファシズム体制への転換を理解することに関心を寄せていた。この問題誘発的視点が比較歴史分析で果たす役割についてはPierson and Skocpol (2002) を参照。

と因果的推論に大きな問題が生じてしまう (Geddes 1990; King, Keohane, and Verba 1994)。標本の数が限られている場合，セレクション・バイアスが生じてしまうおそれがあるばかりか，因果的主張を評価するときに実証的観察の数よりも多くの変数を議論に含めてしまう可能性が高まるのである。第2に，射程条件を設定するというのは，広範な状況に「適用」できる因果的要因の特定という社会科学の研究者のほとんどが抱いている目標のひとつを放棄することにつながるのである。

しかし，このような弱みがあるからこそ，実証的研究と理論的主張の範囲に境界を設定するという戦略を第2の分析的戦略と組み合わせて用いることがますます増えている。第2の戦略とはすなわち，ある文脈の重要な側面の分析に特化した理論と手法を採用することである。複雑な因果関係のために，境界条件を設定することが研究上の野心を自ら封じ込める慎重な選択だとすると，第2の戦略と組み合わせることで少しはその野心を満たすことができる。ここでは，ある文脈（ないしは社会的相互作用の「埋め込み（embeddedness）」）のどの側面を多様な状況に応用できるかの特定が試みられる。アボットの言い回しを用いれば，「分析対象となっている事象を取り囲むことでその事象を定義する」ような状況を特定することが目標となる。すぐ後で手短に検討するとおり，この戦略の利点は，脱文脈革命の弱みを克服できると同時に，相対的に狭い空間と時間の境界条件の設定によって普遍的法則の探求を行えなくなるのではないかという，社会科学上の懸念を和らげることができる点にある。

文脈を考えるということは，関係性を考えるということである。実際，近年の理論的研究は空間的・時間的関係性の特徴に着目するようになっている。特定のアクター，特定の組織，特定の制度は，社会環境のほかの側面との空間的関係によってかたちづくられる部分もあるし，また特定の瞬間はそれよりも広い時間的過程の一部に位置づけられる。ある事象はさまざまな事象配列の一部であり，その配列のなかでの事象の所在の違いはその事象の意味合いを大きく左右するかもしれない。このような理由から，これらの理論的研究はいかなる分析対象に対しても，文脈の重要な要素となっている空間的・時間的環境を考察しているのである。

空間的文脈に着目した研究がどのようなものであるかは，簡単に想像できる。

そして，実際にそのような研究を進めている研究者もいる（Abbott 1997; Herbst 2000; Kopstein and Reilly 2000）。これに対して，私が本書で論じてきたのは，理論的に重要な時間的文脈の諸側面である。私たちの住んでいるこの慌ただしく変化する世界の重要な特徴をうまく説明するには，ここまで論じてきたとおり，社会的行動が時間のなかにどのように埋め込まれているのかを正しく認識することが求められる。経路依存論は初期の「重大局面」に端を発する事象の連鎖や過程に着目し，その初期の帰結が自己強化効果を発揮しうることなどを重視する。配列論はマクロの過程とミクロの相互作用のどちらについても，その時間的順序の違いが帰結に違いを生じさせることを明らかにする。また，長期的過程に注意を払うことで，社会の因果関係の過程や帰結の展開の速度にそれぞれ著しい違いがあることを浮き彫りにできる。さらに，制度選択の瞬間以外にも視野を広げて制度発展過程を考察する重要性，すなわち，制度配置は長期間にわたって生じる修正や取替のさまざまな圧力に，なぜ，どのように適応するのか（ないしは適応に失敗するのか）という問いを検討する重要性を強調した。

　全体をとおして強調してきたとおり，本書で組み立ててきた議論は，時間的文脈の論点を扱う新興分野の議論を大いに拠り所にしている。キャサリーン・セーレンはこの研究分野の目標をつぎのようにうまく表現している。「できる限り時間を超越して時間の影響を把握すること」（Thelen 2000: 101n）。すなわち，時間的関係性の共通の特徴を特定し，それをある特定の事象を分析するための一般的な分析道具とすることである。この新興分野では「文脈」は特別な意味を帯びており，長期間にわたって展開している社会的力学のなかで事象と過程はどのようにして相互関連しているのかを考えるための入口に位置づけられている。これは決して，個々の社会環境をそれぞれ独特で無限に複雑な事象としてとらえるということを意味しているわけではない。むしろ，いかなる事象・過程であれ，時間的な位置づけと一連の事象のなかでの位置づけによって規定され，そして，さまざまな速度で展開するさまざまな過程との相互作用に囲まれていると認識することが強く求められるのである。とりわけ，広範な社会的変容を理解しようとするときには，このような時間的関係性こそが研究の主題となる。「何」（つまり変数の値）だけではなく「いつ」も知る必要がある。

これは社会科学に対して，とくに研究設計の立て方と社会を理解するための理論の双方に対して，大きな意味をもっている。

(2) 分析手法と研究設計

　社会過程の時間的次元を重視するとしても，それは必ずしも変数中心的な分析の典型的手法を完全に拒否することにつながるわけではない。時間的関係性の仮説は，明確に特定すれば，変数の言語に翻訳できるかもしれないし，適切なデータが入手できれば，統計的検定の対象になるかもしれない。たとえば，経路依存に関する主張は，過去の制度・組織・政策の帰結に由来するコミットメントの程度にもとづいていることが多い。原則として，そのコミットメントは特定も計測もできるし，実際にそうするべきである。すでに述べたとおり，現代統計学には巨大なデータ・セットの枠内で時間的関係性を考察する分析道具が幅広くそろっている（Box-Steffensmeier and Jones 1997）。たとえば，イベント・ヒストリー分析などの技法は，本書で論じてきた長期的過程の多くを考察する際に非常に役立つだろう。

　しかし，このような分析道具を活用するためのデータが，現時点ではそろっていないことも多い。本書の中心的議論に利点があるとすれば，それは，社会科学の重要な論点のいくつかを考察するためには独特の特殊なデータが必要になることを強く示唆したことであろう。たとえば，第4章と第5章で考察した制度発展を定量的に研究するには，現在手元にあるデータよりももっと多様な項目の長期間のデータ・セットが必要になるだろう。同じような試みは，重要な公共政策や政治組織の発展などの幅広い研究分野で強く求められている。

　さらに，統計的検定にとって適切と考えられているデータは，現実的につねに入手できるわけではないし，研究者が関心を寄せている多くの論点にとって，観察できる実例の数はかなり少ないときもあるだろう。また，仮説として存在する類型があったとしても，現実のデータとしては存在しないことも多い（Abbott 2001）。前述のとおり，実例の数が多いように思える研究領域でさえも，文脈に着目した分析を遂行しようとする研究者は，「多数事例（large Ns）」をつくりあげるために用いられる大胆な前提，すなわち，因果関係の性質や，個々の「民主主義体制」や「利益集団」を同質な単位とみなす前提（単位同質

性）に対しては，一般的に疑わしく思っている（Ragin 2000; Hall 2003; Keohane 2003）。

このような問題の存在に対して，時間的効果に関する近年の研究が提示する豊富な理論は，仮説を厳密に検討するのに大いに役立つだろう。これは必ずしも自明ではない。近年，政治学であらためて注目を受けるようになった「変数は多いのに事例が少ない（many variables, few cases）」問題は，ここまで論じてきた時間的過程の議論を用いると悪化してしまうかもしれない。たとえば，経路依存論は，変数間の相関関係だけではなく，その時間的配列を分析することが求められている。これは（たとえば利益集団の形成といった）多くの事例が存在しうる問題の帰結を研究するときにはそれほど問題にはならないかもしれない。たとえば，集合行為とそこでのアクターの政治認識の発展を論じる研究は，そのような研究領域として有望であろう。しかし，「変数は多いのに事例が少ない」問題は，これよりも集約度の高いレベルで働いている正のフィードバックの議論では深刻な問題となるかもしれない（Geddes 1997）。

とはいえ，これを手に負えない問題として結論づけてしまうのは誤りである。たとえば，2つや3つの革命の事例を研究することで得られるのは，2つや3つの観察だけであるといった観点に立てば，そのような結論になってしまう。脱文脈化した研究で典型的に見出される「薄い」理論は，まさにこのような観点に立っているといえるだろう。統計的関係性を主に拠り所にしている薄い理論は，変数から帰結までをつないでいる過程やメカニズムに対しては言及しないか，それに近い状態になってしまうことが多い。対して，時間的関係性を扱った新興分野の議論は，メカニズムにもっと注意を払っている。このため，実証分析の対象となっている個々の「事例」のなかから多くの観察可能な理論的含意を導出できる，より厚い理論の基礎に位置づけることができるのである。

明確につくりあげられた理論は，従属変数と独立変数の相関関係以外にも多くの含意をもっている可能性がある。近年の過程追跡の議論の多くは，このことを重視している（Bennett and George 2004; Hall 2003; King, Keohane, and Verba 1994; Rueschemeyer and Stephens 1997）。たとえば，時点 T で採用した政策はそれ特有の正のフィードバック（政治的組織化パターン，アクターの勢力分布，有権者の政策選好などの変化）を生じさせるという理論であれば，時点

$T+1$でその政策が強化されることだけではなく,政治的組織化などの中間的帰結のパターンも変化することがその理論から期待できる。それだけでなく,この中間的帰結は特定可能であるばかりか観察可能なことが多いと期待できる。このように,経路依存過程の最近の理論的理解の向上を踏まえると,一見するとごく少数の事例しか研究していないように思われるところに多くの観察可能な含意を導き出すことができるのである (Hacker 2002; Hacker and Pierson 2002; Thelen 2003)。中間的帰結のようなこれまで扱われなかった含意を実際に観察できるとすれば,それは,薄い理論で提唱される1つの相関関係だけしか観察していないときよりも,理論に対する信頼をよりいっそう高めるだろう。このように,文脈に配慮しつつも有用な理論を生み出そうとしてきた研究に対する方法論的批判に対して,近年の理論的前進は1つの重要な答えを与えてくれる。理論が豊かになればなるほど,「変数は多いのに事例は少ない」問題を克服できる可能性(少なくとも軽減できる可能性)は高まるのである。

また,ジェイムズ・マホニーとディートリッヒ・ルシェマイヤーも強調しているとおり,共同研究を進めれば,つまり,多くの研究者のあいだで研究を重複させつつ分散化させれば,分析能力は向上するだろう (Mahoney and Rueschemeyer 2003)。複合的な研究は,中央統制ではなく意思の疎通によって適切に調整すれば,より多くの観察を分析でき,研究成果を大いに蓄積できる (Mahoney 2003)。これは,研究者の共同体を巻き込んだ,明確な目標をもって結束したリサーチ・プログラムをつくりあげる重要性を示している。本書の議論は,研究の進め方とも大きく関係している。つまり,社会過程の時間的次元に関連する最近の研究,たとえば,経路依存 (Hacker 2002; Mahoney 2001; Myles and Pierson 2001) や制度発展 (Hacker 2004; Schickler 2001; Thelen 2004; Patashnik 2003) などの研究は,共通の概念的・理論的枠組みを活用している。共通の枠組みを踏まえることで,異なる領域を研究対象にしている研究者同士が,理論的関心を共有しやすくなり,互いに刺激し合い,蓄積を促すような議論をつくりやすくなるのである。

さらに,本書で考察してきた時間的関係性の議論は,これ以外にも興味深い方法論的可能性があることを明らかにしている。統計的手法のなかには,時間的関係性を考察するのに適しているものの,重回帰分析が主導権を確立するに

つれて使われないようになった手法がある。まずは，そのような既存の手法を再検討することが求められる（Shalev 1999; Braumoeller 2000）。また，新しい手法もある。たとえば，数千年に及ぶ仮想世界の創世を可能にするエージェント・ベース・モデルは，時間的関係性を考察する刺激的な新しい機会を与えてくれる（Cederman 1997; Axelrod 1997）。アンドリュー・アボットは，叙述の連なりと時間的パターンを考察するための一連の手法について包括的に論じている（Abbott 1990, 2001）し，複数の手法（定量的手法と定性的手法）を組み合わせてそれぞれの強みを生かそうとする関心も高まりつつある。手法を「橋渡し」や「入れ子」にしている研究計画を設計すれば，それぞれの研究手法につきものの盲点や限界を埋め合わせることが可能になる（Brady and Collier 2003; Lieberman 2003）。時間的力学を重視している近年のすぐれた研究のなかには，まさにこのように複数の手法の相互補完的な強みを活かして議論を進めているものもある（Carpenter 2001; Huber and Stephens 2001; Schickler 2001）。

　要するに，本書で考察してきた論点を幅広くさまざまに説明するための手法は，数多く存在しているのである。とはいえ，本書を通じて行ってきたように原則的にこのようなことができると語ることと，実際にどのような研究を進めるのかということは全くの別物である。とりわけ，それは，組み立てる理論の違いと社会のあり方に対する基礎的前提の違いに左右される（Hall 2003）。その方向性の違いが問いの違いをもたらし，さらにはそれぞれにおいて検討するに値する答えが1つのものへと集中する。つまり，社会過程の時間的次元を真剣に考えるよう理論が促さない限り，方法論的可能性が活用されないままになってしまうのである。

(3) 理　論

　本書では，ここまで時間的過程の議論を考察してきたが，何か固有の政治的・社会的現象を扱った特定の理論については1つも提示してこなかった。それよりもむしろ，幅広い政治的・社会的帰結に応用できると期待されるアプローチが，本書で論じてきた数々の議論を利用している（もしくは利用できていたかもしれない）ことを，社会科学のさまざまな理論的伝統にもとづいた多くの研究例を引き合いに出したうえで例示した。さまざまな重要な論点について

立てられた理論的主張は，時間的過程をもっと正しく認識すれば改良できることを論証しようとしてきた。

時間的関係性への理解は大きく向上しつつある。これにともなって議論の焦点は「因果法則」（広範囲に見られる高度に整合的な変数間の関係性）から，ある特定の社会メカニズムの解明へと向けられるようになった。ヤン・エルスターは，この社会メカニズムを「妥当かつ頻繁に観察される事象の生じ方」（Elster 1989: viii）と述べている。さまざまなメカニズムはどのようにして働くのか，それぞれのメカニズムがもっとも働きやすくなるのはいつなのか，そのメカニズムはどのような含意をもっているのか。ここまで述べてきた理論的論点の多くを扱っている研究者は，すでにこれらの問いの解明を試みている。研究者が社会について述べたいと思っている具体的な主張は，時間と空間でその範囲が区切られていることが多い。しかしそれでも，そのメカニズムの洞察はさまざまな状況に応用することができるだろう。たとえば，正のフィードバックの議論を用いて社会過程を説明する近年の研究は，アメリカの社会福祉政策の発展（Hacker 2002），ラテンアメリカの連邦制に生じつつあるパターン（Falleti 2005），各国のスポーツ文化の形成（Markovits and Hellerman 2001）など多岐にわたる状況を対象にしている。時間的文脈に配慮した研究は，特殊性と普遍性のバランスをうまくとることができる。また，伝統的な単一事例研究よりも，ほかの事例に応用できる有用な知識を用いることができるし，またその発展に貢献できる。ある事象を囲むことでその事象を定義する特定の空間的・時間的関係性を認識し，解明することによって，貢献が可能になる。

本書で述べてきた私の主張の多元的含意を強調しておきたい。つまり，時間的関係性（正のフィードバック，配列，緩慢に推移する原因，緩慢に推移する結果など）を生じさせるさまざまなメカニズムを特定・解明することは，幅広い理論的伝統への重要な貢献につながる。社会過程の主な「作動要因」について研究者がいかなる主張を展開するにせよ，社会過程の時間的次元に着目すれば，多くの洞察を導き出すことができる。また，自覚的な「合理主義者」や「構成主義者」は，それぞれ理論的にもっとも重要とみなす変数の効果や最終的帰結に対して事象や過程の時間的配列が，いつ，なぜ，どれくらいの効果を発揮しうるかを明確に考えれば，そこから恩恵を得られるかもしれない。さら

終　章　社会科学研究における時間的文脈

に，理論的方向性が根本的に異なる研究者は，時間的文脈から引き剝がされた特定の瞬間にのみ焦点を絞る場合にどのような問いや答えが見過ごされてしまうかを考慮することで，そこから恩恵を得られるだろう。

　大きな理論的分裂に対して中途半端なこの立場は，必要以上に大きな不満を引き起こしてしまうかもしれない。この不満は，いずれかの理論的伝統にコミットするよう要求する，社会科学にありがちな攻撃的・論争的な態度に由来する。しかし，このようなよくある闘争的態度は，あまりにも単純なものである。第4章で触れたとおり，ロナルド・ジェッパーソンが名付けた「理論的心象」における内的整合性・包括性・相互排他性を誇張しすぎているのである（Jepperson 1996; ほかにも Jepperson, Wendt, and Katznelson 1996: 78-82を参照のこと）。ジェッパーソンが論証しているとおり，理論的心象のあいだにはさまざまな関係性が成り立ちうる。境界条件をかなり緩やかに表現しているときもあるし，同じことを異なるかたちで表現しているときもある。また，異なる現象に着目し，異なる問いを立てるときもあるし，重要な現象の異なる側面に着目するときもある。フリッツ・シャルプフが論じているとおり，このような場合，理論が異なれば，異なる理論は異なる「構成単位」に該当し，全体としてより包括的な理論が可能になるかもしれない（Scharpf 1997）。たとえば，第3章で用いた用語でいえば，「第Ⅰ象限」の説明と「第Ⅱ象限」の説明を連結することは，それぞれ異なる理論的心象を組み合わせるということになる。

　それぞれの理論が分析の強みを発揮する社会的側面は，それぞれ異なる。その典型的な例が，合理的選択論である。本書を通じて，合理的選択論は社会過程の時間的次元を説明する際に固有の強みと弱みをもっていることを論じてきた。すでに明らかになった強みとして，ケネス・アローとウィリアム・ライカーの集合的選択と循環の分析は，時間的循環の帰結についてすぐれた洞察を与えてくれる。また，「合理的設計」論（本書では「アクター中心機能主義」と名付けた議論）は，制度選択の決定要因について多くの魅力的な仮説を発展させてきた。さらに，ブライアン・アーサー，ポール・デイヴィッド，ダグラス・ノースといった経済学者は，経路依存の説明について重要な画期的研究を発表している。

　しかし，盲点もある。これは諸個人の戦略的相互作用の分析を基礎とする理

論的心象に特有の盲点であり，その多くは時間的過程に系統的に着目することではっきりと見えてくる。合理的選択論は重要な研究成果を生み出してきたが，配列論にわずかに応用されたくらいであり，その潜在的な分析能力は発揮されないままである。経済学者が経路依存論に大きく貢献しているにもかかわらず，その含意は現在の合理的選択論では概して無視されている。合理的選択分析は「アクター」の「手番」に焦点を絞る一方で，社会の理解に重要な役割を果たしているに違いない緩慢に推移する長期的過程にはほとんど注意を払っていない。また，制度選択の瞬間に着目する一方で，合理的設計を優先して社会を考える発想に根本的に異論を唱える制度発展の問題には注意を払っていない。合理的選択論者は，このような盲点に気付き，注意を払うようになることで，そこから恩恵を得られるだろう。また，これらの盲点の分析に長けた相互補完的な理論的心象から学ぶべきである。

　経済学と社会学における経路依存の理論的議論の発展の仕方は大きく異なり，それは興味深い多くのことを物語っている。経済学者は，自己強化力学の重要な特性を解明するのにすばらしい研究成果をあげてきた。彼らは重要なメカニズムの働きの一端（ジェイムズ・マホニーが強く主張しているとおり，これはまさに一端にすぎない）を特定し，そこから根本的な含意を導き出してきた。これに対して，社会学者のアーサー・スティンチコムは組織論の観点から1960年代にすでにこれと同じ論点を割り出していた（Stinchcombe 1965, 1968）。しかし，彼やその後の社会学者は，この問題に取り組むにあたって，個々のアクターではなく組織に着目し，多くの組織で成り立っている「場」が時間の経過とともにどのように自らの環境と相互作用していくのかという問いに関心を寄せてきた。社会学版「新制度論」（Powell and DiMaggio 1991）の枠内にせよ，「組織生態学」（Hannan and Freeman 1989）の理論的心象を踏まえるにせよ，社会学者は自己強化を生じさせるメカニズムとして経済学者とは別のメカニズム（文化的慣習と権力分布の両方がかかわるメカニズム）を説得力をもって特定してきた。さらに，これらの議論は，組織発展論の豊富な文献を生み出した。組織発展論とは，刻一刻と変化していく環境で組織が（ただの競争にとどまらずに）多様に相互作用している文脈での組織の慣性の含意を考察するものである。このように，経済学と社会学の理論的心象は，自己強化力学の基本的洞察

を共有し，社会に対する理解の向上に大きく貢献しているが，おのおのの洞察は著しく異なっている。

理論的心象が異なれば，必然的に強みも弱みも異なり，それぞれが固有の洞察を与えてくれるだけでなく，固有の限界も抱えるようになる。しかし，この点を強調するのは，それぞれのアプローチの「折半」を主張したいからではない。そうではなく，提案しているのは多元主義，つまりいかなる視点からとらえても歪みが生じてしまうと認識することである。社会を研究する際に物事をより明確にとらえるためには，複眼的な視点に立ち，積極的に他者に助けを求めることが必要になる。

私たちは，社会に対する認識を大きく歪めてしまいかねない動きであった脱文脈革命によって，絶滅の危機に瀕していたひとつの視点を取り戻し始めたばかりである。また，私たちは政治を時間のなかにおき始めたばかりである。しかし，これは万能薬ではない。時間的視点を意識的に用いる研究においても，それ特有の盲点は避けられないだろうし，またそれ特有の歪みが生じてしまうだろう。しかし，この視点の転換は，現代社会科学に共通する誤りと見落としを修正するための絶好の機会を与えてくれる。また，これによって，これまで以上に有効かつ満足のいくかたちで，普遍なるものの説明と特殊なるものの理解のバランスをとることが可能になる。これは，変化し続けるきわめて複雑な社会を理解するための新たな可能性を与えてくれるのである。

監訳者あとがき

　本書は，ポール・ピアソン（Paul Pierson）による *Politics in Time: History, Institutions, and Social Analysis*（Princeton University Press, 2004）の全訳である。同書は，社会科学において「時間」の側面を考慮することがいかに重要かを検討した本であるが，その出版以来，より正確には各章の初出論文が2000年ごろから学術誌等に掲載されて以来，政治学をはじめとする社会科学の諸分野において大きなインパクトを与えている。その一端は，本書第1章のもととなった初出論文が，アメリカ政治学会の機関紙である *American Political Science Review* における2000年の最優秀論文賞（ハインツ・ユーロー賞）を受賞していることにも現れている。本書はまた，最近のアメリカでの政治学教育を中心に，比較政治学，政策分析，制度論，方法論などの授業においてテキストとして頻繁にとりあげられている。このような重要な著作を日本語で紹介できることは，大変光栄である。

　本書が大きな影響力をもつ理由を一言でいえば，政治学，ひいては社会科学において必要とされていた論考が，必要とされていたタイミングで出版されたから，となる。「歴史は重要である」，とは頻繁になされる指摘であるものの，ではどのように重要かという問いを正面きって議論する著作は，まれである。本書が光を当てるのはまさにこの問題である。社会科学において，時間を視野に入れた分析がいかに重要なのか，時間を扱う際の分析道具にはどのようなものがあるのか，そして，それらはどのように有用となりうるのか，分析にあたっての留意点は何なのか。このような論点が本書を構成する5つの章において多角的に検討されている。

　また，タイミングという観点では，本書の出版は，1990年代後半から盛んになった定性的研究手法（qualitative methods；少数の事例を詳細に検討する分析）における方法論精緻化の努力の一環として位置づけられる。アメリカの政

治学コミュニティーにおける合理的選択論と定量的研究手法（quantitative methods；多数の事例の計量分析）の流行を受け，定性的研究を行う研究者たちは，自らのよって立つ方法論的基盤と手法の精緻化を迫られるようになった。その結果，2000年前後から定性的研究手法に関する論文や研究書が多く出版されるようになり，その波は現在でも継続している。邦訳では，本書のほかに，同じく勁草書房から出版されている『社会科学の方法論争——多様な分析道具と共通の基準』（ヘンリー・ブレイディ，デヴィッド・コリアー編，泉川泰博・宮下明聡 訳，2008年）が同様の位置づけにある。このような背景をもつ本書は，したがって，伝統的な歴史分析を好む読者にとってはよりいっそうの方法論精緻化のために，また合理的選択論・定量的研究手法を好む読者にとっては異なる理論的観点からの建設的批判の書として読むことができるであろう。とはいえ本書は，このような読者層を想定せずとも，社会科学を専攻する研究者や学生すべての方にぜひ一読していただきたい著作である。

　簡単に各章の議論を紹介すると，以下のようになる。第1章は，経路依存のメカニズムとその効果に注目する。ここでは，経路依存という曖昧に使用されがちな用語の定義を明確にしたうえで，これが自己強化過程と正のフィードバック過程というメカニズムから起こることを明らかにしている。第2章では物事の起こるタイミングの問題と，時間的順序（配列）の問題とを扱う。2つの出来事が同時に起こるのか，あるいは前後して起こるのかというタイミングの違いによって，もたらされる帰結は大きく異なる。同様に，物事の起こる順序の違いによっても結果は異なってくる，というのがここでの主張である。第3章は，50年，100年といった長期の時間的射程をもつ分析のメリットについてである。合理的選択論アプローチの分析が短期的におこる原因や帰結に注目しがちであるのに対し，長い時間的射程を設定しないと見えてこないものがいかに多いかが議論される。第4章では，制度の生成は，合理的選択論者らが主張するようなアクターの利益に資するようなかたちでは必ずしもおこらない，という点を議論する。これを困難にする要因の中心となるのが，時間の経過とともに生ずるさまざまな状況変化である。第5章の論点は，制度の発展過程において，前の時点の制度選択の帰結が後の時点の制度革新の試みにどう影響するのか，である。第4章，第5章はともに，制度研究において（制度の帰結分析

監訳者あとがき

に比べ）手薄とされる制度生成に関する研究に多くの示唆を与えるものである。

著者であるピアソン教授は，1959年にアメリカ合衆国オレゴン州に生まれている。1989年にイェール大学で博士号（Ph.D.）を取得したのち，同年からハーヴァード大学で教鞭をとり，2004年から現在にいたるまではカリフォルニア大学バークレー校の教授である。彼の研究者としての出発点は，比較福祉政策分析にある。博士論文をもとにした最初の著作である *Dismantling the Welfare State? Reagan, Thatcher, and the Politics of Retrenchment*（Cambridge University Press, 1994）は，アメリカとイギリスの福祉国家再編を比較したもので，この分野での必読書となっている。とはいえ，彼の造詣と興味が英米の福祉政策だけにとどまらず，社会学，経済学，歴史学など多岐にわたっていることは，本書の内容からも明白である。

本書の出版にあたっては，さまざまなかたちで多くの方のお世話になった。勁草書房の上原正信氏は本書の出版企画を強く支援してくださり，出版までの諸段階でつねに迅速かつ的確に対応していただいた。監訳者の同僚である岡山裕氏（慶應義塾大学）からは本書で多く引用されるアメリカ政治研究についての訳語や内容解釈についてご教示いただいた。東京大学大学院の高野麻衣子氏と慶應義塾大学大学院の合六強氏には，草稿の全文に目を通してもらい，訳文をよりよいものにしていただいた。著者であるポール・ピアソン教授からは，翻訳上の疑問点に対していねいに答えていただいた。翻訳を行ってくれたのは，中東地域を中心とした比較政治学を研究する慶應義塾大学大学院の今井真士氏である。監訳者は，今井氏の訳文を日本語として読みやすいよう適宜修正し，また一部の訳出にあたっての質問を著者とのあいだでとりもち，できる限り翻訳として正確でありながら，なおかつ日本語としてもおかしくない文章とするよう試みた。原著の邦訳を企画し，周到な訳出を行ってくれた今井氏の熱意がなければ，企画立ち上げから1年程度という短い時間内で本書を出版することはかなわなかったであろう。関係各位に深く感謝したい。本書が，読者の知的探究心を刺激する一助になれば幸いである。

2009年7月

粕谷 祐子

参考文献

Abbott, Andrew (1983). "Sequences of Social Events: Concepts and Methods for the Analysis of Order in Social Processes," *Historical Methods,* Vol. 16, No. 4, Fall, pp. 129-47.
―― (1988). "Transcending General Linear Reality," *Sociological Theory,* Vol. 6, pp. 169-86.
―― (1990). "Conceptions of Time and Events in Social Science Methods: Causal and Narrative Approaches," *Historical Methods,* Fall 1990, Vol. 23, No. 4, pp. 140-50.
―― (1997). "Of Time and Space," *Social Forces,* Vol. 75, pp. 1149-82.
―― (2001). *Time Matters: On Theory and Method.* Chicago: University of Chicago Press.
Ackerman, Bruce. (1999). "Revolution on a Human Scale," *Yale Law Journal,* Vol. 108, No. 8, pp. 2279-2349.
Aghajanian, Akbar, and Amir H. Merhyar (1999). "Fertility, Contraceptive Use and Family Planning Program Activity in the Islamic Republic of Iran," *International Family Planning Perspectives,* Vol. 25, No. 2, June, pp. 98-102.
Alchian, Armen A. (1950). "Uncertainty, Evolution and Economic Theory," *Journal of Political Economy,* Vol. 58, pp. 211-21.
Aldrich, John H. (1995). *Why Parties? The Origin and Transformation of Party Politics in America.* Chicago: University of Chicago Press.
Alexander, Gerard (2001). "Institutions, Path Dependence, and Democratic Consolidation," *Journal of Theoretical Politics,* Vol. 13, No. 3, pp. 249-70.
Alt, James E., Jeffery Frieden, Michael J. Gilligan, Dani Rodrik, and Ronald Rogowski (1996). "The Political Economy of International Trade: Enduring Puzzles and an Agenda for Inquiry," *Comparative Political Studies,* Vol. 29, No. 6, pp. 689-717.
Aminzade, Roy (1992). "Historical Sociology and Time," *Sociological Methods and Research,* Vol. 20, pp. 456-80.
Anderson, Perry (1974) *Lineages of the Absolutist State.* London: Verso.
Aron, Raymond (1961). *Introduction to the Philosophy of History* (Boston: Beacon Press).
Arrow, Kenneth J. (1963). *Social Choice and Individual Values,* 2d ed. New Haven: Yale University Press. 長名寛明訳『社会的選択と個人的評価』日本経済新聞社, 1977年。
Arthur, W. Brian (1994). *Increasing Returns and Path Dependence in the Economy.* Ann Arbor: University of Michigan Press. 有賀裕二訳『収穫逓増と経路依存』多賀出版, 2003年。
Axelrod, Robert (1984). *The Evolution of Cooperation.* New York: Basic Books. 松田裕之

訳『つきあい方の科学——バクテリアから国際関係まで』ミネルヴァ書房,1998年。
—— (1997). *The Complexity of Cooperation*. Princeton: Princeton University Press. 寺野隆雄監訳『対立と協調の科学——エージェント・ベース・モデルによる複雑系の解明』ダイヤモンド社,2003年。
Bachrach, Peter, and Morton S. Baratz (1962). "The Two Faces of Power," *American Political Science Review*, Vol. 56, pp. 947-52.
Bartels, Larry M. (1998). "Electoral Continuity and Change, 1868-1996," *Electoral Studies*, Vol. 17, pp. 301-26.
Bartolini, Stefano (1993). "On Time and Comparative Research," *Journal of Theoretical Politics*, Vol. 5, No. 2, pp. 131-67.
Bartolini, Stefano, and Peter Mair (1990). *Identity, Competition and Electoral Availability*. Cambridge: Cambridge University Press.
Bates, Robert (1990). "Macropolitical Economy in the Field of Development," in James E. Alt and Kenneth A. Shepsle, eds., *Perspectives on Political Economy*, pp. 31-54. Cambridge: Cambridge University Press.
—— (1997). "Area Studies and the Discipline: A Useful Controversy?" PS, June.
Bates, Robert, and Kenneth Shepsle (1997). "Intertemporal Institutions," in John Drobak and John Nye, eds., *The Frontiers of New Institutional Economics*. New York: Academic Press.
Bates, Robert, *et al.* (1998). *Analytic Narratives*. Cambridge: Cambridge University Press.
Bates, Robert, R., P. de Figueiredo, Jr., and Barry R. Weingast (1998). "The Politics of Interpretation: Rationality, Culture, and Transition," *Politics and Society*, Vol. 26, No. 4, pp. 221-35.
Baumgartner, Frank R., and Bryan D. Jones (1993). *Agendas and Instability in American Politics*. Chicago: University of Chicago Press.
Beck, Nathaniel, Jonathan N. Katz, and Richard Tucker (1998). "Taking Time Seriously: Time-Series-Cross-Section Analysis with a Binary Dependent Variable," American *Journal of Political Science*, Vol. 42, No. 4, pp. 1260-88.
Bell, Daniel (1974). *The Coming of Postindustrial Society*. New York: Basic Books. 内田忠夫ほか訳『脱工業社会の到来——社会予測の一つの試み』上下巻,ダイヤモンド社,1975年。
Bennett, Andrew, and Alexander George (2004). *Case Studies and Theory Development*. Cambridge, Mass.: MIT Press.
Berger, Suzanne, and Ronald Dore, eds. (1996). *National Diversity and Global Capitalism*. Ithaca, N.Y.: Cornell University Press.
Berman, Sheri (1998). *The Social Democratic Moment: Ideas and Politics in the Making of Interwar Europe*. Princeton: Princeton University Press.
Berman, Sheri (2003). "Islamism, Revolution, and Civil Society," *Perspectives on Politics*, Vol. 1, No. 2, pp. 257-72.
Blais, Andre, and Louis Massicotte (1997). "Electoral Formulas: A Macroscopic Perspective," *European Journal of Political Research*, Vol. 32, pp. 107-29.

Blyth, Mark (2002). *Great Transformations: Economic Ideas and Institutional Change in the Twentieth Century.* Cambridge: Cambridge University Press.

Boix, Carles (1999). "Setting the Rules of the Game: The Choice of Electoral Systems in Advanced Democracies," *American Political Science Review,* September, 609-24.

Box-Steffensmeier, Janet M., and Jones, Bradford S. (1997). "Time Is of the Essence: Event History Models in Political Science," *American Journal of Political Science.* Vol. 41, pp. 1414-61.

Brady, David W. (1988). *Critical Elections and Congressional Policy Making.* Stanford, Calif.: Stanford University Press.

Brady, Henry E., and David Collier, eds. (2003). *Rethinking Social Inquiry: Diverse Tools, Shared Standards.* Boulder, Colo., and Berkeley: Roman and Littlefield, and Berkeley Public Policy Press. 泉川泰博・宮下明聡訳『社会科学の方法論争——多様な分析道具と共通の基準』勁草書房, 2008 年。

Braumoeller, Bear F. (2000). "Causal Complexity and the Study of Politics," unpublished manuscript, Harvard University, Cambridge, Mass.

Burley, Anne-Marie, and Walter Mattli (1993). "Europe before the Court: A Political Theory of Legal Integration," *International Organization,* Vol. 47, No. 1, pp. 41-76.

Burnham, Walter D. (1970). *Critical Elections and the Mainsprings of American Politics.* New York: W. W. Norton.

Calvert, Randall L. (1995). "Rational Actors, Equilibrium, and Social Institutions," in Jack Knight and Itai Sened, eds., *Explaining Social Institutions,* pp. 57-93. Ann Arbor: University of Michigan Press.

Cameron, Charles (2000). "Congress Constructs the Judiciary, 1789-2000." Memo prepared for Russell Sage Foundation Conference on History and Politics, April 2000.

Carey, John M. (2000). "Parchment, Equilibria, and Institutions," *Comparative Political Studies,* Vol. 33, Nos. 6-7, pp. 735-61.

Carlsson, Cøsta (1972). "Lagged Structures and Cross-Sectional Methods," *Acta Sociologica,* Vol. 15, pp. 323-41.

Carmines, Edward G., and James A. Stimson (1989). *Issue Evolution: Race and the Transformation of American Politics.* Princeton: Princeton University Press.

Carpenter, Daniel P. (2001). *The Forging of Bureaucratic Autonomy: Reputations, Networks, and Policy Innovation in Executive Agencies, 1862-1928.* Princeton: Princeton University Press.

Carroll, Glenn R., and Michael T. Hannan (2000). *The Demography of Corporations and Industries.* Princeton: Princeton University Press.

Cederman, Lars-Erik (1997). *Emergent Actors in World Politics: How States and Nations Develop and Dissolve.* Princeton: Princeton University Press.

Clemens, Elisabeth (1997). *The People's Lobby: Organizational Innovation and the Rise of Interest Group Politics in the United States, 1890-1925.* Chicago: University of Chicago Press.

Clemens, Elisabeth (2002). "Invention, Innovation, Proliferation: Explaining Organizational

Genesis and Change," in Michasel Lounsbury and Marc Ventresca, eds., *Social Structure and Organizations Revisited: Research in the Sociology of Organizations,* vol. 19. New York: Elsevier.

Clemens, Elisabeth S., and James M. Cook (1999). "Politics and Institutionalism: Explaining Durability and Change," *Annual Review of Sociology,* Vol. 25, pp. 441-66.

Collier, Ruth Berins (1999). *Paths Toward Democracy: The Working Class and Elites in Western Europe and South America.* Cambridge: Cambridge University Press.

Collier, Ruth Berins, and David Collier (1991). *Shaping the Political Arena: Critical Junctures, The Labor Movement, and Regime Dynamics in Latin America.* Princeton: Princeton University Press.

Colomer, Josep M. (2001). "Disequilibrium Institutions and Pluralist Democracy," *Journal of Theoretical Politics,* Vol. 13, No. 3, pp. 235-47.

Converse, Philip E. (1991). "Popular Representation and the Distribution of Information," in John Ferejohn and James Kuklinski, eds., *Information and Democratic Processes,* pp. 369-88. Urbana: University of Illinois Press.

Cornes, Richard, and Todd Sandler (1996). *The Theory of Externalities, Public Goods and Club Goods,* 2d ed. Cambridge: Cambridge University Press.

Cox, Gary (1997). *Making Votes Count: Strategic Coordination in the World's Electoral Systems.* Cambridge: Cambridge University Press.

Crouch, Colin (1986). "Sharing Public Space: States and Organized Interests in Western Europe," in John Hall, ed., *States in History,* pp. 177-210. Oxford: Basil Blackwell.

David, Paul (1985). "Clio and the Economics of QWERTY," *American Economic Review,* Vol. 75, pp. 332-37.

―――― (1994). "Why Are Institutions the 'Carriers of History'? Path Dependence and the Evolution of Conventions, Organizaitions, and Institutions," *Structural Change and Economic Dynamics,* Vol. 5, No. 2, pp. 205-20.

―――― (2000). "Path Dependence, Its Critics, and the Quest for 'Historical Economics,'" in P. Garrouste and S. Ioannides, eds., *Evolution and Path Dependence in Economic Ideas: Past and Present.* Cheltenham, U.K.: Edward Elgar.

Denzau, Arthur D., and Douglass C. North (1994). "Shared Mental Models: Ideologies and Institutions," *Kyklos,* Vol. 47, No. l, pp. 3-31.

Deutsch, Karl (1961). "Social Mobilization and Political Development," *American Political Science Review,* Vol. 55, No. 3, pp. 493-514.

Diamond, Jared (1997). *Guns, Germs and Steel: The Fates of Human Societies.* New York: W. W. Norton. 倉骨彰訳『銃・病原菌・鉄――一万三〇〇〇年にわたる人類史の謎』上下巻, 草思社, 2000年。

DiMaggio, Paul J., and Walter W. Powell (1991) "Introduction," in Walter W. Powell and Paul J. DiMaggio, eds., *The New Institutionalism in Organizational Analysis,* pp. 1-38. Chicago: University of Chicago Press.

Elias, Norbert (1956). "Involvement and Detachment," *British Journal of Sociology,* Vol. 7, No. 3, pp. 226-52.

Elster, Jon (1983). *Explaining Technical Change*. Cambridge: Cambridge University Press.
——— (1989). *Solomonic Judgments*. Cambridge: Cambridge University Press.
——— (2000). "Rational Choice History: A Case of Excessive Ambition," *American Political Science Review*, Vol. 94, No. 3, September, pp. 685-95.
Elster, Jon, Claus Offe, and Ulrich K. Preuss (1998). *Institutional Design in Post-Communist Societies: Rebuilding the Ship at Sea*. Cambridge: Cambridge University Press.
Epps, Charles R. (1998). *The Rights Revolution: Lawyers, Activists, and Supreme Courts in Comparative Perspective*. Chicago: University of Chicago Press.
Ertman, Thomas (1997). *Birth of the Leviathan: Building States and Regimes in Medieval and Early Modern Europe*. Cambridge: Cambridge University Press.
Esping-Andersen, Gøsta (1990). *Three Worlds of Welfare Capitalism*. Princeton: Princeton University Press. 岡沢憲芙・宮本太郎監訳『福祉資本主義の三つの世界――比較福祉国家の理論と動態』ミネルヴァ書房，2001 年。
Fearon, James (1996). "Causes and Counterfactuals in Social Science: Exploring an Analogy between Cellular Automata and Historical Processes," in Philip E. Tetlock and Aaron Belkin, eds., *Counterfactual Thought Experiments in World Politics: Logical, Methodological, and Psychological Perspectives*, pp. 39-67. Princeton: Princeton University Press.
Ferejohn, John, Morris Fiorina, and Richard McKelvey (1987). "Sophisticated Voting and Agenda Independence in the Distributive Politics Setting," *American Journal of Political Science*, Vol. 31.
Filippov, Mikhail G., Peter C. Ordeshook, and Olga V. Shvetsova (1999). "Party Fragmentation and Presidential Elections in Post-Communist Democracies," *Constitutional Political Economy*, Vol. 10, pp. 3-26.
Flora, Peter (1999a). "Introduction and Interpretation," in Peter Flora, ed., *State Formation, Nation-Building, and Mass Politics in Europe: The Theory of Stein Rokkan*. Oxford: Oxford University Press.
———, ed. (1999b). *State Formation, Nation-Building, and Mass Politics in Europe: The Theory of Stein Rokkan*. Oxford: Oxford University Press.
Franzese, Robert (2003) "Quantitative Empirical Methods and Context Conditionality," *APSA-CP Newsletter*, Vol. 14, No. 1, pp. 20-24.
Gaddis, John Lewis (2002). *The Landscape of History: How Historians Map the Past*. Oxford: Oxford University Press. 浜林正夫・柴田知薫子訳『歴史の風景――歴史家はどのように過去を描くのか』大月書店，2004 年。
Garrett, Geoffrey (1995). "The Politics of Legal Integration in the European Union," *International Organization*, Vol. 49, pp. 171-81.
Gaventa, John (1980). *Power and Powerlessness: Quiescence and Rebellion in an Appalachian Valley*. Urbana: University of Illinois Press.
Geddes, Barbara (1990). "How the Cases You Choose Affect the Answers You Get: Selection Bias in Comparative Politics," in James A. Stimson, ed., *Political Analysis*,

Vol. 2, pp. 131-50. Ann Arbor: University of Michigan Press.
——— (1997). "The Use of Case Studies in Path Dependent Arguments," unpublished manuscript, Department of Political Science, University of California at Los Angeles.
Gellner, Ernst (1983). *Nations and Nationalism* Ithaca. N.Y.: Cornell University Press. 加藤節監訳『民族とナショナリズム』岩波書店, 2000年。
Gerschenkron, Alexander (1962). *Economic Backwardness in Historical Perspective.* Cambridge, Mass.: Harvard University Press.
Gibson, Edward, and Tulia Faletti (2000). "Unity by the Stick: Regional Conflict and the Origins of Argentine Federalism," unpublished manuscript.
Goldstein, Judith L., Miles Kahler, Robert O. Keohane, and Anne-Marie Slaughter (2001). *Legalization and World Politics.* Cambridge, Mass.: MIT Press.
Goldstone, Jack A. (1991). *Revolution and Rebellion in the Early Modern World.* Berkeley: University of California Press.
Goldstone, Jack A. (1998). "Initial Conditions, General Laws, Path Dependence and Explanation in Historical Sociology." *American Journal of Sociology,* Vol. 104, No. 3, pp. 829-45.
Goodin, Robert E. (1996). "Institutions and Their Design," in Robert E. Goodin, eds., *The Theory of Institutional Design,* pp. 1-53. Cambridge: Cambridge University Press.
Gourevitch, Peter Alexis (2000). "The Governance Problem in International Relations," in David Lake and Robert Powell, eds., *Strategic Choice and International Relations,* pp. 137-64. Princeton: Princeton University Press.
Gourevitch, Peter, and Michael Hawes (2001). "Political Institutions and National Production Systems in the Globalized Economy," paper presented at the Conference on Varieties of Capitalism. University of North Carolina.
Granovetter, Mark (1978). "Threshold Models of Collective Behavior," *American Journal of Sociology,* Vol. 83, pp. 1420-43.
Green, Donald, and Shapiro, Ian (1994). *Pathologies of Rational Choice Theory: A Critique of Applications in Political Science.* New Haven: Yale University Press.
Greider, William (1982). *The Education of David Stockman and Other Americans.* New York: Dutton.
Greif, Avner, and David Laitin (2002). "How Do Self-enforcing Institutions Endogenously Change? Institutional Reinforcement and Quasi-Parameters," unpublished manuscript, Palo Alto, Calif.
Hacker, Jacob (1998). "The Historical Logic of National Health Insurance: Structure and Sequence in the Development of British, Canadian, and U.S. Medical Policy," *Studies in American Political Development,* Vol. 12, No. 1, pp. 57-130.
——— (2002). *The Divided Welfare State: The Battle over Public and Private Social Benefits in the United States.* Cambridge: Cambridge University Press.
——— (forthcoming). "Privatizing Risk without Privatizing Benefits: U.S. Welfare State Reform in Comparative Perspective," *American Political Scicnce Review.*
Hacker, Jacob, and Paul Pierson (2002). "Business Power and Social Policy: Employers

and the Formation of the American Welfare State," *Politics and Society,* Vol. 30, No. 2, pp. 277-325.
Haggard, Stephan, and Robert R. Kaufman (1995). *The Political Economy of Democratic Transitions.* Princeton: Princeton University Press.
Hall, Peter A. (1993). "Policy Paradigms. Social Learning, and the State: The Case of Economic Policymaking in Britain," *Comparative Politics,* April, pp. 275-96.
―― (1999). "The Political Economy of Europe in an Era of Interdependence," in Herbert Kitschelt *et al.,* eds., *Change and Continuity in Contemporary Capitalism,* pp. 135-63. Cambridge: Cambridge University Press.
―― (2003). "Aligning Ontology and Methodology in Comparative Research," in James Mahoney and Dietrich Rueschemeyer, eds., *Comparative Historical Analysis in the Social Sciences,* pp. 373-404. Princeton: Princeton University Press.
Hall, Peter A., and David Soskice (2001a). *Varieties of Capitalism.* Oxford: Oxford University Press. 遠山弘徳ほか訳『資本主義の多様性――比較優位の制度的基礎』ナカニシヤ出版, 2007年。
―― (2001b). "An Introduction to Varieties of Capitalism," in Peter A. Hall and David Soskice, eds., *Varieties of Capitalism.* Oxford: Oxford University Press.
Hall, Peter A., and Rosemary C. R. Taylor (1996). "Political Science and the Three New Institutionalisms," *Political Studies,* Vol. 44, pp. 936-57.
Hannan, Michael T., and Freeman, John (1989). *Organizational Ecology.* Cambridge, Mass.: Harvard University Press.
Hansen, John Mark (1991). *Gaining Access: Congress and the Farm Lobby, 1919-1981.* Chicago: University of Chicago Press.
Hardin, Garrett (1963). "The Cybernetics of Competition," *Perspectives in Biology and Medicine,* Vol. 7, pp. 58-84.
Hardin, Russell (1989). "Why a Constitution?" in Bernard Grofman and Donald Wittman, eds., *The Federalist Papers and the New Institutionalism.* New York: Agathon.
Harsanyi, John C. (1960). "Explanation and Comparative Dynamics in Social Science," *Behavior Science,* No. 5, pp. 136-45.
Hathaway, Oona (2001). "The Path Dependence of the Law: The Course and Pattern of Legal Change in a Common Law System," *Iowa Law Review,* Vol. 86, pp. 601-65.
Hayek, Friedrich (1973). *Law, Legislation, and Liberty: Rules and Order.* London: Routledge. 矢島鈞次・水元俊彦訳『ルールと秩序』春秋社, 2007年。
Heclo, Hugh (1974). *Modern Social Politics in Britain and Sweden.* New Haven: Yale University Press.
Hedstrom, Peter, and Richard Swedborg, eds. (1998). *Social Mechanisms: An Analytical Approach to Social Theory.* New York: Cambridge University Press.
Herbst, Jeffrey (2000). *States and Power in Africa: Comparative Lessons in Authority and Control.* Princeton: Princeton University Press.
Hill, Greg (1997). "History, Necessity, and Rational Choice Theory," *Rationality and Society,* Vol. 9, No. 2, pp. 189-213.

Hirsch, Fred (1977). *The Social Limits to Growth.* Cambridge, Mass.: Harvard University Press. 都留重人監訳『成長の社会的限界』日本経済新聞社，1980 年。
Hollingsworth, J. Rogers, and Robert Boyer (1997). *Contemporary Capitalism: The Embeddedness of Institutions.* Cambridge: Cambridge University Press.
Homans, George (1967). *The Nature of Social Science.* New York: Harcourt, Brace and World. 橋本茂訳『社会科学の性質』誠信書房，1981 年。
Hoodfar, Homa, and Samad Assadpour (2000). "The Politics of Population Policy in the Islamic Republic of Iran," *Studies in Family Planning,* Vol. 31, No. 1, March, pp. 19-34.
Horn, Murray J. (1995). *The Political Economy of Public Administration: Institutional Choice in the Public Sector.* Cambridge: Canrbridge University Press.
Horowitz, Donald L. (2000). "Constitutional Design: An Oxsymoron?" *Nomos.* Vol. 42, pp. 253-84.
—— (2002). "Constitutional Design: Proposals versus Processes," in Andrew Reynolds, ed., *The Architecture of Democracy: Constitutional Design, Conflict Management, and Democracy,* pp. 15-36. Oxford: Oxford University Press.
Howard, Christopher (1997). *The Hidden Welfare State.* Princeton: Princeton University Press.
Huber, Evelyn, and John Stephens (2001). *Development and Crisis of the Welfare State: Parties and Policies in Global Markets.* Chicago: University of Chicago Press.
Huntington, Samuel (1968). *Political Order in Changing Societies.* New Haven: Yale University Press. 内山秀夫訳『変革期社会の政治秩序』上下巻，サイマル出版会，1972 年。
—— (1991). *The Third Wave: Democratization in the Late Twentieth Century.* Norman: University of Oklahoma Press. 坪郷実ほか訳『第三の波——20 世紀後半の民主化』三嶺書房，1985 年。
Ikenberry, John (1994). "History's Heavy Hand: Institutions and the Politics of the State," unpublished manuscript.
Immergut, Ellen (1992). *Health Politics.* Cambridge: Cambridge University Press.
Iversen, Torben (2001). "The Dynamics of Welfare State Expansion: Trade Openness, De-industrialization, and Partisan Politics," in Paul Pierson, ed., *The New Politics of the Welfare State,* pp. 45-79. Oxford: Oxford University Press.
Iversen, Torben, and Anne Wren (1998). "Equality, Employment and Budgetary Restraint: The Trilemma of the Service Economy," *World Politics.* Vol. 50, pp. 507-46.
Jackson, John E. (1996). "Political Methodology: An Overview," in Robert E. Goodin and Hans-Dieter Klingemann, *Handbook of Political Science,* pp. 717-48. Oxford: Oxford University Press.
Jackson, Robert H., and Carl G. Rosberg (1982). "Why Africa's Weak States Persist: The Empirical and the Juridical in Statehood," *World Politics,* Vol. 35, No. 1, pp. 1-24.
Jepperson, Ronald (1991). "Institutions, Institutional Effects, and Institutionalism," in Walter W. Powell and Paul DiMaggio, eds., *The New Institutionalism in Organizational Analysis,* pp. 143-63. Chicago: University of Chicago Press.

Jepperson, Ronald L. (1996). "Relations between Different Theoretical Imageries (With Application to Institutionalism)," unpublished manuscript.
—— (2001). "The Development and Application of Sociological Neoinstitutionalism," RSC No. 2001/5, European Forum Series, European University Institute, Florence.
Jepperson, Ronald L., Alexander Wendt, and Peter J. Kaizenstein (1996). "Norms, Identity, and Culture in National Security," in Peter J. Katzenstein, ed., *The Culture of National Security: Norms and Identity in World Politics*, pp. 33-75, New York: Columbia University Press.
Jervis, Robert (1997). *System Effects: Complexity in Political and Social Life*. Princeton: Princeton University Press. 荒木義修ほか訳『複雑性と国際政治——相互連関と意図されざる結果』ブレーン出版, 2008年。
—— (2000). "Timing and Interaction in Politics: A Comment on Pierson," *Studies in American Political Development*, Vol. 14, pp. 93-100.
Joskow, Paul (1988). "Asset Specificity and the Structure of Vertical Relationships: Empirical Evidence," *Journal of Law, Economics, and Organization*, Vol. 4, pp. 95-117.
Kahler, Miles (1999). "Evolution, Choice, and International Change," in David A, Lake and Robert Powell, eds., *Strategic Choice and International Relations*, pp. 165-96. Princeton: Princeton University Press.
Karl, Terry Lynn (1997). *The Paradox of Plenty: Oil Booms and Petro-States*. Berkeley: University of California Press.
Katznelson, Ira (1997). "Structure and Configuration in Comparative Politics," in Mark Irving Lichbach and Alan S. Zuckerman, eds., *Comparative Politics: Rationality, Culture, and Structure*, pp. 81-112. Cambridge: Cambridge University Press.
—— (2003). "Periodization and Preferences: Reflections on Purposive Action in Comparative Historical Social Science," in James Mahoney and Dietrich Rueschemeyer, eds., *Colmparative Historical Analysis in the Social Sciences*, pp. 270-301. Princeton: Princeton University Press.
Keohane, Robert O. (1984). *After Hegemony: Cooperation and Discord in the World Political Economy*. Princeton: Princeton University Press. 石黒馨・小林誠訳『覇権後の国際政治経済学』晃洋書房, 1998年。
—— (2003). "Disciplinary Schizophrenia: Implications for Graduate Education in Political Science," *Qualitative Methods*. (Newsletter of the American Political Science Association Organized Section on Qualitative Methods), Vol. 1, No 1, pp. 9-12.
Key, V. O. (1959). "Secular Realignment and the Party System," Journal of Politics, Vol. 21, pp. 198-210.
Keyssar, Alexander (2000). *The Right to Vote: The Contested History of Democracy in the United States*. New York: Basic Books.
King, Gary, Robert Keohane, and Sidney Verba (1994). *Designing Social Inquiry*. Princeton: Princeton University Press. 真渕勝監訳『社会科学のリサーチ・デザイン——定性的研究における科学的推論』勁草書房, 2004年。
Kitschelt, Herbert (2003). "Accounting" for Postcommunist Regime Diversity: What

Counts as a Good Cause?" in Grzegorz Ekiert and Stephen E. Hanson, eds., *Capitalism and Democracy in Central and Eastern Europe: Assessing the Legacy of Communist Rule*, pp. 49-86. Cambridge: Cambridge University Press.

Kitschelt, Herbert, Peter Lange, Gary Marks, and John D. Stephens, eds. (1999). *Continuity and Change in Contemporary Capitalism*. Cambridge: Cambridge University Press.

Knapp, Peter (1983). "Can Social Theory Escape from History? Views of History in Social Science," *History and Theory*, Vol. 23, pp. 34-52.

Knight, Jack (1992). *Institutions and Social Conflict*. Cambridge: Cambridge University Press.

——— (1995). "Models, Interpretations, and Theories: Constructing Explanations of Institutional Emergence and Change," in Jack Knight and Itai Sened, ed., *Explaining Social Institutions*, pp. 95-119. Ann Arbor: University of Michigan Press.

Kopstein, Jeffrey, and David A. Reilly (2000). "Geographic Diffusion and the Transformation of the Postcommunist World," *World Politics*, Vol. 53, No. 1, pp. 1-37.

Koremenos, Barbara, Charles Lipson, and Duncan Snidal (2001). "The Rational Design of International Institutions," *International Organization*, Vol. 55, No. 4, pp. 761-99.

Krasner, Stephen (1989). "Sovereignty: An Institutional Perspective," in James A. Caporaso, ed., *The Elusive State: International and Comparative Perspectives*. Newbury Park, Calif.: Sage.

——— (1991). "Global Communcations and National Power: Life on the Pareto Frontier," *World Politics*, Vol. 43, pp. 336-66.

Krehbiel, Keith (1991). *Information and Legislative Organization*. Ann Arbor: University of Michigan Press.

Kreps, David (1990). *A Course in Microeconomic Theory*. New York: Harvester Wheatsheaf.

Krugman, Paul (1991). "History and Industry Location: The Case of the Manufacturing Belt," *American Economic Review*, Vol. 81, No. 2, pp. 80-83.

——— (1996). *Pop Internationalism*. Cambridge. Mass.: MIT Press.

Kurth, James (1979). "Political Consequences of the Product Cycle," *International Organization*, Vol. 33, pp. 1-34.

Laitin, David (1998). *Identity in Formation: The Russian-Speaking Populations in the Near Abroad*. Ithaca, N.Y.: Cornell University Press.

Lake, David A. (1999). *Entangling Relations: American Foreign Policy in Its Century*. Princeton: Princeton University Press.

Lake, David A., and Robert Powell (1999). "International Relations: A Strategic Choice Approach," in David Lake and Robert Powell, eds., *Strategic Choice and International Relations*, pp. 1-38. Princeton: Princeton University Press.

Lange, Peter (1993). "The Maastricht Social Protocol: Why Did They Do It?" *Politics and Society*, Vol. 21, pp. 5-36.

Levi, Margaret (1997). "A Model, a Method, and a Map: Rational Choice in Comparative and Historical Analysis." in Mark I. Lichbach and Alan S. Zuckerman, eds., *Comparative Politics: Rationality, Culture, and Structure*, pp. 19-41. Cambridge: Cambridge University Press.

Levitt, Barbara, and James G. March (1988). "Organizational Learning," *Annual Review of Sociology*, Vol. 14, pp. 319-40.

Lieberman, Evan S. (2001). "Causal Inference in Historical Institutional Analysis: A Specification of Periodization Strategies," *Comparative Political Studies*, Vol. 34, No. 9, pp. 1011-35.

―――― (2003). "Nested Analysis in Cross-National Research," *APSA-CP: Newsletter of the APSA Comparative Politics Section*, Vol. 14, No 1, pp. 17-20.

Lieberson, Stanley (1985). *Making It Count: The Improvement of Social Research and Theory*. Berkeley: University of California Press.

―――― (1997). "The Big Broad Issues in Society and Social History: Application of a Probabilistic Perspective," in Vaughn R. McKim and Stephen P. Turner, eds., *Causality in Crisis? Statistical Methods and the Search for Causal Knowledge in the Social Sciences*, pp. 359-85. Notre Dame. Ind.: University of Notre Dame Press.

Liebowitz, S. J., and Stephen E. Margolis (1990). "The Fable of the Keys," *Journal of Law and Economics*, Vol. 22, pp. 1-26.

―――― (1995). "Path Dependence, Lock-In, and History," *Journal of Law, Economics, and Organization*, Vol. 11, No. 1, pp. 205-26.

Lijphart, Arend (1992). "Democratization and Constitutional Choices in Czecho-Slovakia, Hungary, and Poland, 1989-91 ," *Journal of Theoretical Politics*, Vol. 4, pp. 207-23.

―――― (1999). *Patterns of Democracy: Government Forms and Performance in Thirty-Six Countries*. New Haven: Yale University Press. 粕谷祐子訳『民主主義対民主主義――多数決型とコンセンサス型の 36 ヶ国比較研究』勁草書房, 2005 年。

Lindblom, Charles E. (1959). "The Science of Muddling Through," *Public Administration Review*, Vol. 19, pp. 79-88.

―――― (1977). *Politics and Markets*. New York: Basic Books.

Lipset, Seymour Martin, and Stein Rokkan (1967). "Cleavage Structures, Party Systems and Voter Alignments: An Introduction," in Lipset and Rokkan, eds., *Party Systems and Voter Alignments*, pp. 1-64. New York: Free Press.

Luebbert, Gregory M. (1991). *Liberalism, Fascism, or Social Democracy: Social Classes and the Political Origins of Regimes in Interwar Europe*. New York: Oxford University Press.

Lukes, Steven (1974). *Power: A Radical View*. London: Macmillan. 中島吉弘訳『現代権力論批判』未来社, 1995 年。

Macy, Michael W. (1990). "Learning Theory and the Logic of Critical Mass," *American Sociological Review*, Vol. 55, pp. 809-26.

Mahoney, James (1999). "Nominal, Ordinal, and Narrative Appraisal in Macro-Causal Analysis," *American Journal of Sociology*, Vol. 104, pp. 1154-96.

―――― (2000). "Path Dependence in Historical Sociology," *Theory and Society*, Vol. 29, pp.

507-48.

—— (2001). *The Legacies of Liberalism: Path Dependence and Political Regimes in Central America*. Baltimore: Johns Hopkins University Press.

—— (2003). "Knowledge Accumulation in Comparative Historical Research: The Case of Democracy and Authoritarianism," in James Mahoney and Dietrich Rueschemeyer, eds., *Comparative Historical Analysis in the Social Sciences*, pp. 131-74. Cambridge: Cambridge University Press.

Mahoney, James, and Dietrich Rueschemeyer (2003). *Comparative Historical Analysis in the Social Sciences*. Princeton: Princeton University Press.

Mahoney, James, and Richard Snyder (1999). "Rethinking Agency and Structure in the Study of Regime Change," *Studies in Comparative International Development*, Vol. 34, pp. 3-32.

Mannheim, Karl (1952). "The Problem of Generations," in Paul Kecskemeti, ed., *Essays on the Sociology of Knowledge*, pp. 276-320. London: Routledge and Kegan Paul.

March, James, and Johan Olson (1989). *Rediscovering Institutions: The Organizational Basis of Politics*. New York: Free Press.

Markovits, Andrei S., and Steven L. Hellerman (2001). *Offside: Soccer and American Exceptionalism*. Princeton: Princeton University Press.

Marwell, Gerald, and Pamela Oliver (1993). *The Critical Mass in Collective Action: A Micro-Social Theory*. Cambridge: Cambridge University Press.

Mayhew, David R. (2002). *Electoral Realignments: A Critique of an American Genre*. New Haven: Yale University Press.

McAdam, Douglas (1982). *Political Process and the Development of Black Insurgency, 1930-1970*. Chicago: University of Chicago Press.

McCubbins, Mathew D., and Thomas Schwartz (1984). "Congressional Oversight. Overlooked: Police Patrols versus Fire Alarms," *American Journal of Political Science*, Vol. 28, pp. 165-79.

McCubbins, Mathew D., Roger G. Noll, and Barry R. Weingast (1987). "Administrative Procedures as Instruments of Political Control," *Journal of Law, Economics and Organization*, Vol. 3, pp. 243-77.

McDonald, Terrance J. (1996). *The Historic Turn in the Human Sciences*. Ann Arbor: University of Michigan Press.

Melnick, R. Shep (1994). *Between the Lines:* Washington, D.C.: Brookings Institution Press.

Meyer, John W., and Brian Rowan (1977). "Institutionalized Organizations: Formal Structure as Myth and Ceremony," *American Journal of Sociology*, Vol. 83, No. 2, pp. 340-63.

Meyer, John W., John Boli, George M. Thomas, and Francisco O. Ramirez (1997). "World Society and the Nation-State." *American Journal of Sociology*, Vol. 103, No. 1, July, pp. 144-81.

Milgrom, Paul, and John Roberts (1990). "The Economics of Modern Manufacturing: Technology, Strategy, and Organization," *American Economic Review*, Vol. 80, pp.

511-28.

Milgrom, Paul, Yingi Qian, and John Roberts (1991). "Complementarities, Momentum, and the Evolution of Modern Manufacturing," *American Economic Review*, Vol. 81, No. 2, pp. 84-88.

Miller, Gary (2000). "Rational Choice and Dysfunctional Institutions," *Governance*, 13, 4, pp. 535-47.

Moe, Terry (1984). "The New Economics of Organization," *American Journal of Political Science*, Vol. 28, pp. 739-77.

――― (1990). "The Politics of Structural Choice: Toward a Theory of Public Bureaucracy," in O. E. Williamson, ed., *Organization Theory: From Chester Barnard to the Present and Beyond*, pp. 116-53. Oxford: Oxford University Press.

――― (2003). "Power and Political Institutions," paper presented at the Conference on Crafting and Operating Institutions, Yale University, New Haven.

Moore, Barrington, Jr. (1966). *Social Origins of Dictatorship and Democracy: Lord and Peasant in the Making of the Modern World*. Boston: Beacon Press. 宮崎隆次ほか訳『独裁と民主政治の社会的起源――近代世界形成過程における領主と農民』上下巻, 岩波書店, 1986~87年.

Morrow, James (1994). *Game Theory for Political Scientists*. Princeton: Princeton University Press.

Mueller, Dennis C. (1989). *Public Choice II*. Cambridge: Cambridge University Press. 加藤寛監訳『公共選択論』有斐閣, 1993年.

Munck, Gerardo (2001). "Game Theory and Comparative Politics: New Perspectives and Old Concerns," *World Politics*, Vol. 23, No. 2.

Myles, John, and Paul Pierson (2001). "The Comparative Political Economy of Pension Reform," in Paul Pierson, ed., *The New Politics of the Welfare State*, pp. 305-33. Oxford: Oxford University Press.

Nelson, Richard R. (1995). "Recent Evolutionary Theorizing about Economic Change," *Journal of Economic Literature*, Vol. 33. March, pp. 48-90.

Neustadt, Richard E. (1990). *Presidential Power and the Modern Presidents*. New York: Free Press.

Nordlinger, Eric A. (1968). "Political Development: Time Sequences and Rates of Change," *World Politics*. Vol. 20, No. 3, pp. 494-520.

North, Douglass C. (1990a). *Institutions. Institutional Change and Economic Performance*. Cambridge: Cambridge University Press. 竹下公視訳『制度・制度変化・経済成果』晃洋書房, 1994年.

――― (1990b). "A Transaction Cost Theory of Politics," *Journal of Theoretical Politics*, Vol. 2, No. 4, pp. 355-67.

――― (1993). "Institutions and Credible Commitment," *Journal of Institutional and Theoretical Economics*, Vol. 149, No. 1, pp. 11-23.

――― (1999). "In Anticipation of the Marriage of Political and Economic Theory," in James E. Alt, Margaret Levi, and Elinor Ostrom, eds., *Competition and Cooperation:*

Conversations with Nobelists about Economics and Political Science, pp. 314-17. New York: Russell Sage Foundation.

North, Douglass C., and Weingast, Barry R. (1989). "Constitutions and Commitment: The Evolution of Institutions Governing Public Choice in Seventeenth- Century England." Journal of Economic History, 49, pp. 803-32.

O'Donnell, Guillermo, and Philippe Schmitter (1986). *Transitions from Authoritarian Rule: Tentative Conclusions about Uncertain Democracies.* Baltimore: Johns Hopkins University Press. 眞柄秀子・井戸正伸訳『民主化の比較政治学――権威主義支配以後の政治世界』未来社, 1986年。

Olson, Mancur (1965). *The Logic of Collective Action: Public Goods and the Theory of Groups.* Cambridge, Mass.: Harvard University Press. 依田博・森脇俊雅訳『公共財と集団理論』ミネルヴァ書房, 1996年。

―――― (1981). The Rise and Decline of Nations. New Haven: Yale University Press.

Orren, Karen (1991). *Belated Feudalism: Labor, the Law, and Liberal Development in the United States.* Cambridge: Cambridge University Press.

Orren, Karen, and Stephen Skowronek (1994). "Beyond the Iconography of Order: Notes for a 'New Institutionalism,'" in Lawrence Dodd and Calvin Jillson, eds., *The Dynamics of American Politics,* pp. 311-30. Boulder, Colo.: Westview Press.

―――― (2004). *The Search for American Political Development.* New York: Cambridge University Press.

Padgett, John F., and Christopher Ansell (1993). "Robust Action and the Rise of the Medici, 1400-1434," *American Journal of Sociology.* Vol. 98, No. 6, pp. 1259-1319.

Page, Benjamin, and Robert Shapiro (1992). *The Rational Public: Fifty Years of Trends in Americans' Policy Preferences.* Chicago: University of Chicago Press.

Pempel, T. J., ed. (1990). *Uncommon Democracies: The One-Party Dominant Regimes.* Ithaca, N.Y.: Cornell University Press.

Perrow, Charles (1984). *Normal Accidents.* New York: Basic Books.

Persson, Torsten, and Guido Tabellini, eds. (1994). *Monetary and Fiscal Policy.* 2 vols. Cambridge, Mass.: MIT Press.

Pierson, Paul (1993). "When Effect Becomes Cause: Policy Feedback and Political Change," *World Politics,* Vol. 45, pp. 595-628.

―――― (1994). *Dismantling the Welfare State? Reagan, Thatcher, and the Politics of Retrenchment.* Cambridge: Cambridge University Press.

―――― (1996). "The Path to European Integration: A Historical Institutionalist Analysis," *Comparative Political Studies,* Vol. 29. No. 2, pp. 123-63.

―――― (forthcoming). "Public Policies as Institutions," in Ian Shapiro and Stephen Skowronek, eds., *Crafting and Operating Institutions.*

―――― , ed. (2001). *The New Politics of the Welfare State.* Oxford: Oxford University Press.

Pierson, Paul, and Theda Skocpol (2002). "Historical Institutionalism and Contemporary Political Science," in Helen Milner and Ira Katznelson, eds., *The State of the Discipline.* New York: W. W. Norton.

Polsby, Nelson W. (1963). *Community Power and Social Theory*. New Haven: Yale University Press. 秋元律郎監訳『コミュニティの権力と政治』早稲田大学出版部, 1981年。

Polsky, Andrew (1989). "The Odyssey of the Juvenile Court: Policy Failure and Institutional Persistence in the Therapeutic State," *Studies in American Political Development*, Vol. 3, pp. 157-98.

Powell, Walter W., and Paul DiMaggio, eds. (1991). *The New Institutionalism in Organizational Analysis*. Chicago: University of Chicago Press.

Przeworski, Adam (1991). *Democracy and the Market: Political and Economic Reforms in Eastern Europe and Latin America*. Cambridge: Cambridge University Press.

Przeworski, Adam, and Fernando Limongi (1997). "Modernization: Theories and Facts," *World Politics*, Vol. 49, No. 2, pp. 155-83.

Przeworski, Adam *et al.* (2000). *Democracy and Development: Political Institutions and Well-Being in the World, 1950-1990*. Cambridge: Cambridge University Press.

Putnam, Robert (2000). *Bowling Alone*. New York: Simon and Schuster. 芝内康文訳『孤独なボウリング——米国コミュニティの崩壊と再生』柏書房, 2006年。

Ragin, Charles C. (1987). *The Comparative Method: Moving beyond Qualitative and Quantitative Strategies*. Berkeley: University of California Press. 鹿又信夫監訳『社会科学における比較研究——質的分析と計量的分析の統合にむけて』ミネルヴァ書房, 1993年。

—— (2000). *Fuzzy-Set Social Science*. Chicago: University of Chicago Press.

Riker, William H. (1955). "The Senate and American Federalism," *American Political Science Review*, Vol. 49, pp. 452-69.

—— (1980). "Implications from the Disequilibrium of Majority Rule for the Study of Institutions," *American Political Science Review*, Vol. 74, pp. 432-46.

—— (1986). The Art of Political Manipulation. New Haven: Yale University Press.

Rogowski, Ronald (1989). *Commerce and Coalitions: How Trade Affects Domestic Political Alignments*. Princeton: Princeton University Press.

Rokkan, Stein (1974). "Entries, Voices, Exits: Towards a Possible Generalization of the Hirschman Model," *Social Science Information*, Vol. 13, No. 1, pp. 39-53.

Romer, Paul M. (1986). "Increasing Returns and Long-run Growth," *Journal of Political Economy*, Vol. 94, pp. 1002-37.

—— (1990). "Are Nonconvexities Important for Understanding Growth?" *American Economic Review*, Vol. 80, pp. 97-103.

Rose, Richard (1991). "Inheritance before Choice in Public Policy," *Journal of Theoretical Politics*, Vol. 2, No. 3, pp. 263-91.

Rose, Richard, and Paul Davies (1994). *Inheritance in Public Policy: Change without Choice in Britain*. New Haven: Yale University Press.

Rueschemeyer, Dietrich, and John D. Stephens (1997). "Comparing Historical Sequences: A Powerful Tool for Causal Analysis," *Comparative Social Research*, Vol. 17, pp. 55-72.

Rueschemeyer, Dietrich, Evelyne Huber Stephens, and John D. Stephens (1992). *Capitalist*

Development and Democracy. Chicago: University of Chicago Press.
Sartori, Giovanni (1970). "Concept Misinformation in Comparative Politics," American Political Science Review, Vol. 64, pp. 1033-53.
Scharpf, Fritz W. (1988). "The Joint-Decision Trap: Lessons from German Federalism and European Integration," Public Administration, Vol. 66, pp. 239-78.
—— (1997). Games Real Actors Play: Actor-Centered Institutionalism in Policy Research. Boulder, Colo.: Westview Press.
Schattschneider, E. E. 1960. The Semi-Sovereign People. New York: Holt, Reinhart and Winston. 内山秀夫訳『半主権人民』而立書房, 1972年。
Schelling, Thomas (1978). Micromotives and Macrobehavior. New York: W. W. Norton.
Schickler, Eric (2001). Disjointed Pluralism: Institutional Innovation and the Development of the U.S. Congress. Princeton: Princeton University Press.
Schmitter, Philippe C., and Gerhard Lehmbruch, eds. (1979). Trends toward Corporatist Intermediation. Beverly Hills, Calif.: Sage Publications. 山口定監訳『現代コーポラティズム』全2巻, 木鐸社, 1984~86年。
Schneiberg, Marc, and Elisabeth Clemens (forthcoming) "The Typical Tools for the Job: Research Strategies in Institutional Analysis," in Walter W. Powell and Dan L. Jones, eds., How Institutions Change. Chicago: University of Chicago Press.
Schwartz, Herman (n.d.). "Down the Wrong Path: Path Dependence, Markets, and Increasing Returns," unpublished manuscript, University of Virginia, Charlottesville.
Seabrook, John (1997). "Tackling the Competition," New Yorker, August 18, pp. 42-51.
Sewell, William H. (1996). "Three Temporalities: Toward an Eventful Sociology," in Terrance McDonald, ed., The Historic Turn in the Human Sciences, pp. 245-80. Ann Arbor: University of Michigan Press.
Shalev, Michael (1999). "Limits of and Alternatives to Multiple Regression in Macro-Comparative Research," unpublished manuscript, Hebrew University, Jerusalem.
Shefter, Martin (1977). "Party and Patronage: Germany, England, and Italy," Politics and Society, Vol. 7, pp. 403-52.
Shepsle, Kenneth A. (1986). "Institutional Equilibrium and Equilibrium Institutions," in Herbert F. Weisberg", ed., Political Science: The Science of Politics, pp. 51-81. New York: Agathon Press.
—— (1989). "Studying Institutions: Lessons from the Rational Choice Approach," Journal of Theoretical Politics, Vol. 1, pp. 131-47.
—— (1991). "Discretion, Institutions and the Problem of Government Commitment," in Pierre Bourdieu and James Coleman, eds., Social Theory for a Changing Society. Boulder, Colo.: Westview Press.
—— (2003). "Losers in Politics (and How They Sometimes Become Winners): William Riker's Heresthetic," Perspectives in Politics, Vol. 1, No. 2, pp. 307-15.
Shepsle, Kenneth A., and Barry Weingast (1987). "The Institutional Foundations of Committee Power," American Political Science Review, Vol. 81, pp. 86-108.
Simon, Herbert A. (1957). Models of Man. New York: Wiley. 宮沢光一監訳『人間行動のモ

デル』同文館出版, 1970 年。
Skocpol, Theda (1979). *States and Social Revolutions*. Cambridge, Mass.: Harvard University Press.
—— (1992). *Protecting Soldiers and Mothers: The Political Origins of Social Policy in the United States*. Cambridge, Mass.: Belknap Press of Harvard University Press.
—— (1999). "How Americans Became Civic," in Theda Skocpol and Morris P. Fiorina, eds., *Civic Engagement in American Democracy*, pp. 27-80. Washington, D.C.: Brookings Institution Press and the Russell Sage Foundation.
Skocpol, Theda, and Somers, Margaret (1980). "The Uses of Comparative History in Macrosocial Inquiry," *Comparative Studies in Society and History*, Vol. 22, pp. 174-97.
Skowronek, Stephen (1993). *The Politics Presidents Make: Leadership from John Adams to George Bush*. Cambridge, Mass.: Belknap Press of Harvard University Press.
Soskice, David (1999). "Divergent Production Regimes: Coordinated and Uncoordinated Market Economies in the 1980s and 1990s," in Herbert Kitschelt *et al.*, *Change and Continuity in Contemporary Capitalism*, pp. 101-34. Cambridge: Cambridge University Press.
Soskice, David, Robert Bates, and David Epstein (1992). "Ambition and Constraint: The Stabilizing Role of Institutions," *Journal of Law, Economics, and Organization*, Vol. 8, No. 3, pp. 547-60.
Spruyt, Hendrik (1994). *The Sovereign State and Its Competitors*. Princeton: Princeton University Press.
Stanger, Allison (2003). "Leninist Legacies and Legacies of State Socialism in Postcommunist Central Europe's Constitutional Development," in Grzegorz Ekiert and Stephen E. Hanson, eds., *Capitalism and Democracy in Central and Eastern Europe*, pp. 182-209. Cambridge: Cambridge University Press.
Steinmo, Sven, and Jon Watts (1995). "It's the Institutions, Stupid!" *Journal of Health Politics, Policy and Law*, Vol. 20.
Steuerle, Eugene, and M. Kawai, eds. (1996). *The New World Fiscal Order*. Washington, D.C.: Urban Institute Press.
Stevens, William K. (2000). "The Oceans Absorb Much of Global Warming, Study Confirms," *New York Times*, March 24, p. A14.
Stinchcombe, Arthur (1965). "Social Structure and Organizations," in James March, ed., *Handbook of Organizations*, pp. 123-63. Chicago: Rand McNally.
—— (1968). *Constructing Social Theories*. New York: Harcourt, Brace.
—— (1974). "Merton's Theory of Social Structure," in L. Coser, ed., *The Idea of Social Structure: Papers in Honor of Robert Merton*. New York: Harcourt, Brace.
—— (1991). "The Conditions for Fruitful Theorizing about Mechanisms in Social Science," *Philosophy of the Social Sciences*, Vol. 21, No. 3, pp. 367-87.
—— (1997). "Tilly on the Past as a Sequence of Futures," in Charles Tillly, ed., *Roads from Past to Futures*, pp. 387-409. Latham, Mass.: Rowman and Littlefield.
Stone Sweet, Alec (2000). *Governing with Judges: Constitutional Politics in Europe*.

Oxford: Oxford University Press.

——— (2002). "Path Dependence, Precedent, and Judicial Power," unpublished manuscript.

Stone Sweet, Alec, Neil Fligstein, and Wayne Sandholtz (2001). "The Institutionalization of European Space," in Stone Sweet, Fligstein, and Sandholtz, eds., *The Institutionalization of European Space*. Oxford: Oxford University Press.

Strøm, Kaare, and Wolfgang Muller, eds. (1999). Policy. *Office or Votes? How Political Parties in Western Europe Make Hard Decisions*. Cambridge: Cambridge University Press.

Swank, Duane (2001). "Political Institutions and Welfare State Restructuring: The Impact of Institutions on Social Policy Change in Developed Democracies," in Paul Pierson, ed., *The New Politics of the Welfare State*. Oxford: Oxford University Press.

Tarrow, Sidney (1992). "Mentalities, Political Cultures, and Collective Action Frames: Constructing Meanings through Action," in Aldon D. Morris and Carol Mueller, eds., *Frontiers in Social Movement Theory*, pp. 174-202. New Haven: Yale University Press.

Teles, Stephen (1998). "The Dialectics of Trust: Ideas, Finance and Pensions Privatizadon in the U.S. and U.K.," paper presented to the Max Planck Institute Conference on Varieties of Welfare Capitalism, Cologne, June.

Thelen, Kathleen (1999). "Historical Institutionalism and Comparative Politics," *Annual Review of Political Science*, Vol. 2, pp. 369-404.

——— (2000). "Timing and Temporality in the Analysis of Institutional Evolution and Change," *Studies in American Political Development*, Vol. 14, p. 103.

——— (2003). "How Institutions Evolve: Insights from Comparative-Historical Analysis," in James Mahoney and Dietrich Rueschemeyer, eds., *Comparative Historical Analysis in the Social Sciences*. Cambridge: Cambridge University Press.

——— (2004) *How Institutions Evolve: The Political Economy of Skills in Germany, Britain, Japan and the United States*. New York: Cambridge University Press.

Thelen, Kathleen, and Steinmo, Sven (1992). "Historical Institutionalism in Comparative Politics," in Sven Steinmo, Kathleen Thelen, and Frank Longstreth, eds., *Structuring Politics: Historical Institutionalism in Comparative Politics*. Cambridge: Cambridge University Press.

Tilly, Charles (1975). "Reflections on the History of European Statemaking," in Charles Tilly, ed., *The Formation of National States in Western Europe*. Princeton: Princeton University Press.

——— (1984). *Big Structures. Large Processes, Huge Comparisons*. New York: Russell Sage Foundation.

Tilly, Charles (1995). "Democracy Is a Lake" in George Reid Andrews and Herrick Chapman, eds., *The Social Construction of Democracy*, pp. 365-87. New York: New York University Press.

Tsebelis, George (1990). *Nested Games: Rational Choice in Comparative Politics*. Berkeley: University of California Press.

——— (1995). "Decision Making in Political Systems: Veto Players in Presidentialism,

Parliamentarism, Multicameralism, and Multipartyism," *British Journal of Political Science*, Vol. 25, pp. 289-326.
―― (2000). "Veto Players and Institutional Analysis," *Governance*, Vol. 13, No. 4, pp. 441-74.
Tyson, Laura D'Andrea (1993). *Who's Bashing Whom? Trade Conflicts in High-Technology Industries*. Washington, D.C.: Institute for International Economics.
Van Parijs, Philip (1982). "Perverse Effects and Social Contradictions: Analytical Vindication of Dialectics?" *British Journal of Sociology*, Vol. 33, pp. 589-603.
Watts, Ronald L. (1987). "The American Constitution in Comparative Perspective: A Comparison of Canada and the United States," *Journal of American History*, Vol. 74, pp. 769-81.
Weingast, Barry R. (1998). "Notes on a Possible Integration of Historical Institutionalism and Rational Choice Theory," prepared for Russell Sage Foundation Meeting, New York, November.
―― (2002). "Rational Choice Institutionalism," in Ira Katznelson and Helen Milner, eds., *The State of the Discipline*, pp. 660-92. New York: W. W. Norton.
Weingast, Barry R., and William J. Marshall (1988). "The Industrial Organization of Congress; or, Why Legislatures, Like Firms, Are Not Organized as Markets," *Journal of Political Economy*, Vol. 96, pp. 132-63.
Weir, Margaret, and Theda Skocpol (1985). "State Structures and the Possibilities for 'Keynesian' Responses to the Great Depression in Sweden, Britain, and the United States," in Peter B. Evans, Dietrich Rueschemeyer, and Theda Skocpol, eds., *Bringing the State Back In*, pp. 107-62. Cambridge: Cambridge University Press.
Wendt, Alexander (1999). *Social Theory of International Relations*. Cambridge: Cambridge University Press.
―― (2001). "Driving with the Rearview Mirror: On the Rational Science of Institutional Design," *International Organization*, Vol. 55, pp. 1019-50.
Williamson, Oliver E. (1975). *Markets and Hierarchies: Analysis and Antitrust Implications*. Chicago: Free Press. 浅沼万理・岩崎晃訳『市場と企業組織』日本評論社, 1980年。
―― (1993). "Transaction Cost, Economics, and Organization Theory," *Industrial and Corporate Change*, Vol. 2, pp. 107-56.
Winter, Sidney G. 1986. "Comments on Arrow and on Lucas," Robin M. Hogarth and Melvin W. Reder, eds., in *Rational Choice: The Contrast Between Economics and Psychology*. Chicago: University of Chicago Press.
Wolfinger, Raymond A. (1971). "Nondecisions and the Study of Local Politics," *American Political Science Review*, Vol. 65, pp. 1063-80.
Wood, Stewart (1997). "Capitalist Constitutions: Supply-Side Reform in Britain and West Germany, 1960-1990," Ph.D. diss. Department of Government, Harvard University.
Wuthnow, Robert (1989). *Communities of Discourse: Ideology and Social Structure in the Reformation, the Enlightenment, and European Socialism*. Cambridge, Mass.: Harvard University Press.

Young, H. Peyton (1998). *Individual Strategy and Social Structure: An Evolutionary Theory of Institutions*. Princeton: Princeton University Press.

Zolberg, Aristide R. (1986). "How Many Exceptionalisms?" in Ira Katznelson and Aristide R. Zolberg, eds., *Working Class Formation: Nineteenth-Century Patterns in Western Europe and the United States,* pp. 397-455. Princeton: Princeton University Press.

事項索引

ア行

企業家(アントレプレナー)　179-80, 183-86
閾値　108-14
イデオロギー　49-51
意図しない帰結　18, 151-57
因果連鎖　87-88, 114-17

カ行

学習　49, 51-52, 163-66
機能主義　59-61
　アクター中心——　136-60, 187-90, 200-1
　社会——　138-39, 166-70
境界条件　224-29
競争　51-52, 166-70
　政治空間をめぐる——　92-96
経路依存　13-14, 21-67, 123-26
　経済学における——　27-38
　——と機能主義　59-61
　——と権力関係　45-47
　——に対する批判　35-38, 61-67
　——の含意　56-61
　——の原因　30-31, 39-51
　——の特徴　22-23
　集合行為と——　39-43
　政治における——　38-61
　制度と——　33-34, 36-38, 43-44, 193-201
　正のフィードバックと——　25-27
　認知と——　49-51
　配列と——　57, 81-99
結果（緩慢に推移する）　117-21
結合　70-75
権力　45-47, 60-61
構造的原因　121-23
交替　117-21

サ行

合理的選択論　234-35
　——と脱文脈革命　222
　——における経路依存論　27-38
　——における制度改良　161-70
　——における制度選択　138-60, 172-73
　——における配列の議論　16-17, 75-81, 95-96
　——における歴史　5-6, 10-13
　——の短期的バイアス　129-130
国家建設　4-5, 83, 86, 226

サ行

時間的射程
　原因と結果の——　103-6
　社会アクターの——　36-37, 52-54, 147-50
資産特定性　193-201
　→「制度弾性」も参照
司法の権力　209-10, 215-16
社会学的制度論　144-47, 178-80, 182, 236
社会的容量の発展　96-99
集合行為　39-43, 110
政策の発展　197-99, 217-19
政治空間　92
制度　18-19, 43-45, 60-61
　意図しない帰結と——　151-57
　経路依存と——　33-34, 36-38, 43-44, 193-201
　——弾性　187-201
　——と信頼コミットメント　55, 190
　——の機能的説明　18-19, 59-61, 136-60
　——発展　18-19, 161-70, 175-219
　→「機能主義」も参照
　→「制度変化」も参照
政党再編　112
制度弾性　187-201

拒否点と―― 190-93
資産特定性と―― 193-201
正のフィードバックと―― 193-201
調整問題と―― 187-90
制度の補完性 196-97, 213-14
制度変化 66-67, 175-219
　企業家（アントレプレナー）と―― 179-80, 183-86, 204
　社会学的制度論における―― 176-86
　――の一覧表 210-13
　――の障壁 54-56
　――の長期的過程 216-17
　――を強く促す者としての「敗者」 178, 183
　堆積による―― 180-81, 205
　伝播による―― 182, 205
　転用による―― 181-83, 205
　歴史的制度論における―― 176-86

タ行

タイミング → 「配列」を参照
脱文脈革命 222-24
長期的過程 17-18, 103-133, 216-17
　→ 「閾値」も参照
　→ 「因果連鎖」も参照
　→ 「結果（緩慢に推移する）」も参照
　→ 「構造的原因」も参照
　→ 「交替」も参照
　→ 「累積的原因」も参照
調整 30, 39-43, 187-90
適応 197, 201

――期待 30-31, 42
同型 → 「制度変化（伝播による）」を参照

ハ行

配列 15-17, 57, 69-101
　→ 「経路依存」も参照
　→ 「結合」も参照
比例代表 207-8
複雑さ 47-51
　政治における―― 47-51
　→ 「学習」も参照
福祉国家の発展 98-99, 111-12, 114-15, 120, 157, 211-12
分析手法 7, 222-24, 225-32
文脈 221-29
分離主義 208

マ行

民主主義
　――における公民権剝奪 45-46
　――への移行 79, 86-87, 131, 133
メカニズム 8-9, 233

ラ行

累積的原因 107-8
歴史（社会科学における） 5-7
歴史的因果関係 57-59, 124
歴史的制度論 10-11, 177-86
連邦制 215-16

人名索引

A

Abbott, Andrew   213, 223-24
Alexander, Gerard   189, 192-93, 192n
Arrow, Kenneth   76-77, 89
Arthur, Brian   21n, 28-30, 34
Aminzade, Ronald   71

B

Bates, Robert   76, 81
Boix, Carles   163-64

C

Carmaines, Edward   108, 125, 131-32
Carpenter, Daniel   3, 131
Clemens, Elisabeth   178, 181-82, 184n, 202-3
Collier, David   90-91
Collier, Ruth   90-91
Colomer, Josep   200, 202, 207n, 212
Cook, James   178, 184n

D

David, Paul   28-30

E

Elias, Norbert   151
Elster, Jon   8-9, 128-29, 233
Ertman, Thomas   4-5, 86

F

Freeman, John   165-66, 169-70, 206

G

Gerschenkron, Alexander   98
Goldstone, Jack   74, 108-9, 223

Goodin, Robert   156
Gourevitch, Peter   195-96
Greif, Avner   194n

H

Hacker, Jacob   66-67, 98-99, 204-5
Hannan, Michael   165-66, 170, 206
Horowitz, Donald   146-47, 153-54
Huber, Evelyn   111-12

J

Jepperson, Ronald   10, 12-13

K

Karl, Terry   83-84
Keohane, Robert   159
Keyssar, Alexander   45-47
Knapp, Peter   73-74
Krugman, Paul   31, 32n
Kurth, James   98

L

Laitin, David   194n
Leibowitz, Stan   35-38, 53
Lijphart, Arend   200, 215-16n
Luebbert, Gregory   89-90

M

Mahoney, James   87, 231
March, James   198
Margolis, Stephen   35-38, 53
Mayhew, David   112
McAdam, Douglas   110-11, 113, 217
Melnick, R. Shep   179
Miller, Gary   191

Moe, Terry   190-91

N

North, Douglass   33-34, 48-49, 66-67, 124-25, 165, 198, 217

O

Olsen, Johan   198
Olson, Mancur   40, 42n
Orren, Karen   71-72, 75n, 100, 179

P

Putnam, Robert   107

R

Riker, William   153, 162, 178, 178n, 202
Rueschemeyer, Dietrich   231

S

Scharpf, Fritz   9, 73, 78, 80-81

Schickler, Eric   143-44, 179-80, 180-81, 184, 202-3
Schneiberg, Marc   181-82, 202-3
Shefter, Martin   85-87, 124
Sheple, Kenneth   77-78, 148
Skocpol, Theda   42-43, 72n
Skowronek, Stephen   71-72, 75n, 100, 179
Stanger, Allison   160
Stimson, James   108, 111-12, 125, 131-32
Stinchcombe, Arthur   14, 58, 97n, 124, 235
Swank, Duane   114-15

T

Teles, Steven   181
Thelen, Kathleen   62-64, 93, 177, 180-81, 183

W

Williamson, Oliver   35, 140, 161, 164, 166
Wuthnow, Robert   50

著者紹介

ポール・ピアソン (Paul Pierson)

1959年，アメリカ合衆国オレゴン州生まれ。1981年にオベリン大学を卒業，89年にイェール大学でPh.D.（政治学）を取得。その後，ハーヴァード大学政治学部を経て，
現在：カリフォルニア大学バークレー校政治学部教授。専門はアメリカ政治，比較政治経済，社会科学方法論。
主著：*Dismantling the Welfare State? Reagan, Thatcher and the Politics of Retrenchment* (Cambridge University Press, 1994),
European Social Policy: Between Fragmentation and Integration (co-edited, Brookings Institution Press, 1995),
The New Politics of the Welfare State (edited, Oxford University Press, 2001),
Off Center: The Republican Revolution and the Erosion of American Democracy (co-edited, Yale University Press, 2005),
The Transformation of American Politics: Activist Government and the Rise of Conservatism (co-edited, Princeton University Press, 2007) など。

監訳者紹介

粕谷 祐子（かすや ゆうこ）

慶應義塾大学法学部を卒業。カリフォルニア大学サンディエゴ校博士課程修了，Ph.D.（国際政治）を取得。日本学術振興会特別研究員などを経て，
現在：慶應義塾大学法学部教授。専門は比較政治理論，東南アジア比較政治，政治制度論。
主著：『比較政治学』（ミネルヴァ書房，2014年），*Presidents, Assemblies and Policy-making in Asia*（編著，Palgrave Macmillan, 2013）など。

訳者紹介

今井 真士（いまい まこと）

慶應義塾大学大学院法学研究科博士課程修了，博士（法学）を取得。
現在：文教大学国際学部非常勤講師。専門は比較政治，政治体制論，中東研究。
主著：ゲイリー・ガーツ＆ジェイムズ・マホニー『社会科学のパラダイム論争――2つの文化の物語』（共訳，勁草書房，2015年）など。

ポリティカル・サイエンス・クラシックス監修者略歴

河野　勝（こうの　まさる）
1962年生まれ。1994年スタンフォード大学政治学部博士課程修了。現在、早稲田大学政治経済学術院教授，Ph. D.（政治学）。*Japan's Postwar Party Politics*（Princeton University Press, 1997），『制度』（東京大学出版会，2002年）ほか。

真渕　勝（まぶち　まさる）
1955年生まれ。1982年京都大学大学院法学研究科修士課程修了。現在、京都大学大学院法学研究科教授，博士（法学）。『大蔵省統制の政治経済学』（中央公論社，1994年），『行政学』（有斐閣，2009年）ほか。

ポリティカル・サイエンス・クラシックス５
ポリティクス・イン・タイム
歴史・制度・社会分析

2010年4月20日　第1版第1刷発行
2016年4月10日　第1版第2刷発行

著　者　ポール・ピアソン
監訳者　粕谷祐子（かすや　ゆうこ）
発行者　井村寿人

発行所　株式会社　勁草書房（けいそうしょぼう）
112-0005 東京都文京区水道2-1-1　振替 00150-2-175253
（編集）電話 03-3815-5277／FAX 03-3814-6968
（営業）電話 03-3814-6861／FAX 03-3814-6854
堀内印刷所・松岳社

©KASUYA Yuko　2010

ISBN978-4-326-30187-4　Printed in Japan

JCOPY　〈(社)出版者著作権管理機構　委託出版物〉
本書の無断複写は著作権法上での例外を除き禁じられています。複写される場合は、そのつど事前に、(社)出版者著作権管理機構（電話 03-3513-6969, FAX 03-3513-6979, e-mail: info@jcopy.or.jp）の許諾を得てください。

＊落丁本・乱丁本はお取替いたします。
http://www.keisoshobo.co.jp

スティーヴン・ヴァン・エヴェラ　野口和彦・渡辺紫乃 訳
政治学のリサーチ・メソッド
すぐれた研究の進め方とは？　全米の大学で使われている定番テキストをついに完訳！　社会科学のエッセンスを伝授する。　　1900円

H. ブレイディ＝D. コリアー編　泉川泰博・宮下明聡 訳
社会科学の方法論争 —— 多様な分析道具と共通の基準［原著第2版］
*Rethinking Social Inquiry*の全訳。どの研究手法をどう使えばいいのか？　KKV論争がこれで理解できる。便利な用語解説つき。　　4700円

河野勝・真渕勝 監修
―― ポリティカル・サイエンス・クラシックス（第2期）――

ポール・ピアソン　粕谷祐子 監訳
ポリティクス・イン・タイム —— 歴史・制度・社会分析
歴史は重要である。では，どんな意味で重要なのか？　政治における経路依存に光を当て，フロンティアを切り開いた画期的著作。　　3600円

ジョン・キャンベル　真渕勝 訳
自民党政権の予算編成
政治家，官僚，利益団体などはいかに予算をぶんどっていくのか？　予算をめぐる政治を浮き彫りにした，日本政治論の必読文献。　　4800円

スティーヴン・クラズナー 編　河野勝 監訳
国際レジーム論（仮）
利己的な国家が，なぜ互いに協力し続けるのか？　制度の強さを明らかにした，国際関係論におけるリベラリズムの名著。　　未刊

アルバート・ハーシュマン　飯田敬輔 監訳
国力と外国貿易の構造
経済的要因だけで貿易を理解できるのか？　交換や貿易はつねに分配の問題をもたらすことを訴える，国際政治経済論の古典。　　3800円

勁草書房刊

＊刊行状況と表示価格は2016年4月現在。消費税は含まれておりません。